"十二五"职业教育国家规划教材
经全国职业教育教材审定委员会审定

高职高专物业管理专业规划教材

物业管理实务

全国房地产行业培训中心　组织编写
张秀萍　主　编
井　云　王海波　主　审

中国建筑工业出版社

图书在版编目（CIP）数据

物业管理实务/张秀萍主编：—北京：中国建筑工业出版社，2012.12（2022.6重印）
"十二五"职业教育国家规划教材
高职高专物业管理专业规划教材
ISBN 978-7-112-14945-2

Ⅰ.①物… Ⅱ.①张… Ⅲ.①物业管理 Ⅳ.①F293.33

中国版本图书馆 CIP 数据核字（2012）第 288859 号

本书遵循理论与实践相结合的原则，力求内容的科学性、连贯性和系统性。根据物业管理的特点，《物业管理实务》共分为十三个学习内容，分别介绍了物业承接查验、业主入住与装饰装修管理、物业的维修养护、物业项目环境卫生管理、物业项目园林绿化及水系维护、公共秩序维护、物业项目关系管理与维护等基本知识。

本书可作为高职高专物业管理专业、房地产经营与估价和社区管理等专业的教科书，也可以供从事物业管理工作的人员学习参考。

* * *

责任编辑：王　跃　吉万旺　张　晶
责任设计：张　虹
责任校对：刘梦然　党　蕾

"十二五"职业教育国家规划教材
高职高专物业管理专业规划教材
物业管理实务
全国房地产行业培训中心　组织编写
张秀萍　主　编
井　云　王海波　主　审

*

中国建筑工业出版社出版、发行（北京西郊百万庄）
各地新华书店、建筑书店经销
北京红光制版公司制版
北京建筑工业印刷厂印刷

*

开本：787×1092 毫米　1/16　印张：11½　字数：284 千字
2013 年 9 月第一版　2022 年 6 月第四次印刷
定价：25.00 元
ISBN 978-7-112-14945-2
（23039）

版权所有　翻印必究
如有印装质量问题，可寄本社退换
（邮政编码 100037）

教材编委会名单

主 任：路 红

副主任：王 钊　黄克敬　张弘武

委 员：佟颖春　刘喜英　张秀萍　饶春平
　　　　　段莉秋　徐姝莹　刘 力　杨亦乔

序　言

"高职高专物业管理专业规划教材"是天津国土资源和房屋职业学院暨全国房地产行业培训中心骨干教师主编、中国建筑工业出版社出版的我国第一套高职高专物业管理专业规划教材，当时的出版填补了该领域空白。本套教材共有11本，有5本被列入普通高等教育土建学科专业"十二五"规划教材。

本套教材紧紧围绕高等职业教育改革发展目标，以行业需求为导向，遵循校企合作原则，以培养物业管理优秀高端技能型专门人才为出发点，确定编写大纲及具体内容，并由理论功底扎实，具有实践能力的"双师型"教师和企业实践指导教师共同编写。参加教材编写的人员汇集了学院和企业的优秀专业人才，他们中既有从事多年教学、科研和企业实践的老教授，也有风华正茂的中青年教师和来自实习基地的实践教师。因此，此套教材既能满足理论教学，又能满足实践教学需要，体现了职业教育适应性、实用性的特点，除能满足高等职业教育物业管理专业的学历教育外，还可用于物业管理行业的职业培训。

十余年来，本套教材被各大院校和专业人员广泛使用，为物业管理知识普及和专业教育做出了巨大贡献，并于2009年获得普通高等教育天津市级教学成果二等奖。

此次第二版修订，围绕高等职业教育物业管理专业和课程建设需要，以"工作过程"、"项目导向"和"任务驱动"为主线，补充了大量的相关知识，充分体现了优秀高端技能型专门人才培养规律和高职教育特点，保持了教材的实用性和前瞻性。

希望本套教材的出版，能为促进物业管理行业健康发展和职业院校教学质量提高做出贡献，也希望天津国土资源和房屋职业学院的教师们与时俱进、钻研探索，为国家和社会培养更多的合格人才，编写出更多、更好的优秀教材。

天津市国土资源和房屋管理局副局长
天津市历史风貌建筑保护专家咨询委员会主任
路　红
2012年9月10日

前　言

　　随着人民生活水平的不断提高，对工作和居住生活条件的要求标准也越来越高，针对物业管理与服务，不断规范物业管理活动，维护业主和物业服务企业双方的合法权益，改善生活和工作环境，成为大家极为关注的问题。随着《中华人民共和国物权法》的出台，《物业管理条例》不断完善，必将有力地促进我国物业管理行业健康、有序的发展。

　　本书由张秀萍副教授担任主编，陈瑶担任副主编，该书第 1 和第 6 部分由张秀萍撰写，第 9、10、11、12、13 部分由陈瑶撰写，第 2、4、5、8 部分由郭帅撰写，第 3 部分由韩慧撰写，第 7 部分由何伟撰写，本书在编写过程中得到了井云副教授和王海波高级工程师的详细审核，在此表示感谢。

　　本书在写作过程中，得到编辑和各方面朋友的热情帮助和支持，另外，本书还引用和摘录了不少作者有价值的论著和资料，在此一并致谢。

　　由于编写时间仓促，作者水平有限，书中难免存在许多问题和错误，敬请各位专家和读者批评指正。

目　录

1 物业承接查验 … 1
1.1 物业承接查验概述 … 1
1.2 物业承接查验的重要性 … 1
1.3 承接查验的条件 … 2
1.4 承接查验的主要内容 … 3
1.5 承接查验的程序 … 4
1.6 承接查验工作的相关法律责任 … 5
1.7 承接查验备案 … 7
实践练习 … 8

2 业主入住与装饰装修管理 … 9
2.1 业主入住 … 9
2.2 装饰装修管理 … 16
实践练习 … 22

3 物业的维修养护 … 23
3.1 房屋查勘与鉴定 … 23
3.2 制定物业维修计划 … 29
3.3 修缮工程预算 … 31
3.4 房屋维修养护管理 … 34
3.5 设施设备维修养护管理 … 41
实践练习 … 51

4 物业项目环境卫生管理 … 52
4.1 物业环境卫生管理工作基础知识 … 52
4.2 物业环境卫生管理服务的主要内容 … 57
4.3 物业环境卫生清洁服务内容标准 … 68
4.4 物业的防疫工作 … 70
实践练习 … 71

5 物业项目园林绿化及水系维护 … 72
5.1 物业绿化管理 … 72
5.2 物业水系管理 … 84
实践练习 … 89

6 公共秩序维护 ·· 90
6.1 出入人员管理 ·· 90
6.2 安全巡视与秩序维护 ······································ 93
6.3 消防日常巡查管理 ·· 101
6.4 物业项目内商铺安全维护 ·································· 103
实践练习 ··· 104

7 物业项目关系管理与维护 ·· 105
7.1 业主关系维护 ·· 105
7.2 专业部门和相关单位关系维护 ······························ 112
7.3 行政部门关系维护 ·· 114
7.4 媒体关系维护 ·· 115
7.5 员工关系维护 ·· 117
实践练习 ··· 118

8 物业项目安全管理 ·· 119
8.1 物业项目安全管理基础知识 ································ 119
8.2 物业消防管理 ·· 123
8.3 物业车辆道路管理 ·· 129
实践练习 ··· 132

9 物业项目的管理目标计划 ·· 133
9.1 物业项目的目标 ·· 133
9.2 物业项目目标的主要内容 ·································· 133
9.3 物业项目的计划 ·· 135
实践练习 ··· 136

10 物业项目人力资源管理 ··· 137
10.1 物业项目岗位设置及部门职能 ····························· 137
10.2 员工的招聘与解聘 ······································· 138
10.3 员工薪酬管理 ··· 139
10.4 物业项目人员培训 ······································· 140
10.5 物业项目的绩效管理 ····································· 143
实践练习 ··· 144

11 物业项目服务费用的测算 ······································· 145
11.1 住宅小区物业服务费用 ··································· 145
11.2 项目的成本控制 ··· 154
实践练习 ··· 156

12 物业项目的管理方案 ··· 157
12.1 制定物业管理方案的一般程序 ····························· 157

  12.2 物业管理方案的要点及方法 …………………………………… 157
  实践练习 ………………………………………………………………… 160
13 物业项目竞标 ………………………………………………………… 161
  13.1 物业项目招标 …………………………………………………… 162
  13.2 物业项目投标 …………………………………………………… 166
  实践练习 ………………………………………………………………… 173

参考文献 ……………………………………………………………………… 174

1 物业承接查验

中华人民共和国住房和城乡建设部 2010 年 10 月出台了《物业承接查验办法》，该办法第四条规定：鼓励物业服务企业通过参与建设工程的设计、施工、分户验收和竣工验收等活动，向建设单位提供有关物业管理的建议，为实施物业承接查验创造有利条件。同时，物业承接查验制度是国务院颁布的《物业管理条例》确立的重要制度之一，该制度执行的好坏，直接关系到物业能否正常使用及广大业主、使用人的人身安全等切身利益，它的建立和完善，有利于减少物业管理服务矛盾、纠纷。

1.1 物业承接查验概述

为了规范物业承接查验行为，加强前期物业管理活动的指导和监督，维护业主的合法权益，根据《中华人民共和国物权法》、《中华人民共和国合同法》和《物业管理条例》等法律法规的规定，住房和城乡建设部 2010 年 10 月出台了《物业承接查验办法》，进一步明确了物业承接查验的基本内容，对物业承接查验双方的责权利都作出了明确规定。

1.1.1 物业承接查验的概念

在《物业承接查验办法》中明确指出：本办法所称物业承接查验，是指承接新建物业前，物业服务企业和建设单位按照国家有关规定和前期物业服务合同的约定，共同对物业共用部位、共用设施设备进行检查和验收的活动。由此可见，前期物业管理交接验收是物业服务企业承接前期物业管理服务过程中，对新建物业共用部位、共用设施进行查验，接收有关移交资料，代表业主要求建设单位解决新建物业的建设遗留问题，并与建设单位办理物业承接查验手续。

1.1.2 物业承接查验的目的

前期物业项目的承接查验主要是对新建物业是否按设计要求建设施工；物业共用配套设施设备是否完善；物业使用功能是否完备；质量是否合格等方面进行查验。物业服务企业通过前期物业管理交接验收及时了解新建物业的概况，发现新建物业的建设遗留问题，并与建设单位就该遗留问题达成解决方案，交接竣工总平面图、物业质量保修文件和物业使用说明文件等资料，为后期的物业管理服务和以后的物业承接查验打好基础和做好准备。

1.2 物业承接查验的重要性

物业承接查验是一项十分重要的基础工作，它是保障物业今后正常使用的基础，也是保障业主合法权益的重要途径。因此，物业管理的各方主体必须高度重视此项工作。

1.2.1 物业承接查验是保障今后物业正常使用的基础

物业承接查验工作质量的好坏，直接影响到物业项目今后是否能够正常使用，物业承接查验的意义体现如下。

（1）物业服务企业承接查验可以保证竣工验收的物业具备正常的使用功能，充分维护建设单位、业主的利益。

（2）依据标准及设计要求，物业服务企业承接查验从物业服务及业主使用的角度提出建议和意见，它不仅可以弥补施工质量的缺陷，还可以完善楼宇功能，有利于提升物业品质。

（3）物业服务企业通过承接查验工作，物业从业人员可以充分了解和掌握楼宇的建筑结构、变配电系统、弱电系统、单体设备及隐蔽工程施工质量情况，为今后物业运行管理服务及降低管理服务成本，提高楼宇维护质量起到积极作用。

1.2.2 物业承接查验是保障业主合法权益的重要途径

新建房屋的承接查验，按照《物业承接查验办法》规定，详细内容应该包括：共用部位、共用设备和共用设施。

物业买受人（业主）与开发建设单位以是否取得房屋使用说明书和房屋质量保证书作为房屋的交付使用的条件。目前，虽然有许多小区都存在业主取得了上述两书，但小区配套并不完善的情况，如围墙没有修好，道路、绿化工程没有完成，门禁系统没有开通，以及部分房屋存在使用功能和质量问题（如厨房、厕所漏水，排污管道设置不合理等等）。业主在入住后，发现配套不完善及房屋有质量问题，业主往往以此为由不交物业服务费，产生了大量前期物业管理服务矛盾和纠纷，其实质也就是业主的合法权益受到侵害。

物业服务企业通过前期物业承接查验，可以发现类似问题，并督促开发建设单位及时解决，对解决难度大的问题，可以明确要求开发建设单位列出详细的整改方案，并监督其完成，同时做好业主与开发建设单位之间的协调沟通工作，维护业主的合法权益。

综上所述，物业承接查验工作是物业服务工作的重要环节及组成部分，验收的质量好坏直接影响今后的物业管理服务水平。

1.3 承接查验的条件

为了规范新建物业承接查验活动，明确开发建设单位和物业服务企业对房屋及配套设施设备的开发建设与日常管理服务责任，物业服务企业应当本着"认真负责、严格验收、明确责任、保证安全"的原则与开发建设单位做好接管验收工作。

1.3.1 承接查验应具备的条件

按照《物业承接查验办法》规定实施承接查验的物业，应当具备以下条件。

（1）建设工程竣工验收合格，取得规划、消防、环保等主管部门出具的认可或者准许使用文件，并经建设行政主管部门备案；

（2）供水、排水、供电、供气、供热、通信、公共照明、有线电视等市政公用设施设备按规划设计要求建成，供水、供电、供气、供热已安装独立计量表具；

（3）教育、邮政、医疗卫生、文化体育、环卫、社区服务等公共服务设施已按规划设计要求建成；

（4）道路、绿地和物业服务用房等公共配套设施按规划设计要求建成，并满足使用功能要求；

（5）电梯、二次供水、高压供电、消防设施、压力容器、电子监控系统等共用设施设备取得使用合格证书；

（6）物业使用、维护和管理的相关技术资料完整齐全；

（7）法律、法规规定的其他条件。

1.3.2 实施物业承接查验的主要依据

按照《物业承接查验办法》规定，实施物业管理承接查验主要依据下列文件。

（1）物业买卖合同；

（2）临时管理规约；

（3）前期物业服务合同；

（4）物业规划设计方案；

（5）建设单位移交的图纸资料；

（6）建设工程质量法规、政策、标准和规范。

1.4　承接查验的主要内容

物业管理承接查验是一项非常重要的工作，内容应全面具体，其行为后果将涉及很多主体，如：建设单位、物业服务企业、业主等等，因此，查验内容要全面、工作要细致，物业承接查验应当遵循诚实信用、客观公正、权责分明以及保护业主共有财产的原则。

1.4.1 主要内容

新建房屋的承接查验，按照《物业承接查验办法》规定，应该包括以下内容。

（1）共用部位：一般包括建筑物的基础、承重墙体、柱、梁、楼板、屋顶、外墙、门厅、楼梯间、走廊、楼道、扶手、护栏、电梯井道、架空层及设备间等。

（2）共用设备：一般包括电梯、水泵、水箱、避雷设施、消防设备、楼道灯、电视天线、发电机、变配电设备、给水排水管线、电线、供暖及空调设备等。

（3）共用设施：一般包括道路、绿地、人造景观、围墙、大门、信报箱、宣传栏、路灯、排水沟、渠、池、污水井、化粪池、垃圾容器、污水处理设施、机动车（非机动车）停车设施、休闲娱乐设施、消防设施、安防监控设施、人防设施、垃圾转运设施以及物业服务用房等。

1.4.2 前期物业服务合同与物业承接查验的联系

按照《物业承接查验办法》规定：建设单位与物业服务企业签订的前期物业服务合同，应当包含物业承接查验的内容。

前期物业服务合同就物业承接查验的内容没有约定或者约定不明确的，建设单位与物业服务企业可以协议补充。

不能达成补充协议的，按照国家标准、行业标准履行；没有国家标准、行业标准的，按照通常标准或者符合合同目的特定标准履行。

1.5 承接查验的程序

物业承接查验是一项非常繁琐的工作,应当按照国家的统一规定,严格按照规定的工作程序完成具体工作。

1.5.1 基本工作程序

按照《物业承接查验办法》规定,物业承接查验应按照下列程序进行。

(1) 确定物业承接查验方案;
(2) 移交有关图纸资料;
(3) 查验共用部位、共用设施设备;
(4) 解决查验发现的问题;
(5) 确认现场查验结果;
(6) 签订物业承接查验协议;
(7) 办理物业交接手续。

1.5.2 建设单位应移交的资料

按照《物业承接查验办法》规定,现场查验20日前,建设单位应当向物业服务企业移交下列资料。

(1) 竣工总平面图,单体建筑、结构、设备竣工图,配套设施、地下管网工程竣工图等竣工验收资料;
(2) 共用设施设备清单及其安装、使用和维护保养等技术资料;
(3) 供水、供电、供气、供热、通信、有线电视等准许使用文件;
(4) 物业质量保修文件和物业使用说明文件;
(5) 承接查验所必需的其他资料。

未能全部移交以上所列资料的,建设单位应当列出未移交资料的详细清单并书面承诺补交的具体时限。

物业服务企业应当对建设单位移交的资料进行清点和核查,重点核查共用设施设备出厂、安装、试验和运行的合格证明文件。

1.5.3 承接查验程序注意事项

按照承接查验程序进行工作是非常重要的步骤,在具体工作中应严谨并应注意以下相关事项。

1. 书面通知验收

新建住宅物业具备上述条件后,开发建设单位应当及时以书面形式通知物业服务企业进行物业管理承接查验工作。其中:分期建设的项目可以根据工程竣工进度情况,分期进行接管验收。

2. 成立验收小组

验收前成立由开发建设单位和物业服务企业组成的验收小组,根据工程竣工和项目的实际情况,做好接管验收的相关工作。

3. 移交基础资料

验收小组应当对基础资料进行查验。资料完整齐全的,开发建设单位应当与物业服务企业及时办理资料交接手续。不齐全的，开发建设单位应当书面说明情况并明确移交的时间和明细，待资料齐全后办理交接手续。

4. 查验房屋及设施设备

验收小组要按照国家和市建筑工程质量标准和接管验收标准逐项对验收内容进行查验，并做好查验记录。对符合接管标准的房屋及设施设备，物业服务企业应当及时接管。

5. 限期组织修复

对查验中发现的问题，开发建设单位应当书面承诺修复的时间、责任部门和修复达到的标准。其中，对影响房屋和设备使用的问题，开发建设单位应当限期进行修复；对于不影响房屋和设备使用的问题，开发建设单位可自行修复，也可以委托物业服务企业进行修复，委托修复费用由开发建设单位支付。

6. 签订验收文件

验收小组对验收内容逐项验收后，物业服务企业与开发建设单位应当及时签订物业管理承接查验验收文件。

验收文件应当包括：项目名称、验收的内容、房屋和配套设施设备验收情况及存在问题、修复责任和参加验收的人员、时间以及其他有关事项的约定并附移交的基础资料明细。

7. 资料保管

物业服务企业与建设单位办理验收手续后，应当将基础资料、接管验收文件由物业服务企业妥善保管并按规定向当地房地产主管部门备案。

1.6 承接查验工作的相关法律责任

《物业承接查验办法》的出台，有利于明确物业承接查验活动中各方主体的法律责任，最大限度地维护业主的共同财产权益。

在物业承接查验工作中，承接查验双方应严格履行物业承接查验协议的约定，如果没有严格履行当初的协议约定，就要承担相应的法律责任。

1.6.1 建设单位的法律责任

建设单位在物业承接查验工作中严格履行相应责任，否则，要承担以下责任。

（1）物业交接后，建设单位未能按照物业承接查验协议的约定，及时解决物业共用部位、共用设施设备存在的问题，导致业主人身、财产安全受到损害的，应当依法承担相应的法律责任。

（2）物业交接后，发现隐蔽工程质量问题，影响房屋结构安全和正常使用的，建设单位应当负责修复；给业主造成经济损失的，建设单位应当依法承担赔偿责任。

（3）建设单位应当按照国家规定的保修期限和保修范围，承担物业共用部位、共用设施设备的保修责任。

（4）建设单位不得凭借关联关系滥用股东权利，在物业承接查验中免除自身责任，加重物业服务企业的责任，损害物业买受人的权益。

（5）建设单位不得以物业交付期限届满为由，要求物业服务企业承接不符合交用条件或者未经查验的物业。

1.6.2 物业服务企业法律责任

为明确物业服务企业在物业承接查验中的责任界限,《物业承接查验办法》规定了物业服务企业三个方面的法律责任。

(1) 自物业交接之日起,物业服务企业应当全面履行前期物业服务合同约定的、法律法规规定的以及行业规范确定的维修、养护和管理义务,承担因管理服务不当致使物业共用部位、共用设施设备毁损或者灭失的责任。

(2) 物业服务企业应当将承接查验有关的文件、资料和记录建立档案并妥善保管。

(3) 物业服务企业擅自承接未经查验的物业,因物业共用部位、共用设施设备缺陷给业主造成损害的,物业服务企业应当承担相应的赔偿责任。

1.6.3 双方共同责任

为防止建设单位、物业服务企业结成利益联盟,损害业主利益,《物业承接查验办法》第四十条规定:建设单位与物业服务企业恶意串通、弄虚作假,在物业承接查验活动中共同侵害业主利益的,双方应当共同承担赔偿责任。

建设单位可以委托物业服务企业提供物业共用部位、共用设施设备的保修服务,服务内容和费用由双方约定。

1.6.4 房地产行政主管部门在物业承接工作中的指导和监管作用

为了发挥房地产行政主管部门在物业承接工作中的指导和监管作用,《物业承接查验办法》设立了物业承接查验备案制度,明确规定物业服务企业应当自物业交接后 30 日内,持前期物业服务合同、临时管理规约、物业承接查验协议、建设单位移交资料清单、查验记录、交接记录以及其他承接查验有关的文件向物业所在地的区、县(市)房地产行政主管部门办理备案手续。《物业承接查验办法》规定了相应的罚则,从行政监管的角度督促建设单位、物业服务企业履职尽责,促使各方主体在物业承接查验中切实做到保护业主共有财产,最大限度地维护业主的共同财产权益。

建设单位不移交有关承接查验资料的,由物业所在地房地产行政主管部门责令限期改正;逾期仍不移交的,对建设单位予以通报,并按照《物业管理条例》第五十九条的规定处罚。

物业承接查验中发生的争议,可以申请物业所在地房地产行政主管部门调解,也可以委托有关行业协会调解。

1.6.5 业主的相关权利

承接查验双方所查验的具体对象是物业本身,其财产所有权属于业主共有,因此,全体业主享有相应权利,对不符合物业承接查验要求的行为有权进行投诉。

物业服务企业应当将承接查验有关的文件、资料和记录建立档案并妥善保管。物业承接查验档案属于全体业主所有。前期物业服务合同终止,业主大会选聘新的物业服务企业的,原物业服务企业应当在前期物业服务合同终止之日起 10 日内,向业主委员会移交物业承接查验档案。

(1) 物业承接查验活动,业主享有知情权和监督权。物业所在地房地产行政主管部门应当及时处理业主对建设单位和物业服务企业承接查验行为的投诉。

(2) 建设单位、物业服务企业未按规定履行承接查验义务的,由物业所在地房地产行政主管部门责令限期改正;逾期仍不改正的,作为不良经营行为记入企业信用档案,并予以通报。

按照《物业承接查验办法》的规定，新建住宅自验收接管之日起，应当执行建筑工程保修的有关规定，在国家和地方政府主管部门规定的保修期限内，由开发建设单位负责维修。保修期限届满后，自用部位、设施、设备，由业主负责维修、养护；共用部位、设施、设备的日常维修、养护由物业服务企业负责。

1.7 承接查验备案

按照《物业承接查验办法》的要求，实施承接查验的物业，应当办理备案手续。

1.7.1 备案手续内容

物业服务企业应当自物业交接后 30 日内，持下列文件向物业所在地的区、县（市）房地产行政主管部门办理备案手续。

（1）前期物业服务合同；
（2）临时管理规约；
（3）物业承接查验协议；
（4）建设单位移交资料清单；
（5）查验记录；
（6）交接记录；
（7）其他承接查验有关的文件。

1.7.2 其他有关规定

《物业承接查验办法》规定，建设单位和物业服务企业应当将物业承接查验备案情况书面告知业主。

《物业承接查验办法》指出：物业承接查验可以邀请业主代表以及物业所在地房地产行政主管部门参加，可以聘请相关专业机构协助进行，物业承接查验的过程和结果可以公证。

物业管理行政主管部门应当推动承接查验工作的顺利进行。以下例举天津市确立的物业管理十项制度的内容。

（1）全面落实物业管理前期备案制度，把好项目入市关；
（2）全面落实双确认制度，增强物业管理的透明度；
（3）全面落实招投标制度，增强市场配置资源的基础作用；
（4）全面落实住房专项维修资金制度，解除购房人的后顾之忧；
（5）全面落实双向选择制度，慎重使用辞退权和退出权，保持物业管理的基本稳定；
（6）物业管理服务费双向协商制度，实现业主享受质价相符的服务；
（7）全面落实业主会制度，发挥业主的主体作用；
（8）全面落实业主公约制度，是对业主的自我管理、自我约束；
（9）全面落实物业承接查验制度，把建设问题解决在管理之前；
（10）全面落实市场准入制度，严格企业资质、物业管理人员资格管理。

物业项目承接查验是物业服务工作的重要内容之一，物业管理服务的核心目标是业主利益最大化，只有业主的利益得到最大限度的维护，业主才能充分认识、理解、信任物业服务行业，才能提高业主的满意度，才能增加业主对物业服务企业的忠诚度，才能提升行业的公信力，促使业主主动参与物业管理、自觉承担缴纳物业服务费用的义务，最终形成建设单位、物业服务企业、业主三方共赢的良性循环局面，为物业服务企业的持续健康发展创造良好的内部关系和外部环境。

实 践 练 习

1. 承接查验的主要内容。
2. 实施物业承接查验的主要依据。
3. 承接查验中建设单位的法律责任。
4. 物业承接查验的基本工作程序。

2 业主入住与装饰装修管理

业主入住与装饰装修管理是前期物业管理中非常重要的一个环节，也是物业管理操作过程的难点和重点之一。与前期介入等物业管理工作不同的是，这一时期除了大量的接待工作和繁琐的入住手续外，各种管理与被管理的矛盾、服务与被服务感受的差异也会在短时期内集中地暴露出来。因此，这一时期通常也是物业管理问题和纠纷发生最集中的阶段。所以，物业服务企业应高度重视这一时期，一方面应及时将入住通知书、入住手续、收费通知书、《临时管理规约》一并寄给或送达业主，以方便业主按时顺利地办好入伙手续；另一方面在办理入住的过程中，物业服务企业应做好入住现场的特殊情况的应急工作以及做好业主装修过程的监督工作，最终以优秀的服务品质、高超的管理艺术、严谨的工作作风和良好的专业素养赢得业主和物业使用人的认同和拥戴，对引导业主正确认识物业管理，树立良好物业管理形象，化解物业管理操作中的种种矛盾和问题，实现积极的物业管理服务开局以及顺利地完成物业管理服务工作，均有积极的重要作用。

2.1 业 主 入 住

2.1.1 业主入住的概念

当物业服务企业的承接查验完成后，物业就具备了入住条件。"入住"是指建设单位将已竣工验收合格具备使用条件的物业——房屋交付给业主使用，同时物业服务企业为业主办理物业管理事务手续的过程。业主入住的内容应包括两个方面：一是业主验收物业及办理相关手续；二是物业服务企业办理有关业务的手续过程。

业主入住从物业的移交角度而言，其实质是建设单位向业主交付物业的行为，建设单位应该承担法律责任和义务，物业服务企业只是承担办理具体手续的责任。从权属关系来看，是指建设单位按照程序将物业移交给物业的买受人，是业主和建设单位的关系，但业主入住手续又涉及建设单位由房地产的开发建设阶段、销售阶段转入消费阶段，意味着物业管理服务工作全面展开。所以物业服务企业有义务协助建设单位和业主办理入住的有关手续，做好服务工作，从而全面有效地保障业主顺利入住。

2.1.2 业主入住的条件

1. 建设单位满足业主入住的条件

建设单位建设的物业已建成，经过竣工验收合格，达到入住的条件。达到入住的条件是指：

(1) 小区实现通路、通电、通气、通水、通信、通邮、排水、排污等基本使用功能，能够满足业主日常生活所需；

(2) 基本配套设施齐备，建成并能够使用；

(3) 物业服务企业已经同建设单位签订好《物业管理服务委托合同》。

2. 建设单位完成竣工验收

房地产开发项目完工后，建设单位应按商品房买卖合同约定的房屋交付条件交房（包括出具证明经县级以上地方政府建设行政主管部门备案的工程竣工验收备案表、商品住宅提供《住宅质量保证书》和《住宅使用说明书》等等），房地产开发企业应当提请规划、消防、环保、质量技术监督、城建档案和燃气等有关主管部门进行专项验收，并按专项验收部门提出的意见整改完毕，取得合格证明文件或准许使用文件，并组织设计、施工和监理等单位进行竣工验收。否则，业主有权向开发建设单位提出意见并拒绝收房，开发建设单位应按合同约定承担逾期交房的违约责任。

3. 物业开发建设单位必须发出书面入住通知书
4. 业主入住时，要在交接协议上签字

2.1.3 业主入住前物业服务企业的准备工作

业主入住服务是物业服务企业首次直接面对业主提供相关服务，直接关系到业主对物业管理服务的第一印象。这一阶段也是物业管理纠纷最集中的阶段，矛盾也会在短时间内集中地暴露出来。因此，物业服务企业必须充分做好各方面细致的准备，以便保障业主全面有效地入住工作。

1. 组建入住服务工作小组

物业服务企业应在业主入住前成立由物业服务企业经理和管理人员、财务人员和工程技术人员组成的入住服务小组，各成员分工负责，各司其职，如设计入住服务方案、准备入住资料、入住时的环境布置等各项工作都要统一落实到相关责任人。所有物业管理服务人员都要进行培训，并提高员工的服务意识。

2. 编制入住服务方案

物业服务工作小组成立后，物业服务企业经理在入住前一个月负责根据物业服务企业编写的《物业管理方案》，编制入住工作方案，方案内容一般包括：

（1）制定入住工作计划，在计划中应明确入住时间、负责入住工作的人员及其职责、入住手续、入住过程中使用的文件和表格；

（2）物业类型、幢号、入住的户数；

（3）根据入住工作计划应提前发出《入住通知书》，详细说明需业主准备的证明材料、需业主填写的表格、办理入住手续的程序、办理入住手续的工作现场，应张贴入住公告和明确的指示标识；

（4）制定入住的工作流程；

（5）入住仪式策划及场地布置方案；

（6）根据物业项目的实际情况和《物业服务方案》中的服务要求以及要达到的标准，可将物业服务人员分为礼仪接待组、验楼引导组、装修咨询组、客户服务组等，并拟定入住后要加强治安、车辆管理、垃圾清运等方面的服务工作；

（7）物业服务企业要在入住方案中合理设计业主办理入住时的车辆进出路线，增加临时停车牌的发放，开放必要的门禁，启动小区内所有监控和红外线报警系统，增加道路和车辆指引人员和现场秩序维护的人员。同时为方便业主停车办理入住手续，应将临时停车场设计在距离办理入住手续较近的位置。

物业服务企业在设计入住方案时，应提前设想到各种突发事件的发生，并将其处理方法写入入住方案，这样才能有效地实现业主入住，方便管理人员查询处理相关问题。

入住服务方案制订后，物业服务企业应与建设单位交换方案中的意见，听取建设单位的意见，以便在业主办理入住服务现场，物业服务企业与建设单位保持协调一致。

3. 准备入住资料

（1）建设单位提供资料

由建设单位提供《住宅质量保证书》、《住宅使用说明书》、《临时管理规约》及《住户手册》。其中《临时管理规约》是建设单位在销售物业之前制定的，是指在业主委员会成立之前，由建设单位制定的，对物业使用、维护、管理、业主共同利益、业主应履行的义务、违反义务所应承担的责任等事项，依法做出约定。当业主大会成立后，经业主共同决定，按业主委员会制定的《管理规约》执行。

（2）印制《入住通知书》

根据小区的实际情况编写和印制《入住通知书》。《入住通知书》是建设单位向业主发出的办理入住手续的书面通知。入住通知书的主要内容：

1）物业的具体位置；
2）物业竣工验收合格以及物业服务企业接管验收合格的情况介绍；
3）准予入住的说明、入住具体时间和办理入住手续的地点；
4）委托他人办理入住手续的规定；
5）业主办理入住手续时需要准备的相关文件、资料和应缴纳的款项和金额；
6）其他事项。

（3）《物业验收须知》

《物业验收须知》是建设单位告知业主在物业验收时应掌握的基本知识和应注意事项的提示性文件。主要包括：物业建设基本情况、设施设备的使用说明；物业不同部位保修规定；物业验收应注意的事项等。

（4）《业主入住房屋验收表》

《业主入住房屋验收表》是记录业主对房屋验收情况的文本，通常以记录表格的形式出现。使用《业主入住房屋验收表》可以清晰地记录业主用户的验收情况。主要包括：

1）物业名称、楼幢号；
2）业主、验收人、建设单位代表姓名；
3）验收情况的简要描述；
4）物业分项验收情况记录以及水、电、燃气等的起始读数；
5）物业验收存在的问题，有关维修处理的约定等；
6）建设单位和业主的签字确认；
7）验收时间和钥匙领取签收；
8）其他约定的事项。

（5）编印《业主（住户）手册》

《业主手册》是由物业服务企业编制，结合物业区域实际情况向业主、物业使用人介绍物业基本情况、物业管理服务项目及相关管理规定的服务指南文件。一般而言主要包括以下内容：欢迎辞、小区概况、物业管理公司及项目管理单位情况介绍、《临时管理规约》等。

（6）签订的《物业管理服务协议》

《物业管理服务协议》是业主在办理入住手续时，物业服务企业与业主签订的有关物业管理服务的约定,进一步明晰双方的权利义务。

以上各类文件资料分类袋装,连同准备交接的配套物品(如 IC 卡、钥匙等)按户装好。

4. 其他准备工作

(1) 通知入住

通过登报或寄发通知书等形式,至少提前一个月向业主发出入住通知。

(2) 环境准备

在完成对物业的竣工验收和承接查验后,物业服务企业要对物业共用部位进行全面彻底的清洁,为业主、物业使用人入住做好准备。同时,要布置好环境,保持道路通畅。遇有二期工程施工或临时施工情况,要进行必要隔离,防止安全事故发生。

(3) 入住仪式策划

为了提高小区整体形象,有效加强与业主、物业使用人的沟通,通常由物业服务企业根据物业管理项目的特点及小区实际情况,组织举行入住仪式。参加人员有业主、物业服务企业代表、建设单位代表以及其他有关人员。

(4) 入住现场布置

1) 区内环境:

入口处挂横幅,内容有"恭贺广大业主乔迁之喜"等,插彩旗,营造热烈的气氛。

插指路牌,由入口处到物业服务企业,指路牌标明"物业服务企业由此去"字样。

入口处标明物业服务企业办公地址和办公时间。

2) 物业服务企业办公环境:

挂灯笼,飘小彩带,摆放花篮、盆景,给人以隆重、喜庆的感受。

张贴醒目的"办理入住手续流程图",办理手续窗口设置要求做到"一条龙服务",各窗口标识清楚,一目了然。

管理人员着装整洁,精神饱满。

同时,入住时由于人员流量比较大,容易出现拥堵现象,因此要提前制定好应急预案。

入住通知书示例

入住通知书

女士/先生:

您好!我们热忱欢迎您入住××!

您所认购的×× 区 栋 单元 室,经建设单位、施工单位及市有关部门的联合验收合格,现已交付使用准予入住。现将有关情况通知如下:

(一)请您按入住通知书、收楼须知等办理入住手续,办理地点在 楼 室。届时房地产开发公司地产部、财务部、物业管理公司等有关部门和单位将到现场集中办公。

(二)为了您在办理过程中能顺利而快捷地办好入伙手续,请您按规定时间前来办理各项手续。各楼各层次办理入住手续的时间表(略)。阁下如届时不能前来办理入伙手续,请您及时与我中心联系,落实补办的办法。

联系电话:

特此通知

××房地产建设单位

××物业服务企业

年 月 日

2.1.4 业主入住服务

业主收到入住通知后，应当在规定的时间内带齐有关证件和资料到物业服务企业办理入住手续。如果在规定期限的前 3 天内，业主尚未办理入住手续的，客户服务部应再次发函或致电通知尚未办理入住手续的业主前来办理入住手续；超过规定期限未办理入住手续的，物业服务企业应将情况向物业服务企业经理汇报决定是否登报催办。

1. 办理入住手续时，业主需携带如下证明文件

（1）入住通知书；

（2）购房发票（收据）及其他相关费用交费凭据；

（3）购房合同正本（通过贷款购房的业主请带合同复印件）；

（4）业主有效身份证件；

（5）委托他人办理，需提供业主及代理人的有效身份证件以及授权委托书；

（6）单位购房的需提供营业执照副本及法人有效身份证件，代理人的有效身份证件和授权委托书；

（7）办理入住手续时，需向物业服务企业交纳的费用。

2. 业主入住手续的办理

入住手续书是物业服务企业为方便业主，让其了解办理入住手续的具体程序而制定的文件。一般在入住手续书上都留有有关部门的确认证明，业主每办完一项手续，有关部门在上面盖章证明。

入住手续书应与"入伙通知书"一并寄往业主或使用权人处，讲明入住本物业段办理的手续及先后顺序，使业主或使用权人清晰、明了，有所准备。

3. 业主入住的流程（图 2-1）

物业服务企业做好入住服务的准备工作之后，接着就要迎来入住服务的实战阶段，在短期内办理集中式入住手续，而且还将会有零星的用户前来入住。入住阶段在物业管理前期服务中具有延续性，它是一个十分重要的特殊时期，因此根据管理服务的特点制定行之有效的管理措施十分必要。

（1）验证

业主持《入住通知书》及购房合同、身份证及其复印件到物业服务企业，由物业服务企业核实相关资料后，到开发建设单位财务部核实购房款及相关费用缴纳情况，并在交房凭证上签署意见。

图 2-1 业主入住流程图

（业主凭入住通知书、购房发票及身份证登记确认 → 验收房屋并填写《业主入住房屋验收单》，签字确认 → 提交办理产权所需资料，签订委托协议，交纳相关费用 → 签署有关物业管理服务约定等文件 → 交纳当期物业服务等有关费用 → 领取《业主（住户）手册》等相关文件资料 → 领取房屋钥匙（入住过程完结））

（2）验收房屋

物业服务人员应陪同业主（或受委托人）一起验收房屋及其配套设施等，登记水、电、气表底数。业主确认合格后，购房合同双方在《业主入住房屋验收表》上签字确认。

双方在验收无质量问题的房屋后，若业主房款已付清，可由物业服务企业为业主办理

入住手续；对在验房过程中业主认为存在质量问题的，由业主（住户）填写《返修申请表》，由物业服务企业向开发建设单位发出整改通知《返修通知书》，限期整改。若业主认可此处理方式仍可完善交房手续，办理入住手续；若业主房款未付清，则应在房款付清后完善交房手续。房屋整改后由物业服务企业通知业主再次验收。

(3) 检查证件

物业服务企业工作人员在业主前来办理入住手续时，应首先对以下证件进行检查：《购房合同》原件；业主的身份证原件；单位购房的须检查其单位营业执照副本；委托他人办理的，还须检查业主的委托书。

(4) 业主资料归档

检查无误后，物业服务企业工作人员将《购房合同》原件、业主及主要家庭成员的身份证原件、单位营业执照副本返还业主，证件复印及业主委托书存入业主档案。

将业主提供的照片中的一张贴在《住户登记表》内，另一张为业主办理《业主证》。

(5) 交纳入住费用

物业服务企业工作人员指引业主到财务部交纳入住费用，财务部根据收款项目开具收款收据。一般情况下，入住费用包括以下项目：

1）燃气开户费：属代收代缴费用；

2）有线电视初装费：属代收代缴费用；

3）装修保证金及装修垃圾清运费：业主可选择入住时交纳或等申请装修时再交纳；

4）根据收费标准向业主、用户收取当月物业服务费及其他相关费用，并开具相应票据给业主、用户。

(6) 发放钥匙

业主收楼无问题或要求在搬入后再行维修的，物业服务企业工作人员应将业主房屋钥匙全部交给业主；验收不合格的部分，物业服务企业应协助业主敦促建设单位进行工程不合格整改、质量返修等工作。发现重大质量问题，可暂不发放钥匙。

业主在领取钥匙时，物业服务企业工作人员应要求业主在《钥匙领用表》内签名确认。

(7) 签署《临时管理规约》和《入住协议》

物业服务企业工作人员将《临时管理规约》和《入住协议》交给业主并请业主详细阅读；请业主签署《临时管理规约》；物业服务企业工作人员将签署后的《临时管理规约》、《入住协议》其中一份存入业主档案，另一份随其他资料交业主保存。

(8) 资料归档

业主验收完物业以及办理完结其他手续后，物业服务企业应将已办理入住手续的房间号码和业主姓名通知门卫，物业服务企业工作人员应及时将各项业主、用户档案资料归档，妥善保管，不得泄露给无关人员。业主档案基本内容如下：

1）入住通知书。

2）业主基本情况的登记表。

3）装修管理协议等相关协议。

4）业主房屋验收情况。

5）管理规约确认书。

6）前期物业服务合同确认书等。

2.1.5 业主入住期间各部门主要职责分布

1. 现场指挥部

其主要职责是全面负责入伙期间工作的协调及重大事件的处理。

2. 客服部

客服部在业主入住工作中发挥着重要的作用，客服人员在前期准备阶段需要分类整理大量的入住资料，将业主需要签字确认资料的和业主需要详细阅读不需签字的资料，分装到不同档案袋中，同时，将入住资料上传到物业服务企业的网页上，方便业主查询，并公布咨询电话。为增加与业主的沟通和交流，客服人员还要准备带有物业服务企业标识的小礼品在业主办理入住手续时发放。

客服人员在入住现场需要承担礼仪引导工作，节省业主办理手续的时间。当发生突发事件时，需要立即按照紧急预案处理，向业主解释说明。若遇到无法解决的状况，可将有意见业主转入办公室，避免场面失控。

客服部在入住手续办理中主要承担向业主发放入住通知书、查验业主证件、核实业主身份，请业主签署、领取相关入住文件的工作。同时办理现场的解释说明和下一部门的引导工作，是客服人员需要注意，不能忽视的。

3. 秩序维护部

秩序维护部在业主入住前，需要对小区场地进行设计，安排临时停车场，对小区道路和车辆交通进行管理。业主办理入住时，秩序维护员主要负责小区内部的秩序维护，包括小区内的红外监控，入伙现场和庆典现场的秩序维护，道路的通畅和车辆的指引等。特别需要注意的是财务部在收取相关费用时，现场的安全维护问题，防范犯罪人员进行偷盗和抢劫。

物业服务企业应事先准备部分充气遮雨篷和雨伞，并且提前准备高层大堂、业主会所等地方提供给业主避雨，秩序维护员组成应急小分队疏散人群，避免场面混乱造成人员伤亡和财产损失。

4. 工程部

在业主入住前，工程部需要跟进承接查验中的遗留问题，及时和开发建设单位联系、沟通，将遗漏工程在小区入伙之前解决。同时维修部门需要对小区内的设备设施进行调试，如检查电梯运营状况，水、电、气是否正常运行等。

业主办理入住手续时接待人员陪同业主到所购买的房屋进行验房，共同记录房屋的水、电、气表底数。对于个别有质量问题的房屋，接待人员现场反映给工程部，工程部通知开发建设单位并督促施工单位按时整修，整修合格后，陪同业主进行二次验收，并共同在《业主入住验房表》中签字确认、存档。

5. 环境部

环境部门在业主入伙时主要负责小区内的环境保洁工作，包括入住现场的打扫、装饰用鲜花的摆放、绿地的管理等。为了给业主提供一个干净、整洁的入住环境，环境部门特别需要注意，根据现场需要增加临时垃圾桶，组织应急保洁队随时候命，保持现场清洁。

2.1.6 投诉处理，高效、及时

建立业主投诉机制，组成入住现场接待小组，确定专人负责业主投诉及咨询接待，业

主有效投诉处理率100%。开发单位负责处理入住业主有关房屋质量及项目建设方面的咨询和投诉。

2.1.7 业主入住期间提供的特约服务及代办服务

在业主入住期间,根据业主需求提供相关服务(搬家服务、室内外清扫及垃圾清运服务)。按照有关规定和收费标准收取费用。同时物业要搞好业主入住期间的宣传工作,物业服务企业要利用小区的宣传栏等多种形式,向业主宣传讲解前期物业服务合同约定的服务内容与标准,管理规约相关内容:房屋安全使用管理条例、房屋装修管理注意事项、物业保修范围及期限、各项管理规章制度等。

2.2 装饰装修管理

【案例1】
一天晚上,阳光家园张业主运来不少装修材。业主叫了装修工人好几次,他们才下来搬运材料。业主一走,装修工头就和秩序维护员商量,要等第二天再搬,由于装修材料不允许放在大堂,秩序维护员拒绝了他们。装修工人只好连夜搬运,材料运完之后,他们没有清扫垃圾就想离开。

作为秩序维护员,在装修过程中遇到这样的问题,应该用什么样的办法把这些工人留下来清扫垃圾?

[案例分析] 对于所有入住新居的业主第一件事就是装修,装修是业主认知物业管理的开始,双方从此在磨合中寻找和谐。装修管理是物业项目入住的一个重要的环节,在这个环节中应严格执行国家及地方的有关规定,保证房屋的安全使用和管理。

2.2.1 物业装饰装修管理的涵义和难点

1. 装饰装修的涵义

装饰装修,是指住宅竣工验收合格后,业主或者住宅使用人(以下简称装修人)对住宅室内进行装饰装修的建筑活动。同时住宅室内装饰装修应当保证工程质量和安全,符合工程建设强制性标准。

2. 物业装饰装修管理的涵义

物业装饰装修管理是指物业服务企业通过对物业装饰装修过程的管理、服务和控制,规范业主、物业使用人的装饰装修行为,协助政府行政主管部门对装饰装修过程中的违规行为进行处理和纠正,从而确保物业的正常运行使用,维护全体业主的合法权益。

为了保障物业公共设施的正常使用、楼宇的安全和房屋外观的统一美观,为了保障全体业主的共同利益,物业服务企业必须规范业主和物业使用人的装饰装修行为,装饰装修必须在国家发布的法规政策及标准规定的范围内执行。装饰装修管理常用法规政策有《物业管理条例》、《住宅室内装饰装修管理办法》、《住宅装饰装修工程施工规范》等。

3. 物业装饰装修管理的难点

(1)违章多发性

由于许多业主在装饰装修中喜欢体现个性化,但缺乏物业装饰装修专业知识及对装饰装修有关法规的了解,容易导致违规违章装修事件的发生。如:私拆承重墙、私搭乱建、擅自改变房屋用途、侵占公共场地、噪声粉尘影响邻居等。

【案例2】

某小区个别业主未按该小区《临时管理规约》的规定，自行在阳台外安装了晒衣架、花盆架，在屋顶安装了太阳能热水器。物业服务企业发函要求其限期拆除晒衣架、花盆架、太阳能热水器，限期内未拆除，物业服务企业将采取必要的措施。业主以物业服务企业侵害了业主的合法利益为由，诉至法院，请求法院确认：①被告关于限期拆除晒衣架、花盆架、太阳能热水器的函无效；②被告无权拆除原告的晒衣架、花盆架、太阳能热水器等室外设备。

法院裁定：驳回原告起诉。

（2）出入人员混杂性

在业主进行装饰装修期间，除了业主和物业使用人进出管理小区内，还有装修工人、运送装修材料人员等，因此给物业管理秩序维护和防范工作带来了一定的难度。

2.2.2 物业装饰装修管理的流程及实施

物业服务企业实施装饰装修管理的依据是住房和城乡建设部110号令《住宅室内装饰装修管理办法》以及国家和地方的其他规定。

1. 物业装饰装修管理流程（图2-2）

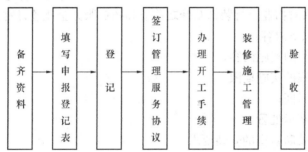

图2-2 物业装饰装修程序示意图

一般而言，物业装饰装修管理的流程主要包括：业主在装修前备齐资料，向物业服务企业进行登记申请，领取《装修管理规定》，填写《装修申请表》，同时缴纳装修管理押金及垃圾清运费，办理装修人员出入证，经同意后方可进行装饰装修。物业服务企业在业主装修完成后，组织验收，经核对验收合格后，退还押金。

2. 装饰装修管理的实施

依据《住宅室内装饰装修管理规定》要求，装修管理的实施包括如下内容：

（1）装修申报登记

装修人在住宅室内装饰装修工程开工前，应当向物业服务企业申报登记。非业主的住宅使用人对住宅室内进行装饰装修，应当取得业主的书面同意。待物业服务企业审核批准后方可进行装修。申报登记时，应向物业服务企业提供下列资料：

1）房屋所有权证（或者证明其合法权益的有效凭证）；
2）申请人身份证件；
3）装饰装修方案；
4）变动建筑主体或者承重结构的，需提交原设计单位或者具有相应资质等级的设计单位提出的设计方案;住宅室内装饰装修超过设计标准或者规范增加楼面荷载的,应当经原设计单位或者具有相应资质等级的设计单位提出设计方案;

5) 搭建建筑物、构筑物、改变住宅外立面,在非承重外墙上开门、窗的,应当经城市规划行政主管部门批准;拆改供暖管道和设施的,应当经供暖管理单位批准;拆改燃气管道和设施应当经燃气管理单位批准;

6) 委托装饰装修企业施工的,需提供该企业相关资质证书的复印件;

7) 非业主的住宅使用人,还需提供业主同意装饰装修的书面证明。

(2) 装修审核申报

物业服务企业在接到业主和物业使用人的装修申报材料后,要认真审核其资料,物业服务企业在审核装修方案时,审核装修申报要依据《建筑装饰装修管理规定》、《住宅室内装饰装修管理规定》,尤其要审查防范装修有无安全隐患和违规,待检查无误后确认装修方案不影响建筑安全及共用设施设备方可批准。

(3) 告知注意事项

《物业管理条例》第53条规定:业主需要装饰装修房屋的,应当事先告知物业服务企业。物业服务企业应当将房屋装饰装修中的禁止行为和注意事项告知业主。

(4) 签订装饰装修管理服务协议

在业主或使用人对物业进行装饰装修之前应和物业服务企业签订物业装饰装修管理服务协议,一般包括以下内容:

1) 装饰装修工程的实施内容;
2) 装饰装修工程的实施期限;
3) 允许施工的时间;
4) 装修垃圾的清运处置;
5) 外立面设施及防盗窗的安装要求;
6) 施工安全和必须遵守的规章制度;
7) 禁止行为和注意事项;
8) 违约责任;
9) 其他需要约定的事项。

(5) 装修施工管理

物业服务企业应严格按照装饰装修申报登记的内容和要求对现场物业装饰装修进行管理。在此期间,物业服务企业的有关人员应加强检查施工现场,发现违规行为,应及时劝阻和制止;如造成事实后果拒不改正的,应及时报告相关部门依法处理;如违反物业装饰装修管理服务协议的,应当追究其违约责任。

(6) 验收

业主或物业使用人装修结束后,物业服务企业应当按照装饰装修管理服务协议进行现场检查,对违反法律、法规和装饰装修管理服务协议的,应当要求装修人和装饰装修企业纠正,并将检查记录存档。

2.2.3 物业服务企业在装修管理中的主要工作内容

物业装饰装修管理服务是物业管理服务中难度最大的一项工作。物业装修延续时间长,不确定因素多,管理不当的话,违章违规装修可能危及物业安全、影响物业的正常使用寿命，因此装修施工过程中，物业服务企业应当依照《物业管理条例》和《住宅室内装饰装修管理办法》进行严格管理。

1. 限定装饰装修范围和时间

装饰装修范围只限于房屋本体单元内的自用专有部分，不得占用公共区域堆放材料、乱扔垃圾。

装饰装修企业应当严格遵守物业服务企业规定的装修施工时间。装修时间应根据各地不同作息时间、季节变换以及习惯、习俗确定，装修时间一般包括：

一般作业时间 7：00—12：00，13：00—20：00。

拆打作业时间 8：00—11：30，14：00—18：30，原则上不允许节假日进行装修，装修期一般不超过三个月。

2. 告知装修中的禁止行为

依据《住宅室内装饰装修管理办法》，物业服务企业禁止业主或物业使用人的主要行为包括：

（1）未经原设计单位或者具有相应资质等级的设计单位提出设计方案，变动建筑主体和承重结构；

（2）将没有防水要求的房间或者阳台改为卫生间、厨房间；

（3）扩大承重墙上原有的门窗尺寸，拆除连接阳台的砖、混凝土墙体；

（4）损坏房屋原有节能设施，降低节能效果；

（5）其他影响建筑结构和使用安全的行为。

2.2.4 装修管理各方主体的责任

包括装修装饰活动中装修人和装修企业的责任，以及物业服务企业和相关管理部门的责任等内容。

1. 装修人和装修企业的责任

装修人指业主或物业使用人，装修企业系指装修施工单位。装修人和装修企业在装饰装修活动中的责任包括以下内容：

（1）因装饰装修活动造成相邻住宅的管道堵塞、渗漏水、停水停电、物品毁坏等，装修人应当负责修复和赔偿，属于装饰装修企业责任的，装修人可以向装饰装修企业追偿。装修人擅自拆改供暖、燃气管道和设施造成损失的，由装修人负责赔偿。

（2）装修人装饰装修活动侵占公共空间，对公共部位和设施造成损害的，由城市房地产行政主管部门责令改正，造成损失的，依法承担赔偿责任。

（3）装修人未申报登记进行住宅室内装饰装修活动的，由城市房地产行政主管部门责令改正，并处罚款。

（4）装修人违反规定，将住宅室内装饰装修工程委托给不具有相应资质等级企业的，由城市房地产行政主管部门责令改正，并处罚款。

（5）装饰装修企业自行采购或者向装修人推荐使用不符合国家标准的装饰装修材料，造成空气污染超标的，由城市房地产行政主管部门责令改正，造成损失的，依法承担赔偿责任。

（6）装修活动有下列行为之一的，由城市房地产行政主管部门责令改正，并处罚款：

1）将没有防水要求的房间或者阳台改为卫生间、厨房间的，或者拆除连接阳台的砖、

混凝土墙体的,对装修人和装饰装修企业分别处以罚款;

2) 损坏房屋原有节能设施或者降低节能效果的,对装饰装修企业处以罚款;

3) 擅自拆改供暖、燃气管道和设施的,对装修人处以罚款;

4) 未经原设计单位或者具有相应资质等级的设计单位提出设计方案,擅自超过设计标准或者规范增加楼面荷载的,对装修人和装饰装修企业分别处以罚款。

(7) 未经城市规划行政主管部门批准,在住宅室内装饰装修活动中搭建建筑物、构筑物的,或者擅自改变住宅外立面、在非承重外墙上开门窗的,由城市规划行政主管部门按照《城乡规划法》及相关法规的规定处罚。

(8) 装修人或者装饰装修企业违反《建设工程质量管理条例》的,由建设行政主管部门按照有关规定处罚。

(9) 装饰装修企业违反国家有关安全生产规定和安全生产技术规程,不按照规定采取必要的安全防护和消防措施,擅自动用明火作业和进行焊接作业的,或者对建筑安全事故隐患不采取措施予以消除的,由建设行政主管部门责令改正,并处罚款;情节严重的,责令停业整顿,并处更高额度的罚款;造成重大安全事故的,降低资质等级或者吊销资质证书。

2. 物业服务企业和相关管理部门的责任

(1) 物业服务企业发现装修人或者装饰装修企业有违反相关法规规定的行为不及时向有关部门报告的,由房地产行政主管部门给予警告,可处装饰装修管理服务协议约定的装饰装修管理服务费2~3倍的罚款。

(2) 物业装饰装修行政主管部门的工作人员接到物业服务企业对装修人或者装饰装修企业违法行为的报告后,未及时处理,玩忽职守的,依法给予行政处分。

2.2.5 房屋装饰装修的制度规定

1. 房屋装饰装修的原则性规定

房屋所有人、使用人装饰装修房屋,应当保证房屋的使用安全,不得影响共用部位和共用设施设备的使用和修缮。

2. 双告知制度

(1) 房屋所有人、使用人装饰装修房屋,应当告知下列房屋管理服务单位:

1) 实行物业管理的,告知物业管理服务企业(物业服务企业有知情权);

2) 未实行物业管理的,告知房屋所有人或者经营管理人。

(2) 房屋管理服务单位应当将房屋装饰装修的注意事项、禁止行为,书面告知装饰装修房屋的所有人、使用人和装饰装修企业。

3. 现场巡查制度

房屋管理服务单位应当对装饰装修项目进行现场巡查,对违反房屋安全使用管理条例和相关规定的,应当及时劝阻,要求改正;对拒不改正的,应当向房屋所在地的区、县房屋安全使用行政主管部门报告。

4. 违规查处和赔偿责任

(1) 对违反房屋安全使用管理条例和相关规定装饰装修房屋的,任何单位和个人有权举报。房屋安全使用行政主管部门接到举报后,应当及时予以查处。

(2) 违反房屋安全使用管理条例和相关规定装饰装修房屋,给他人造成损害的,应当承担赔偿责任。

5. 业主装修管理服务

（1）签订装修管理服务协议。

（2）对装修现场进行巡查，发现违规拆改行为应当及时劝阻，要求整改，并向相关主管部门报告。

（3）依据装修管理服务协议提供相关服务。

（4）接待装修投诉认真，处理及时，处理结果件件有回复。

（5）建立业主装修档案。

【案例3】

王某与李某为楼上楼下邻居，6楼的李某先行入住。7楼的王某正在装修时，楼下的李某发现自己家漏水。没过几天，李某家放在柜子里的衣服受潮，卧室和客厅地板也开始漏水。李某于是到王某家交涉，发现王某正在将主卧室改造成一个装有冲浪浴缸和电泵抽水马桶的超豪华宽敞卫生间，而将原设计的卫生间改作他用。李某立即向物业服务企业投诉，物业服务企业立即向王某发出要求其整改的紧急通知，但王某只答应解决漏水问题而拒绝整改，李某便将王某和物业服务企业一并诉至法院，要求王某拆除卫浴设施、恢复原状，要求物业服务企业承担赔偿责任。

法院判决支持了李某诉王某的诉讼请求，驳回了李某诉物业服务企业的诉讼请求。

[案例分析]

（1）王某的行为违反了有关法律法规的规定

《住宅室内装饰装修管理办法》第五条第二款规定，住宅室内装饰装修活动，禁止将没有防水要求的房间或者阳台改为卫生间、厨房间；第三十八条还规定，将没有防水要求的房间或者阳台改为卫生间、厨房间的，或者拆除连接阳台的砖、混凝土墙体的，对装修人处五百元以上一千元以下的处罚，对装饰装修企业处一千元以上一万元以下的罚款。

（2）王某的行为应承担的民事责任

王某的行为，影响了楼下李某对房屋的正常使用，违反了法律规定的义务，依法应承担恢复原状、赔偿损失的民事责任

《住宅室内装饰装修管理办法》第三十三条规定：因住宅室内装饰装修活动造成相邻住宅的管道堵塞、停水停电、物品毁损等，装修人应当负责修复和赔偿；属于装饰装修企业责任的，装修人可以向装饰装修企业追偿。装修人擅自拆改供暖、燃气管道和设施造成损失的，由装修人负责赔偿。

（3）关于物业服务企业的责任

《物业管理条例》第四十六条第一款规定："对物业管理区域内违反有关治安、环保、物业装饰装修和使用等方面法律法规规定的行为，物业服务企业应当制止，并及时向有关行政管理部门报告。"第五十三条第二款规定："物业服务企业应当将房屋装饰装修的禁止行为和注意事项告知业主。"这是为物业服务企业设定的一项义务。本案中，如果物业服务企业没有尽到这方面的义务，就应当承担相应的责任。

《住宅室内装饰装修管理办法》第四十二条也规定："物业服务企业发现装修人或者装饰装修企业有违反本办法规定的行为不及时向有关部门报告的，由房地产行政主管部门给予警告，可处装饰装修管理服务协议约定的装饰装修管理服务费用2~3倍的罚款。"同

时,《物业管理条例》第三十六条第二款规定:"物业服务企业未能履行物业服务合同的约定,导致业主人身、财产安全受到损害的,应当依法承担相应的法律责任。"因此,问题关键是如何界定物业服务企业是否履行合同的问题。通常来说,如果物业服务企业已按照合同约定尽到了自己的责任,不存在管理上的缺陷,则物业服务企业就不应当承担责任;相反,如果物业服务企业根据物业服务合同的约定,存在明显的过错,则应当承担未履行合同或者履行合同存在瑕疵的赔偿责任。但是,必须注意到,物业服务企业毕竟是一个民事主体而非行政管理机关,作为民事主体的物业服务企业是不具有行政权力的,因而物业服务企业不可能采取强制措施,其所能做的仅仅是发现问题时向业主及施工单位提出改进意见,而不能直接采取有效的行政制裁手段。当然,如果物业服务企业根本没有履行监督管理义务,没有及时发现问题并提出建议,也没有及时向有关部门报告,物业服务企业则应当承担责任。

(4) 风险防范

规避装修纠纷的关键是,物业管理人员应严格按照《物业管理条例》和《住宅室内装饰装修管理办法》的规定将房屋装饰装修中的禁止行为和注意事项告知业主,对发现的业主违规装修的行为及时地予以制止并向有关部门报告,但无权采取强制措施,在此过程中,物业服务企业只要尽到了告知义务就可以了。

实 践 练 习

1. 熟悉项目的入住流程,并策划某小区一期业主入住仪式活动方案。
2. 物业项目前台协助办理入住手续、搜集相关资料。
3. 熟悉装修的管理流程。

3 物业的维修养护

物业维修养护流程：

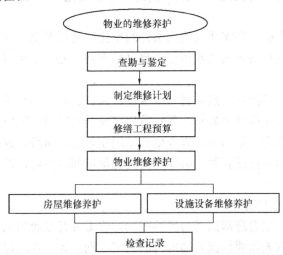

物业在使用中由于自然或人为的因素影响，会导致损坏或使用功能的减弱，而且由于物业所处的地理位置、环境和用途的差异，使用功能减弱的速度和损坏的程度也是不均衡的，因此，为保证物业的正常使用，物业维修养护是大量的和经常性的工作。

3.1 房屋查勘与鉴定

3.1.1 房屋查勘

房屋查勘是物业服务企业了解和掌握所管房屋的完损状况而必须进行的一项重要基础性工作。通过查勘，及时发现房屋的损坏程度，以便采取必要的维修养护措施。

1. 房屋查勘的内容和类型

房屋查勘的内容，根据不同目的和要求应有针对性和重点。查勘分内业和外业：内业是指查看房屋原始档案资料，包括设计图纸、施工资料和验收情况，了解房屋坐落地点和周围环境、建造年代、结构、层数、面积、产别及使用性质等历史和现实情况，如房屋有无受过火灾、水灾、震灾，房屋用途有无变更、维修或加固情况，以及历次外业查勘记录和分析资料等。外业是指对房屋现场实地查勘，一方面是依靠仪器、工具来获得房屋各部分构件材质和损坏数据，另一方面是依靠检查人员的专业知识和实践经验检查房屋的各种功能和设备使用情况，从而判断房屋安全性能和完损状态。

房屋查勘按不同的目的可分为下列几种类型：

（1）一般查勘：指为保证房屋正常使用而针对某些常见缺陷（如门窗开关不灵、漏雨等）进行的日常检查，作为物业服务企业制定维修保养计划的依据。这种查勘是频率较高的经常性工作。

（2）定期查勘：指结合房屋特点，规定合理的期限，一般每1~3年进行一次，对房屋进行较全面的普查，掌握所管房屋使用情况，用于评定房屋完损等级，制定中、长期维修养护计划。

（3）季节性查勘：是根据一年四季的特点，结合当地的气候条件、房屋坐落地点、房屋的完损状态等进行查勘。此类查勘适用于使用年限较长的房屋，一般每年不少于两次，如雨季汛期、越冬前后等时间进行，是一项由于季节变化对房屋产生影响而有针对性的查勘。

（4）定项查勘：根据工作需要或使用条件的变化以及在安全上对房屋整体或部分提出更高的使用要求时，应对房屋的某些指定项目进行查勘。如根据使用需要增加楼面荷载或房屋加层前的查勘。

（5）突发性查勘：是指在自然灾害（如水灾、火灾、地震等）或人为损坏之后，建筑结构的安全状态，耐久性能发生异常，威胁着房屋安全或影响房屋使用功能等情况下，对房屋进行及时查勘和鉴定。如因不合理改变房屋用途等引起纠纷，或一些商品房由于装修引起相邻楼层漏水等而进行的查勘。必要时要委托鉴定部门鉴定，以作为解决纠纷的法律依据。

2. 房屋查勘的一般方法

物业服务企业或房屋管理部门对房屋的查勘，应由具有专业知识和工作经验的人员进行。房屋的查勘工作首先需要根据查勘的目的制定查勘方案，查勘程序一般采用"从外部到内部，从屋顶到底层，从承重构件到非承重构件，从表面到隐蔽，从局部到整体"。也可以根据房屋的现场条件、环境情况、结构现状等，进行局部或重点的查勘。

查勘可从宏观调查开始，以直接目测和实际了解为主，进而配备有针对性的各种仪器、工具进行检查，包括："听"，查勘人员耐心听取房屋使用人的反映，并做好记录；"看"，观察房屋外形、墙壁、门窗以及构件的表面情况有无变化，如裂缝、渗漏等；"问"，通过听和看，然后详细询问使用人、知情人有关造成房屋损坏的原因，获得对查勘有帮助和启发的资料；"查"，是对房屋承重结构，如屋架、梁、柱、板等，进行仔细检查，尤其是节点或支承点是否腐朽，构件或墙体是否变形或产生裂缝；"测"，是对基础下沉、房屋倾斜、墙体鼓闪、屋架或大梁变形等直观现象，借助仪器、设备、工具进行现场测定。如发现问题应及时委托鉴定部门进行鉴定。

随着现代科学技术的迅速发展，房屋查勘所用的仪器设备也越来越先进、便捷。各种电子检测仪器、激光测量仪器等，已广泛应用到房屋查勘鉴定工作中。

3. 对房屋查勘人员的要求

房屋查勘是物业管理工作中的一项重要内容，随着物业管理行业的快速发展，对房屋的管理也必将向着科学化、法制化、规范化的方向发展，这就要求物业管理行业的从业人员要具有高度的责任感和严肃认真的工作态度，同时必须掌握有关房屋查勘的基本知识，要认真学习国家和地方的相关规范和标准。做到对所管区域内的房屋进行客观、全面的分析、综合判断和科学的评价，从而制定合理的房屋维修养护管理方案，提高物业管理水平。

3.1.2 房屋鉴定

我国在房屋鉴定方面经过多年的努力取得了一定的成绩,已编制实施了一些房屋可靠性鉴定标准。

1. 房屋可靠性鉴定

结构可靠性是指结构在规定的时间内、在规定的条件下完成预定功能的能力,它包括安全性、适用性和耐久性,当以概率来度量时称为结构可靠度。

(1) 安全性:指结构在正常施工和使用条件下承受可能出现的各种作用的能力,以及在偶然荷载(如地震、强风)作用下或偶然事件发生时和发生后仍保持必要的整体稳定性的能力。

(2) 适用性:指结构在正常使用条件下满足预定使用功能的能力。如不发生影响正常使用的过大变形和振幅,或引起使用人不安的裂缝宽度等。

(3) 耐久性:指结构在正常使用和正常维护条件下,在规定室外使用期限内有足够的耐久性。如不发生由于混凝土裂缝开展过大导致钢筋锈蚀,不发生在恶劣的环境中出现侵蚀或化学腐蚀、温湿度及冻融破坏而影响结构的使用年限等。

房屋可靠性鉴定是指对现有房屋上的作用(荷载)、结构抗力及其相互关系进行检测、试验和综合分析,评估其结构的实际可靠性。

2. 房屋可靠性鉴定程序

(1) 确定鉴定的目的、内容和范围

一般由房屋的产权人或管理者提出房屋调查和鉴定目的、内容、范围,并与鉴定单位进行商谈,签订鉴定委托合同。合同中应规定查勘鉴定的目的、内容和鉴定范围。

民用建筑可靠性鉴定,可分为安全性鉴定和正常使用性鉴定两种。因此房屋鉴定的目的首先要明确是安全性鉴定还是正常使用性鉴定。其次,对既有建筑结构可靠性鉴定,是要对结构作用及结构抗力进行符合实际的分析判断,以利于结构的合理使用与加固处理。工程在加固、改扩建、事故处理、危房检查及施工质量事故裁决中经常要进行鉴定工作。

房屋鉴定的范围可以是整幢房屋,也可以是其中某一部分,如某个区段、某个楼层或楼层中的某个房间(单元)。房屋鉴定的内容可以是基础、墙、柱、梁(屋架)、楼板(屋面板)等构件,并对其截面形状和尺寸、变形、材料强度、裂缝、锈蚀、沉降等进行鉴定。

在房屋鉴定时,地震设防地区应与抗震鉴定结合进行。

一般房屋从设计构思到建成验收交付使用后,要想较深入了解它的可靠度,不经过鉴定是难以清楚的,这是因为:

1) 建成后的房屋所承受的实际荷载与设计荷载往往有较大的差异,有些情况下实际使用荷载只有在使用后才能合理确定。

2) 实际建成的房屋与原始设计图纸有时也有所不同,这是因为在施工过程中建设单位经常会出现设计变更。

3) 房屋结构的设计计算往往要借助假想的力学模型和经验参数,结构建成后的实际受力情况也会有一定误差,并不能代替实际结构的可靠分析。典型工程的鉴定可以应用现代技术装备与理论,对结构进行深入的科学分析判断。

4) 一般房屋结构经过一段时间的使用,遇到火灾、严重腐蚀、地震、地基基础不均匀沉陷、温度变化、龙卷风、爆炸、安装荷载、活动荷载等作用后，对房屋结构造成损害，影响房屋结构的可靠性。

5) 更重要的是由于历史上和技术上的原因，在我国有相当数量的已有房屋，存在着设计、施工、使用上的错误或管理制度不当，危及了房屋结构的安全及正常使用，而这些房屋正在经济建设中发挥重要的作用。如何确保这些房屋在可靠性原理指导下控制使用，更需要科学的鉴定工作来保证。

(2) 初步调查

初步调查包括以下几方面：

1) 收集并审阅原设计图和竣工图，以及岩土工程勘察报告、历次加固和改造设计图、事故处理报告、竣工验收文件和检查观测记录等。

2) 了解原始施工情况，重点了解房屋遗留有施工质量问题部位的施工情况。

3) 了解房屋的使用条件，包括结构上的荷载、使用环境和使用历史。

4) 根据已有资料与实物进行初步核对、检查和分析。

5) 填写初步调查表。

6) 制定详细调查计划，确定必要的检测、试验和分析等工作大纲。

(3) 详细调查

经过初步调查后，对被鉴定的房屋有了初步的了解，下一步可根据合同的需要进行详细调查。详细调查是鉴定技术人员深入房屋现场进行检查和分析的全过程。

1) 从整体上详细调查房屋缺陷所在，特别是关键性的要害问题，如房屋整体稳定性、倾斜、沉降以及重点损坏部位等薄弱部位。

2) 对结构布置、支撑系统、结构构件及连接构造等结构功能的检查。

3) 对地基基础的检查，特别在初步调查阶段发现问题时，应针对现象分析原因，进行必要的沉降观测、开挖基槽检查或做试验检查，如有地基不均匀沉降开裂，导致上部结构变形、开裂过大时，需要进行地质调查，分析地基和上部结构变化的关系。

4) 结构作用的调查分析。所谓结构作用是指实际施加在结构上的集中荷载或分布荷载，以及外加变形和约束变形。这种结构作用比一般结构荷载有更广泛的内容，故也称作广义荷载。如温度变化、收缩变形引起的荷载，约束变形引起的荷载和地基不均匀沉降引起的荷载等。在作用调查中，作用效应的分析及作用效应的组合等，必须进行实例统计。

5) 结构材料性能和几何参数的检查与分析。结构构件抗力分析，需要采用检测仪器，如取芯、抗压、回弹、拉拔等测试混凝土、砖石、木材等材料的实际强度和质量，为定量分析和结构计算提供数据。

(4) 房屋可靠性评定

房屋可靠性鉴定评级有两种评定方法。

第一种是以《工业厂房可靠性鉴定标准》和《民用建筑可靠性鉴定标准》为代表的，以建筑结构可靠性状态为标准的，其又分为安全性和正常使用性鉴定。安全性鉴定评级分为三层次四等级；正常使用性鉴定评级分为三层次三等级。简称建筑结构可靠性鉴定评级法，具体评定方法详见规范。

第二种是以《房屋完损等级评定标准》为代表的，以房屋完损状态为标准的划分等级法，将房屋划分为完好房、基本完好房、一般损坏房、严重损坏房、危险房五级。其中危险房是根据《危险房屋鉴定标准》给定危险构件、危险房屋界限制定的。

（5）鉴定报告

鉴定报告包括的内容：鉴定的目的与范围；房屋的概况；检查、分析和鉴定结果；结论与建议；附录。

3.1.3 房屋完损等级评定

房屋完损等级是指对现有房屋的完好或损坏程度划分的等级，也就是现有房屋的质量等级。评定房屋完损等级是按照统一的标准、统一的评定方法，可参考和借鉴原城乡建设环境保护部于1984年11月8日制定颁发的《房屋完损等级评定标准（试行）》。对现有整幢房屋进行综合性的完好或损坏的等级评定，这项工作专业技术性强，既有目观检测，又有定量、定性的分析。

1. 评定房屋完损等级的目的和意义

房屋完损等级的评定对加强和促进房地产管理事业的建设和发展有重要的意义。主要表现在：房屋完损等级的评定，为房地产管理部门科学管理和今后进一步开展科学鉴定、科学研究打下一定的基础；为房地产管理和编制修缮计划提供了基础资料，对编制房屋管理规范和修缮施工方案，确定修缮的范围标准以及房屋估价、折旧等都提供了依据；为城市规划和旧城改造提供比较确切的依据，以便有计划地进行城市建设和改造。

2. 房屋完损等级评定标准的适用范围

《房屋完损等级评定标准（试行）》中指出："本标准适用于房地产管理部门经营的房屋。对单位自管房（不包括工业建筑）或私房进行鉴定、管理时，其完损等级的评定，也可适用本标准。在评定古典建筑的完损等级时，本标准可作参考。"

3. 房屋结构分类

房屋结构按常用材料分成以下几类：

（1）钢筋混凝土结构——承重的主要结构是用钢筋混凝土建造的；

（2）混合结构——承重的主要结构是用钢筋混凝土和砖木建造的；

（3）砖木结构——承重的主要结构是用砖木建造的；

（4）其他结构——承重的主要结构是用竹木、砖石、土建造的简易房屋。

4. 房屋完损标准的项目划分

各类房屋完损标准是根据房屋的结构、装修、设备三个组成部分的各个项目的完好或损坏程度来划分的。

（1）结构组成分为：基础、承重构件、非承重墙、屋面、楼地面；

（2）装修组成分为：门窗、外抹灰、内抹灰、顶棚、细木装修；

（3）设备组成分为：水卫、电照、暖气及特种设备（如消火栓、避雷装置等）。

5. 房屋完损等级的分类

根据各类房屋的结构、装修和设备等组成部分的完好、损坏程度，房屋的完损状况即房屋完损等级分成以下五类：

（1）完好房：是指房屋的结构构件完好，装修和设备完好、齐全完整，管道畅通，现状良好，使用正常。或虽个别分项有轻微损坏，但一般经过小修就能修复的房屋。

（2）基本完好房：是指房屋结构基本完好，少量构部件有轻微损坏，但还稳定。屋面或板缝局部渗漏，装修和设备有个别零部件有影响使用的破损，但通过维修可恢复使用功能的房屋。

（3）一般损坏房：是指房屋结构一般性损坏，部分构部件有损坏或变形，屋面局部漏雨，装修局部有破损，油漆老化，设备管道不够畅通，水、电管线、器具和零件有部分老化、损坏或残缺，不能正常使用，需要进行中修或局部大修更换部件的房屋。

（4）严重损坏房：是指房屋年久失修，房屋的部分结构构件有明显或严重倾斜、开裂、变形或强度不足，个别构件已处于危险状态，屋面或板缝严重漏水，设备陈旧不齐，管道严重堵塞，水、电、照明的管线、器具和零件残缺及严重损坏，已无法使用，需进行大修或改造的房屋。

（5）危险房：是指房屋承重结构已属危险构件，主体构件强度严重不足，结构丧失稳定和承载能力，随时有倒塌可能，不能确保使用安全的房屋。其评定标准按《危险房屋鉴定标准》执行。

6. 房屋完损等级评定方法

（1）钢筋混凝土结构、混合结构、砖木结构房屋完损等级评定方法

1）完好房。凡符合下列条件之一者可评为完好房。

第一，结构、装修、设备部分各项完损程度符合完好的标准。

第二，在装修、设备部分中有一、二项完损程度符合基本完好的标准，其余符合完好标准。

2）基本完好房。凡符合下列条件之一者可评为基本完好房。

第一，结构、装修、设备部分各项完损程度符合基本完好的标准。

第二，在装修、设备部分中有一、二项完损程度符合一般损坏的标准，其余符合基本完好以上的标准。

第三，结构部分除基础、承重构件、屋面外，可有一项和装修或设备部分中的一项符合一般损坏的标准，其余符合基本完好以上的标准。

3）一般损坏房。凡符合下列条件之一者可评为一般损坏房。

第一，结构、装修、设备部分各项完损程度符合一般损坏的标准。

第二，在装修、设备部分中有一、二项完损程度符合严重损坏的标准，其余符合一般损坏以上的标准。

第三，结构部分除基础、承重构件、屋面外，可有一项和装修或设备部分中的一项完损程度符合严重损坏的标准，其余符合一般损坏以上的标准。

4）严重损坏房。凡符合下列条件之一者可评为严重损坏房。

第一，结构、装修、设备部分各项完损程度符合严重损坏的标准。

第二，在结构、装修、设备部分中有少数项目完损程度符合一般损坏的标准，其余符合严重损坏的标准。

（2）其它结构房屋完损等级评定方法

1）结构、装修、设备部分各项完损程度符合完好标准的，可评为完好房。

2）结构、装修、设备部分各项完损程度符合基本完好标准，或者有少量项目完损程度符合完好标准的，可评为基本完好房。

3）结构、装修、设备部分各项完损程度符合一般损坏标准，或者有少量项目完损程度符合基本完好标准的，可评为一般损坏房。

4) 结构、装修、设备部分各项完损程度符合严重损坏标准,或者有少量项目完损程度符合一般损坏标准的,可评为严重损坏房。

7. 评定房屋完损等级的基本做法

房屋完损等级的评定可分定期和不定期两类。

(1) 定期评定房屋完损等级,一般每1～3年对所管的房屋进行一次全面逐幢完损等级的评定,这种评定可以全面、详细地掌握房屋的完损等级情况。

(2) 不定期评定,分为以下几种情况:

1) 根据气候特征,如雨季、台风、暴风雪、山洪等,应对危险房屋、严重损坏房屋和一般损坏房屋等进行检查评定完损等级;

2) 房屋经过中修、大修、翻修竣工验收以后,应重新进行评定完损等级;

3) 接管新建或原有的房屋后,要进行评定完损等级。

8. 评定房屋完损等级注意事项

(1) 评定房屋完损等级时,要以房屋的实际完损程度为依据,严格按《房屋完损等级评定标准》中规定的要求进行,不能以建筑年代来代替标准,也不能以原设计标准的高低来代替评定房屋完损等级。

(2) 评定房屋完损等级是根据房屋的结构、装修、设备等组成部分的各项完损程度,对整幢房屋的完损程度进行综合评定。

(3) 评定房屋完损等级时要认真对待结构部分完损程度的评定。因为其中地基基础、承重构件、屋面等项的完损程度,是决定房屋完损等级的主要条件。若地基基础、承重构件、屋面等完损程度不在同一个完损标准时,则以最低的完损标准来决定。

(4) 对重要房屋评定完损等级时,应对地基基础、承重构件等进行复核或测试后,才能确定其完损程度。

(5) 危险房屋的评定方法按《危险房屋鉴定标准》进行。

3.2 制定物业维修计划

计划作为企业管理的重要职能之一,它是对企业生产经营活动的事先安排。物业维修计划作为物业服务企业的一项重要管理职能,是对物业服务企业所管物业开展维修活动的事先安排。

3.2.1 物业维修计划体系

所谓物业维修计划体系是指以物业维修施工计划为中心,由一系列相互联系、相互影响的计划所组成的体系。

物业维修作为物业服务企业生产经营活动的组成部分,其活动的开展必然要受企业其它部门和活动的制约。所以物业维修不仅仅是物业服务企业维修部门的工作,而且是全企业生产经营活动的一部分。为了使物业维修工作得以正常开展并取得良好的效益,要协调好维修部门与全企业各个层次及各个部门之间的关系。而物业维修计划作为全面指导企业开展物业维修活动的指导性文件,则必须围绕维修工作的正常开展,对物业服务企业内部各层次、各部门的工作做出相应的安排。为此,在物业维修计划中,必须编制一系列相互联系、相互影响的计划,并做好各种计划之间的综合平衡工作,使它们成为一个有机的整体。

3.2.2 物业维修计划管理的内容

物业维修计划管理的内容主要包括：在一定时期内有关物业维修计划的目标、实施方案和相应的保证性措施。

1. 物业维修计划的目标

物业服务企业在计划期内必须完成维修工作的数量、质量和效益等方面的标准。其中维修工作的数量是指在计划时期内预期对所需维修物业的共用部位、共用设施设备维修工作的内容及相应工作量的一种规定。

2. 物业维修计划的实施方案

为实现维修计划目标而采取的工作方法和步骤。实施方案的内容包括：计划期内维修工作的时间安排、实施维修工作的方式、维修工程的技术方案及组织措施等。

3. 物业维修计划的保证性措施

为确保维修计划目标及相应实施方案的实现而做的辅助性计划。其内容包括：物业维修资金使用计划、物资供应计划、劳动力计划及技术支持计划等。

3.2.3 物业维修计划类型

1. 按计划内容分

可分成物业维修施工计划和企业各部门的保证性计划。施工计划是直接指导物业服务企业开展物业维修工作的计划文件，具有主体计划的性质。而物业服务企业各部门围绕物业维修施工计划的实现而做的保证性计划，如材料采购供应计划、劳动力计划、机具供应计划、资金使用计划等，均属于辅助性计划。制定物业维修计划时，必须处理好维修施工计划与其它保证性计划的系统关系，保持计划内容、形式、数量、质量指标的相互适应、相互协调及相互统一。同时，还必须根据物业维修工作的特点，不断调整、完善维修计划的内容和指标，努力促进维修工作的正常开展，确保物业维修计划的全面贯彻实施。

2. 按计划期的长短分

物业维修计划可分为年度计划、季度计划和月度计划。物业维修年度计划是物业服务企业对其年度维修工作的事先安排，由于计划期较长，所以属于控制性计划。物业维修季度和月度计划是物业服务企业对其季度和月度内预期需要开展维修工作的事先安排，它是具体指导维修工作的计划文件，属于操作性或实施性的计划。

3.2.4 物业维修计划管理的目的和特点

1. 物业维修计划管理的目的

物业维修计划管理是物业服务企业计划管理的组成部分，是为了使物业维修工作能够达到预期目标的综合性管理工作。其目的是通过合理安排和有效协调，高效率地利用企业现有的生产要素，协调好企业各职能部门的关系，从而使物业维修工作正常开展。有计划地对物业进行维修保养，尽可能地避免物业维修工作的盲目性，确保物业安全正常使用，尽量提高物业的使用功能，延长物业的使用寿命。保证合理使用维修资金，使有限的资金发挥最大的维修效果，实现最大的经济效益和社会效益，努力使业主满意，提高物业服务企业的信誉。

2. 物业维修计划管理的特点

（1）计划的自主性差

物业服务企业的业务性质属于服务性的，其物业维修工作的开展一方面取决于业主的要求，另一方面取决于所管物业的完损情况，所以计划的自主性较差。

（2）计划的多变性

维修施工中变化因素多，如施工对象、现场环境、气候和协作单位等条件的变化，而且这些因素往往难以预见，因此影响计划的稳定性。

（3）计划的不均衡性

由于维修施工的季节性与不均衡性，造成计划期内的施工内容与比例不同，使年、季、月之间做到计划均衡的难度很大。

3.2.5 物业维修计划的编制

1. 物业维修计划的编制原则

编制物业维修计划应本着实事求是、量力而行、留有余地的原则。应根据物业的完损状况，在确保物业正常使用功能和合理延长物业使用寿命的基础上，应充分考虑技术上的可行性和经济上的合理性。

2. 物业维修计划的编制方法

物业的完损状况是编制维修计划的主要依据，着重在确保物业安全，保持物业的正常使用功能的前提下编制。首先，对企业自身条件应有全面正确的了解，在自身具备的条件基础上编制计划。其次，对物业完损状况统计资料和维修施工中工料消耗资料要有积累和分析。最后，在编制计划时，应做好综合平衡工作，协调好各层次、各方面的关系。

3.3 修缮工程预算

修缮工程预算是指在工程开工前，根据物业项目维修工程内容和方式确定维修工程造价的经济文件。其主要作用是进行修缮工程费用筹措的依据，是进行修缮工程招标投标的依据，是进行修缮工程管理和造价控制的依据，是与维修单位进行修缮工程费用结算的依据。

修缮工程预算的确定是物业服务企业一项十分重要的基础工作，包括确定日常维修费用和大中修施工项目费用。日常维修费用将纳入物业项目的取费标准，是物业项目管理中的成本支出。大中修施工项目费用则是要根据维修项目编制修缮工程预算，该项费用一般是物业费用之外的维修工程费用，要单独经业主委托或授权进行物业项目的维修施工管理和编制修缮工程预算，并经业主确认后实施，它是修缮施工管理中核算工程成本、确定和控制维修工程造价的主要手段。是进行组织维修工程招投标、签订施工承包合同和修缮工程施工控制的依据。

日常维修费用是物业费用测算的内容之一，日常费用要根据物业项目的服务内容、物业项目的特点、物业项目的新旧程度、发生维修的概率、人员的配备、材料的价格等因素确定。

修缮工程预算是根据物业项目大中修施工内容进行编制的，这里重点阐述修缮工程预算的编制。

3.3.1 修缮工程预算的费用构成

修缮工程预算是发生在修缮工程施工阶段的全部费用。是根据修缮工程预算定额和取费标准等确定的,是完成该项维修工程生产过程中所应支付的各种费用的总和。根据建设部、财政部建标[2003] 206号文件《关于印发〈建筑工程费用项目组成〉的通知》精神,维修工程费用项目由直接费、间接费、利润和税金构成。

1. 直接费

直接费由直接工程费和措施费组成。

(1) 直接工程费是指施工过程中耗费的构成工程实体的各项费用,包括人工费、材料费、施工机械使用费。

1) 人工费是指直接从事房屋维修工程施工的生产工人开支的各项费用。内容包括:基本工资;工资性补贴;生产工人辅助工资;职工福利费;生产工人劳动保护费。

2) 材料费是指施工过程中耗费的构成工程实体的原材料、辅助材料、构配件、零件、半成品的费用。内容包括:材料原价(或供应价格);材料运杂费;运输损耗费;采购及保管费;检验试验费。

3) 施工机械使用费是指施工机械作业所发生的机械使用费以及机械安拆费和场外运输费。施工机械台班单价由下列七项费用组成:折旧费;大修理费;经常修理费;安拆费及场外运费;人工费;燃料动力费;养路费及车船使用税。

(2) 措施费是指为完成工程项目施工,发生于该工程施工前和施工过程中非工程实体项目的费用。土建修缮工程措施项目包括:安全文明施工措施费(含环境保护、文明施工、安全施工、临时设施);冬期施工降效;雨期施工费;夜间施工措施费;封闭作业照明费;二次搬运措施费;施工难度增加措施费;总包服务费;竣工验收存档资料编制费;大型机械费;地上地下物处理及破路费;占道费;施工用水电费;施工用水电接通及拆除费;施工降水、排水费;室内空气污染测试费等。

2. 间接费

间接费由企业管理费和规费组成。

(1) 企业管理费是指建筑安装企业组织施工生产和经营管理所需的费用。内容包括:管理人员工资;办公费;差旅交通费;固定资产使用费;工具用具使用费;劳动保险费;工会经费;职工教育经费;财产保险费;财务费用;税金;其他费用。

(2) 规费是指按照政府和有关权力部门规定的必须缴纳的费用。内容包括:工程排污费;工程定额测定费;社会保障费;住房公积金;危险作业意外伤害保险费。

规费以直接费中的人工费合计为基数,费率按44.21%计算。

3. 利润

利润是指房屋修缮施工企业完成所承包的修缮工程获得的盈利。

4. 税金

税金是指国家税法规定的应计入房屋维修工程造价内的营业税、城市维护建设税及教育费附加等。

税金以税前总价为基数,工程项目所在地在市区的按3.41%计算,工程项目所在地不在市区的按3.35%计算。

5. 施工图预算计算程序表

序号	费用项目	计算方法	备注
1	施工图预算子目计价合计	Σ（工程量×预算基价）	
2	其中人工费	Σ（工程量×预算基价中人工费）	
3	措施费	Σ施工措施费项目合计	
4	其中人工费	Σ施工措施费项目合计中人工费	
5	小计	（1）+（3）	
6	人工费小计	（2）+（4）	
7	规费	（6）×44.21%	
8	利润	（6）×相应利润率	
9	税金	[（5）+（7）+（8）]×税率	
10	含税造价	（5）+（7）+（8）+（9）	

3.3.2 修缮工程预算的编制

修缮工程预算依据包括地区计价办法、当期地区房屋修缮工程预算基价（以下简称"房屋修缮预算基价"）、当期房屋修缮工程工程量清单计价指引。

房屋修缮预算基价是编制设计概算、施工图预算、竣工结算、编审工程量清单和确定招标控制价的依据；是计算投标报价的参考；是核定投标报价与成本价对比的基础。

房屋修缮工程预算编制方法（计价方法）包括工程量清单计价和施工图预算计价，以及相应的工程价款调整和竣工结算等。工程量清单计价是依据《建设工程工程量清单计价规范》GB 50500—2008 确定的综合单价法；施工图预算计价是依据房屋修缮预算基价确定的工料单价法。

全部使用国有资金投资或以国有资金投资为主的工程建设项目，必须采用工程量清单计价；非国有资金投资的建设项目，可采用工程量清单计价，亦可采用施工图预算计价，但同一工程不能同时采用两种计价方式。

修缮工程预算的编制步骤如下：

（1）收集有关基础资料。包括：维修工程施工图纸；国家或地区颁发的现行维修工程预算基价；工资标准、材料预算价格、机械台班单价、各种取费率标准；现场情况等。

（2）熟悉施工图纸，了解修缮工程内容和要求。

（3）现场勘查。深入现场认真勘查施工条件，了解物业的实际损坏情况，拟定修缮施工方案。

（4）熟悉修缮预算基价。并注意影响工程预算的有关因素，提高预算的准确性。

（5）计算工程量。工程量是编制预算的原始数据，也是组织施工进度和调配施工力量的主要依据，必须正确计算。为避免重算和漏算，应按定额项目的排列顺序和施工的先后顺序来计算。

（6）套用预算基价。根据所列计算项目和工程量，就可以套用基价，要求做到工程名称、内容、计量单位与定额相符。当遇到维修方案与定额项目中规定的产品规格、增添的材料数量等不相符时，可按定额中的有关规定予以换算。

（7）根据修缮工程预算编制方法的不同确定工程直接费、措施费或分部分项工程综合单价、各项清单计价费用。

(8) 工料分析。工料分析就是把各单项工程按定额规定所应消耗的劳动力、材料、机械台班等分别计算，并进行汇总。

(9) 进行修缮工程预算汇总。按规定的形式或格式，进行填写和编制。

3.3.3 修缮工程成本的类型

修缮工程施工过程中要消耗一定量的人力、物力和财力，即构成维修施工单位的生产费用，把生产费用归集到各个成本项目和核算对象中，就构成维修工程成本。修缮工程成本又可分为三类：预算成本、计划成本、实际成本。

(1) 预算成本。预算成本项目包括人工费、材料费、施工机械使用费、措施费、间接费。

(2) 计划成本。是指为了有步骤地降低修缮工程成本而编制的内部控制的具体计划指标。

(3) 实际成本。是修缮工程实际支出的生产费用的总和。它反映修缮工程成本耗费的实际水平。

预算成本是维修工程价款的结算依据，也是编制成本计划和衡量实际成本水平的依据。计划成本和实际成本反映的是维修企业的成本水平，它受企业自身的生产技术、施工条件和生产管理水平的制约。预算成本和实际成本比较，可以反映维修工程实际盈亏情况；实际成本和计划成本比较，可以考核成本计划各项指标的完成情况。

3.3.4 修缮工程成本管理

成本管理的基本任务就是保证降低成本，通过对修缮工程施工中各项耗费进行预测、计划、控制、核算、分析和考核，以便用最少的消耗取得最优的经济效果。成本管理的任务具体表现在以下几方面：

(1) 做好成本计划，严格进行成本控制。认真编好成本计划，把降低成本的指标、措施层层落实到各职能部门和各环节上去，努力降低消耗，节约开支。在施工中严格进行成本控制，保证一切支出控制在计划成本内。

(2) 做好成本管理的基础工作。加强定额管理，建立健全原始记录、计量与检验制度，建立健全成本管理责任制。

(3) 加强修缮成本核算与分析。通过成本核算与分析，可以及时找出存在的问题，了解各项成本费用节约或超支的情况，找出原因，有针对性地提出解决问题的办法。

3.4 房屋维修养护管理

按照《物业管理条例》第二条对物业管理的定义，物业管理，是指业主通过选聘物业服务企业，由业主和物业服务企业按照物业服务合同约定，对房屋及配套的设施设备和相关场地进行维修、养护、管理，维护物业管理区域内的环境卫生和相关秩序的活动。

从上述物业管理定义可以看出，对房屋维修养护管理是物业服务企业日常工作中重要环节之一，是一种经常性、持久性的服务工作。其任务是：物业服务企业依据物业服务合同，按照科学的管理方法、程序和维修质量要求，在物业服务合同期限内，对物业管理区域内的物业在使用过程中，由于自然因素、正常使用造成的物业损坏，进行维修、养护、装修、更新、改造等多种工作。其目的是：保证房屋安全、正常使用；延长物业使用寿命；改善物业使用条件，使物业能够保值、增值。也就是说，是在充分利用原有物业功能、质量和技术条件的前提下，对物业损坏的原因、程度寻求最佳的维修养护或拆、改、建方案，因地制宜地将物业维修养护好。

3.4.1 房屋维修养护管理的方针和原则

1. 房屋维修养护管理的方针

房屋维修养护管理的方针是：实行管养合一，综合治理，调动各方面的因素对现有房屋做好养护、维修；积极开展房屋的小修养护，实行综合有偿服务，严格控制大片拆建，中修与拆留结合的综合改建；结合大城市现代化进程需要改善城市景观，集中力量改造简陋平房，保证业主或使用人的住用安全；有步骤地搞好综合维修，以提高房屋质量、完好程度和恢复、改善其使用功能，最终达到以尽量少的资源投入获得提高房屋使用年限与使用功能的目的。

2. 房屋维修养护管理的原则

房屋类型很多，表现在结构形式、建筑材料以及建筑标准和使用功能的不同，还表现在建筑风格的不同等方面。对各种类型的房屋，依据什么要求、标准进行维修养护，要有与之适应的规范、标准。房屋维修养护管理的总原则是：美化城市、造福人民、有利生产、方便生活。为人民群众的居住生活服务、为国民经济发展服务。具体原则有：

（1）坚持安全、合理、实用、经济的原则。①安全是房屋管理的首要原则。就是要通过房屋管理与维修服务使辖区内建筑物主体结构不发生明显损坏和倒塌现象，达到房屋主体牢固。保证业主或使用人的住用安全，特别是对尚需利用的旧有房屋做好防范措施，加强维修和保养。对危陋住房要有计划地拆建，保证房屋不发生安全事故。②合理就是制定科学合理的维修养护计划与方案，按照国家规定标准进行维修。不任意扩大维修范围，不无端提高标准。对新建房屋的维修首先要做好日常养护，其次要做好综合管理，以保持房屋原貌和完损等级，对旧有房屋的维修要做到充分、有效、合理，能修则修，应修尽修，全面养护。③实用就是从实际出发，分析房屋损坏的原因和损坏程度，因地制宜进行维修，满足业主或使用人对房屋使用功能和质量上的要求，充分发挥房屋的潜能。④经济就是要加强维修养护工作的成本管理，处处本着节约的原则使用维修基金，使用人力、物力、财力要做到恰到好处，尽量少花钱多修房。

（2）为业主或使用人服务的原则。房屋维修养护管理的目的是为了不断满足社会生产和居民居住生活的需要，保证房屋使用安全，延长房屋使用年限。所以，在房屋维修养护管理上要做到为业主或使用人服务。建立科学、合理、规范的房屋维修养护管理制度，并培训好维修服务人员，真正树立为业主或使用人服务的思想。

（3）坚持不同维修标准的原则。对不同建筑结构、不同风格、不同类型、不同等级标准的房屋，应采取不同的维修标准和方案。如：对结构较好，设备较齐全，等级较高的房屋，应按原有的建筑风格与标准进行维修；对涉及城市改造规划、近期内需要拆除的房屋，在保证居住人安全的前提下，应以简修为主；对旧有房屋，应先做好房屋现状调查分析工作，依据房屋建筑的历史年代、结构质量、使用标准、环境质量以及所在地区的特点等综合条件，结合城市总体规划的要求，对旧有房屋及所在地区进行分类，分别采取不同的维修改造方针。

（4）有偿的原则。按照价值规律，商品经济等价有偿的原则，房屋维修需投入建材、机具、劳务、管理等，交付使用后应收回成本，并产生适当利润。但物业服务企业必须通过提高科学技术水平和生产管理水平，以最少的投入达到多修房、修好房的要求。

3.4.2 房屋养护管理

房屋养护从本意来看是保养维护房屋建筑的意思。这里的房屋养护是指物业服务企业对房屋建筑的日常保养和护理，以及对出现的轻微损坏现象所采取的必要修复等措施。如检查、清扫、涂漆等保养工作。加强房屋日常保养，除了物业服务企业本身的行为外，还要注意向业主或使用人宣传爱房知识，特别是在业主或使用人进行房屋二次装修时，物业服务企业更应加强指导和监督，使业主或使用人按照房屋的设计功能合理使用。

1. 房屋养护的类型和内容

房屋日常养护可分为小修养护、计划养护和季节性养护三种类型。

（1）小修养护

小修养护是指结合实际情况确定的或因突然损坏引起的小修。小修养护项目，主要通过物业维修人员的巡视检查和业主或使用人的随时报修等渠道来收集。小修养护的特点是修理范围广、项目零星分散，时间紧，要求及时，具有经常性的服务性质。

小修养护包括以下方面：

1）瓦屋面清扫补漏及局部换瓦；屋脊、泛水、躺立沟的整修；油毡顶斜沟的修补及局部翻做；平屋面裂缝修补；墙体局部挖补；墙面局部粉刷；顶棚、雨棚、踢脚线的修补、刷浆；拆换及新做少量天窗；修补镶贴墙面和地面局部松动损坏的瓷砖；普通水泥地的修补及局部新做；室外排水管道的疏通及少量更换；明沟、散水坡的养护和清理；雨水井的清理；井盖、井圈的修配；化粪池的清理等。

2）楼地板、隔断、顶棚、墙面维修后的补刷油漆及少量新做油漆；维修后的门窗补刷油漆及少量新做油漆；楼地面、墙面刷涂料等。

3）镀锌薄钢板、玻璃钢屋面的维修养护及局部拆换；钢门窗整修；玻璃钢躺立沟、天沟、斜沟的整修、加固及少量拆换等。

4）门窗开关不灵的维修及少量新做；装配五金；接换柱脚；支顶加固；细木装修的加固及局部拆换等。

5）开关、灯口、电线的修换；线质老化的更换；线路故障的排除、维修及少量拆换；配电箱、盘、板的安装、修理；电表与电分表的新装及拆换等。

6）给水管道的少量拆换；排污、废水管道的维修、保养、疏通及少量拆换；水管的防冻保暖；脸盆、菜池、便器、浴缸的修补拆换；水嘴、阀门、抽水马桶及其零配件的整修、拆换；屋顶压力水箱的清污、修理等。

（2）计划养护

房屋的各种构、部件均有其合理的使用年限，超过这一年限一般就开始不断出现问题。因此就不能等到问题出现后再采取补救措施，应对房屋进行有计划的检修保养，制定科学的保养制度，以保证房屋的正常使用，延长其整体的使用寿命。例如：房屋的纱窗每3年左右就应该刷一遍铅油保养；门窗、壁橱、墙壁上的油漆、油饰层一般每5年左右应重新油漆一遍；外墙每10年应彻底进行一次检修加固；每年检查照明电路明线、暗线的老化和负荷情况，必要时可局部或全部更换等。这种定期养护制度是保证房屋使用安全、完好的非常重要的制度。

计划养护主要属于房屋的保养工作，是定期对房屋进行检修保养。计划养护的任务应安排在报修任务不多的淡季。如果报修任务多时，应先安排报修任务，再做计划养护工作。计划养护是物业服务企业通过平常检查掌握的资料从房屋管理角度提出来的养护种类。

（3）季节性养护

季节性养护是指由于季节性气候原因而对房屋进行预防性保养工作。其内容有防台风、防洪水、防梅雨、防霜冻、防治白蚁等。季节和气候的变化会给房屋的使用带来不利影响，房屋的季节性预防养护，关系业主或使用人的居住和使用安全，所以这种预防养护也是房屋养护中一个重要方面。季节性养护应注意与房屋建筑的结构种类及其外界条件相适应，木结构的防潮、防腐、防蚁；砖混结构的防潮；钢结构的防锈等养护，各有各的要求，各有各的方法，要结合具体情况来进行。

2. 房屋养护的一般程序

（1）项目收集

日常养护的小修项目，主要通过管理人员对房屋的走访查房和住户的随时报修两个渠道来收集。

1）走访查房。物业管理人员定期对辖区内住户进行走访，并在走访中查看房屋，主动收集住户对房屋维修的具体要求，发现住户尚未提出或忽略掉的房屋险情及共用部位的损坏情况。为了提高走访查房的实际作用，应建立走访查房手册。

2）随时报修。物业服务企业为了方便住户随时报修，收集服务项目的途径主要有以下几种：

一是，建立接待值班制度。物业服务企业可以根据物业服务合同内容要求，开通24小时维修、报修电话，并配备一名专职或兼职报修接待员，负责全天接待来访、记录住户的电话、信函、来访。接到报修后，接待员应填写报修单，及时安排相关部门处理。

二是，设置便民报修箱。在辖区的繁华地段和房屋集中的街巷，设置信箱，供住户随时投放有关的报修单和预约上门维修的信函。物业服务企业要定期开启信箱整理报修信息。

三是，组织咨询活动。一般利用节、假日时间，物业服务企业在辖区内公共场所、主要通道处或房屋集中地点摆摊设点，征求住户提出的对日常服务内容的有关意见并收集报修内容。

（2）计划编制

通过管理人员走访查房和接待报修等方式收集到的维修服务项目，应按轻重缓急和劳动力等资源情况，做出合理的维修安排。对室内照明，给水排污等部位发生的故障及房屋险情等影响正常使用的维修，应及时安排人员解决。对暂不影响正常使用的小修项目，均由管理人员统一收集，编制维修养护计划表，逐一落实。其中属于小修养护范围的项目，于月底前编制次月的小修养护计划表，并按计划组织实施。凡超出小修养护范围的项目，管理员也应于月底前填报中修以上工程申报表。维修管理部门按照申报表，到实地察看，根据报修房屋的损坏情况和年、季度的维修计划，安排中修以上工程解决。管理员对即将进场施工的项目，要及时与住户联系，做好搬迁腾让等前期工作，对无法解决或暂不进场施工的，应向住户说明情况。

(3) 任务落实

管理员根据编制的小修养护工程计划表和随时发生的急修项目，开列小修养护单。房屋小修养护工程凭养护单领取材料，根据养护单开列的工程地点，项目内容进行施工。对施工中发现的房屋险情可先行处理，然后由开列小修养护单的管理员变更或追加工程项目手续。

(4) 监督检查

在施工中，管理员应每天到小修工程施工现场，解决施工中出现的问题，监督检查当天任务完成情况。工程完毕，在征得住户满意后，停止维修工作并将维修记录按要求归档保存。之后再安排次日零修养护工程。

3.4.3 房屋维修管理

房屋维修是指在房屋的经济寿命期内，在对房屋进行查勘鉴定、评定房屋完损等级的基础上，对房屋结构、装修及设备部分所受磨损实施的修复性工作，使其保持或恢复原来状态或使用功能。

1. 房屋维修的类型和内容

按维修规模或房屋完损程度的不同，房屋维修分为：小修、中修、大修、翻修及综合维修。

(1) 房屋小修是指为确保房屋正常使用，对房屋使用过程中正常的小损进行及时维修，以保持房屋原有完损等级的预防性养护工作。房屋小修工作一般时间较短、用工少、费用少，综合平均费用占房屋现时总造价的1%以下，并具有很强的服务性，要求经常持续地进行。

房屋小修范围主要包括：

1) 屋面筑漏（补漏）、换瓦、屋面裂缝修补、屋脊、泛水的整修等。
2) 修补楼地面面层，抽换个别楞木等。
3) 修补内外墙、窗台、腰线和抹灰等。
4) 拆砌挖补局部墙体、个别拱券，换个别过梁等。
5) 门窗的维修及局部更换，换五金件，换纱窗，配玻璃，刷油漆等。
6) 房屋检查发现的危险构件临时加固、维修等。
7) 水箱的修理、清污、水嘴、阀门等的整修、拆换，卫生洁具的修补及部分拆换等。
8) 排水管道疏通，修补明沟、散水、落水管等。

(2) 房屋中修是指房屋少量主体构件已损坏或不符合建筑结构要求，需要牵动或拆换进行局部维修以保持房屋原来的规模和结构的维修项目。房屋中修主要适用于一般损坏房屋，中修的一次费用一般占该房屋同类结构新建造价的25%以下，经过中修后的房屋70%以上要符合基本完好房或完好房的标准。

房屋中修范围主要包括：

1) 少量结构构件形成危险点的房屋维修。
2) 整幢房屋的门窗整修，楼地面、楼梯的维修，油漆、墙面的重新粉刷，设备管线的维修和零配件的更换等。
3) 整幢房屋卫生洁具的整修及局部更换、更新，所有水嘴、阀门、水箱等零部件的更换、更新。

4) 整幢房屋给水排水管道、通风采暖设备管道、电气照明线路等的全面维修或局部更换等。

(3) 房屋大修是指需要牵动或拆换部分主体构件，但不需要全部拆除的维修工作。房屋大修主要适用于严重损坏房屋，大修一次费用占同类结构房屋新建造价的25%以上，经过大修后的房屋，一般都要求达到基本完好或完好房的标准。

房屋大修范围主要包括：
1) 房屋主体结构的加固修复，如抗震加固等。
2) 房屋部分建筑的改善。
3) 整幢房屋的重新装修，包括全部门窗、楼地面及内外墙的重新装修或改善。
4) 整幢房屋水电、通风采暖等全部或部分更换或改善。

(4) 房屋翻修是指原来的房屋需要全部拆除，另行设计，重新建造或利用少数主体构件在原地或移动后进行更新改造的工程。这类工程一般投资大、工期长，但房屋翻修的费用一般均低于同类结构重新建造的造价，是因为房屋翻修可尽量利用原有旧料或设备。房屋翻修一般适用于主体结构严重破坏，丧失正常使用功能，有倒塌危险且不能通过一般维修恢复或无维修价值的房屋。翻修后的房屋，一般必须达到完好房屋的标准。

房屋翻修范围主要包括：
1) 房屋主体结构全部或大部分损坏，有倒塌危险。
2) 主体结构、围护结构简陋无修缮价值的房屋。
3) 国家基本建设规划范围内需要拆迁恢复的房屋。
4) 地处陡峭易滑坡地区的房屋，地势低洼长期积水无法排出地区的房屋。
5) 因自然灾害破坏不能再使用的房屋。

(5) 房屋综合维修是指对成片多幢或面积较大的单幢楼房，大部分严重损坏而进行有计划的成片维修或为改变成片房屋面貌而进行的维修，也就是同时进行大、中、小维修工作。这类工程工作面广且量大，一次费用一般为同类结构的该片房屋新建造的20%以上。经过综合维修后的房屋应达到基本完好房或完好房的标准。

房屋综合维修从规模上看，可以作为大修项目的范畴，但其对房屋无完损程度的限制，也就是综合维修可以对各种完损程度的成片房屋同时进行。这类维修工程应根据各地情况、条件，考虑一些特殊要求，如防灾、抗震等，在维修中一并解决。

2. 房屋维修的程序

对于规模较大的维修工程，其维修程序一般为：查勘→鉴定→设计→工程预算→工程申报→搬迁住户→工程准备→工程施工→工程验收→工程结算→工程资料归档。

3. 房屋维修的特点

(1) 房屋维修量大、面广，零星分散。量大、面广是指房屋维修涉及千家万户，项目多而杂；零星分散是指由于房屋的固定性以及房屋损坏程度的不同，决定了维修场地和维修队伍随着维修位置的改变具有分散性。

(2) 房屋维修具有限制性。由于受到原有房屋条件、环境的限制，维修设计与施工都只能在一定范围内进行，特别是对有历史、文化保留价值的房屋维修，要求保持原有建筑风格。

(3) 房屋维修具有技术性。房屋维修与新建同类房屋建筑施工不同，房屋维修技术不仅包括建筑工程专业及相关专业的技术，还包括独特的设计和施工操作技能，而且，对不同建筑结构、不同等级标准的房屋，采用的维修标准也不相同。此外，新型建筑材料、设备的推广应用也决定了房屋维修的要求。

4. 房屋维修与养护的关系

房屋维修与养护在整个物业管理中是密不可分和交叉进行的，有时在内容上也是有重叠的，如房屋维修与养护中都包括对房屋的小修内容。但房屋养护工作又区别于通常所讲的房屋维修工作：房屋养护是对房屋进行的预防性保养工作，而房屋维修则是对房屋损坏部分进行的修复工作；房屋养护的对象主要是结构、装修及设备完整良好的完好房屋和基本完好房屋，而维修的对象则主要是结构、装修及设备受到一定损伤的一般损坏房屋、严重损坏房屋及危险房屋；房屋养护工作一般具有经常性，且较零碎，工程量较小，而维修工作则大多具有周期性，有规律且工程量较大。所以，在对待与处理房屋维修与养护的关系上应同样重视。

3.4.4 房屋维修的验收与管理指标

1. 房屋维修的验收

可参照原城乡建设环境保护部于1984年11月8日发行的《房屋修缮工作质量检验评定标准（试行）》，各地也可按照各地方标准，如：天津市有《天津市房屋修缮工程施工质量验收标准》（DB/T 29-139-2005）。

2. 房屋维修管理指标

房屋维修管理指标是考核房屋维修工程数量、质量和房屋维修管理服务质量的重要指标。主要有以下几种：

(1) 房屋完好率

房屋完好率是指：完好房屋的建筑面积加上基本完好房屋建筑面积之和，占总的房屋建筑面积的百分比。一般要求房屋完好率达到50%～60%（新房屋除外）。其公式为：

$$房屋完好率=\frac{完好房建筑面积+基本完好房建筑面积}{总的房屋建筑面积}\times100\%$$

房屋经过大、中修竣工验收后，应重新评定调整房屋完好率（但是零星小修后的房屋不能调整房屋完好率）；正在大修中的房屋可暂按大修前的房屋评定，但竣工后应重新评定；新接管的新建房屋，同样应评定完好率。

(2) 小修养护及时率

小修养护及时率是指：当月（季）完成的小修养护户次数与当月（季）全部报修中的应修户次数之比。一般来说，月（季）小修养护及时率要达到99%以上。其公式为：

$$小修养护及时率=\frac{当月（季）完成的小修养护户次数}{当月（季）全部报修中的应修户次数}\times100\%$$

(3) 小修养护计划完成率

小修养护计划完成率是指：当月完成属小修养护计划内项目的户次数和当月养护计划安排的户次数之比。遇到特殊情况或特殊季节可统一调整养护计划率。一般来说，小修养护计划完成率要达到80%以上。其公式为：

$$月养护计划完成率=\frac{当月完成计划内项目户次数}{当月养护计划安排的户次数}\times100\%$$

(4) 大、中修工程质量合格（优良）品率

大、中修工程质量合格（优良）品率是指：报告期经评定达到合格（优良）品标准的大、中修单位工程数量（以建筑面积表示）之和，与报告期验收鉴定的单位工程数量之和的百分比。一般要求大、中修工程质量合格品率达到100%，优良品率达到30%~50%。其公式为：

$$大、中修工程质量合格（优良）品率 = \frac{报告期合格（优良）品建筑面积之和}{报告期验收鉴定建筑面积之和} \times 100\%$$

（5）房屋维修工程量

房屋维修工程量是指：全年完成综合维修和大、中修工程数量（以建筑面积表示）之和与全年维修平均人员数之比。这里的全年维修平均人员数包括维修和管理人员，但不包括从事新建房屋的工程队人员；房屋维修数量中不包括翻修工程数量和小修工程数量。一般要求房屋维修工程量为100~150m²/（人·年）。其公式为：

$$房屋维修工程量[m^2/(人·年)] = \frac{年综合维修房屋建筑面积 + 年大中修房屋建筑面积}{年全部维修平均人员数}$$

（6）走访查房率

走访查房率是指：物业服务企业每月（季）走访查房户数与所辖区内住（用）户总户数之百分比。在计算走访查房率时，若在月度（季）内走访同一户超过一次的均按一户计算。一般要求管理员月度走访查房率大于50%以上，季度走访查房率等于100%。其公式为：

$$月（季）度走访查房率 = \frac{当月（季）走访查房户数}{辖区内住（用）户总户数} \times 100\%$$

（7）维修工程成本降低率

维修工程成本降低率是指：维修工程成本降低额与维修工程预算成本额之比。一般要求维修工程成本降低率为5%~8%。其公式为：

$$维修工程成本降低率 = \frac{维修工程成本降低额}{维修工程预算成本额} \times 100\%$$

3.5 设施设备维修养护管理

物业设施设备是房屋建筑设备的简称，是构成房屋建筑实体的重要组成部分。房屋建筑内部附属的基本设备有：供水、排水、供电、供暖等，现代物业项目设备还包括：电梯、中央空调、消防系统、出入监控系统、发电机组等设施设备。这些设施设备的工作是否正常，直接决定了物业项目功能的发挥。

3.5.1 物业设施设备的构成

建筑物是由建筑、结构、给水、排水、供暖、通风、电气等有关工程所构成的综合体，物业附属设施设备必须与其它工程紧密配合，从而充分发挥物业的功能和作用。不同用途的物业其设施设备的配置也不同，如：一般住宅中的设备由水、电、燃气、卫浴、电梯等设备系统组成，而现代综合化办公大楼的设备还有中央空调、自动报警器、办公自动化的通信网络和各种电子信息设备等。通常，我们对物业设施设备做如下分类。

1. 给水排水设备系统

给水排水设备系统包括：供水设备、热水供应设备、排水设备、房屋卫生设备和消防设备等。

(1) 供水设备是指用人工或自动方法提供水源，以解决市政供水水压不足，满足使用人正常用水的设备。由供水箱、供水泵、水表、供水管网等构成。

(2) 热水供应设备包括：淋浴器、热水管道、加热器、冷水箱、循环管、疏水阀、自动温度调节器、减压阀、热水表等。

(3) 排水设备是指用来排除生活污水和房屋雨、雪的设备。包括：排水管道、排污管道、清通设备、抽升设备、室外排水管道、污水井、化粪池、通风管道等。根据接纳污（废）水性质，排水管道可分为生活污水管道、生产废水管道、雨水管道，组成生活污水排水系统、生产污水排水系统、雨（雪）水排水系统。

(4) 房屋卫生设备包括：抽水马桶、小便斗、面盆、水盆、冲洗盆、浴缸、镜箱等。

(5) 消防设备包括：喷淋系统、消防龙头、消防泵、消火栓、灭火器和配套消防设备，如烟感器、温感器、消防报警系统、防火卷帘、防火门、防火阀、排烟送风系统、消防电梯、消防走廊及事故照明、应急照明等。

2. 电气工程设备系统

电气工程设备系统是指物业供电、照明及电器控制服务设施设备，电梯设备，防雷装置。

(1) 供电及照明设备。包括：高压开关柜、低压开关柜、变压器及各种温控仪表、计量仪表、配电干线、楼层配电箱、备用电源、电表、各种控制开关、照明设施等。

(2) 电器服务设备。包括：广播设备、电信设备、电视系统设备、共用无线及电视监控设备、电脑设备等。

(3) 电梯设备。电梯设备是高层建筑中不可缺少的垂直运输设备，包括：电梯机房、轿厢、井道等。

(4) 防雷装置。包括：接闪器、引下线和接地装置等。

3. 燃气设备系统

燃气设备系统是物业附属设备中的燃气供应设备，主要包括：煤气管网、煤气入室管道、煤气表、用气设备等。

4. 暖通空调设备系统

暖通空调设备系统包括：供暖设备、供冷设备和室内通风设备。

(1) 供暖设备有热水供暖、蒸汽供暖，包括：锅炉、蒸汽喷射器、输热部分、散热部分，及一些辅助设施。

(2) 供冷设备是指可以使屋内空气流动，降低室内温度，给人带来凉爽感觉的部分，包括：电扇、空调机、冷气机、深井泵、冷却塔、回水泵及输送冷水的管网等。

(3) 室内通风设备包括：通风机、排气口及一些净化除尘的设备等。

5. 智能化楼宇技术设备系统

在智能化楼宇中，主要技术设备有计算机信息管理技术设备、计算机网络与现代通信技术设备、计算机监控系统、综合布线系统。

(1) 计算机信息管理技术设备。在楼宇的办公自动化系统中，包括：资料档案管理、人事管理、多媒体信息查询、电视会议及电子数据库系统等。

(2) 计算机网络与现代通信技术设备。在智能化楼宇中，通信自动化系统是一个中枢神经系统,包括以数字式程控交换机为中心的通信系统,以及通过楼宇的结构化综合布线系统来实现计算机网络、卫星通信、可视电话、电视会议、闭路电视等。

(3) 计算机监控系统。在楼宇自动化系统中,它包括:安全管理系统、消防及火警系统、交通管理系统、能源监控系统、给水排水管理系统等。

(4) 综合布线系统。一个将楼宇自动化系统、办公自动化系统等许多系统连接成整体的物理实体。

6. 电话通信设备系统

电话通信设备的主体是电话交换机,交换机主要由硬件和软件两部分组成。

(1) 硬件是指计算机及机器等外围设备。

(2) 软件是指电脑程序与数据库。

3.5.2 物业设施设备管理制度

现代物业管理的含义,其最主要的内容就是专业化管理。首先,要建立一系列管理制度;其次,由于物业管理的服务性,在管理中要注意增强员工的服务意识。

1. 岗位职责

岗位职责的制定与工程管理的组织形式设置有关,不同的组织形式有不同的岗位职责,但各级职责都应包括工程管理的各项工作。下面以常见的、按专业设置的工程管理组织形式列举工程各级职责。

(1) 工程部经理

工程部经理是进行管理、操作、保养和维修,保证设施设备正常运行的总负责人。其主要职责是:

1) 在公司经理的领导下,贯彻执行有关设备和能源管理方面的工作方针、政策、规章和制度;

2) 负责组织设备的使用、维护、革新改造直至报废的整个使用过程的管理工作,使设备始终处于良好的技术状态;

3) 在"安全、可靠、经济、合理"的前提下,及时供给各设备所需的能源(如水、电、油、气等),做好节约能源的工作;

4) 组织人力、物力,及时完成住户提出的请修要求,为住户提供良好的工作、生活条件;

5) 组织编制各种设备的保养、检修计划,原材料采购计划,并组织计划的实施;

6) 组织收集、编制各种设备的技术资料、图纸,做好设备技术管理工作;

7) 组织拟定设备管理、操作、维护等各种规章制度和技术标准,并监督规章制度和技术标准的执行;

8) 组织员工开展技术业务学习,不断提高员工业务和技术水平。

(2) 各专业技术主管

各专业技术主管在部门经理的领导下,负责所管班次的组织、管理工作,并负责编制所管专业的养护和维修计划、操作规程及有关技术资料和图纸,协助部门经理完成其他上级安排的工作。

1) 负责编制所管设备的年、季、月检修计划及相应的材料、工具准备计划,经工程部经理审批后负责组织计划的实施,并检查计划的完成情况;

2）负责检查所管设备的使用、维护和保养情况，并解决有关技术问题，以保证设备处于良好的技术状态；

3）负责制定所管系统的运行方案并审阅运行记录，督导下属员工严格遵守岗位责任，严格执行操作规程，保证设备的正常运行；

4）组织调查、分析设备事故，提出处理意见及措施，并组织实施，以防止同类事故的再次发生；

5）负责制定所管设施的更新、改造计划，以完善原设计和施工遗留的缺陷，并负责工程监督，以实现"安全、可靠、经济、合理"的目标；

6）负责组织培训，不断提高下属员工的技术、思想素质以及服务水平；

7）完成上级交代的其它工作。

（3）领班

1）负责本班所管设备的运行、维护、保养工作，严格做到三干净（设备干净、机房干净、工作场地干净）、四不漏（不漏电、不漏油、不漏水、不漏气）、五良好（使用性能良好、密封良好、润滑良好、紧固良好、调整良好）；

2）以身作则，带领并督促全班员工严格遵守岗位责任制、操作规程、员工守则及企业各项规章制度，及时完成上级下达的各项工作任务；

3）负责本班的日常工作安排和调整，做好各项记录并汇总，定期交上级主管审阅；

4）负责制定本班设备的检修计划和备件计划，报主管审核后组织实施。

（4）技术工人

1）服从上级调度和工作安排，及时、保质、保量地完成工作任务；

2）自觉遵守各项规章制度、操作规程，认真操作，保证安全，文明生产；

3）努力工作、学习，不断提高思想素质和技术水平，保证优质服务。

（5）资料统计员

1）负责收集、整理、保管工程部各种技术资料及设备档案；

2）负责本部门各下属单位的各项工作报表的汇总、存档，并定期送经理审阅；

3）负责能源、材料、人力等各项资源消耗的统计；

4）完成上级交办的其它工作。

2. 管理制度

（1）预防性计划维修保养制度

计划维修保养制度是指：为了延长设备的使用寿命，防止意外损坏而按照预定计划进行一系列预防性设备维修、维护和管理的组织措施和技术措施。实行计划性维修保养制度可以保证物业设备经常保持正常的工作能力，防止设备在使用过程中发生不应有的磨损、老化、腐蚀等状况，充分发挥设备的潜力和使用效益，正确掌握设备状况，提高设备运转效率；实行预防性维修保养制度，既可以延长设备的维修间隔期，降低维修成本，提高维修质量，又可以保证物业设备的安全运行，对延长设备使用寿命，树立物业服务企业的良好形象都将起到很重要的作用。

（2）值班制度

建立值班制度并严格执行，可及时发现事故隐患并排除故障，从而可保证设备安全、正常的操作运行。包括以下几个方面：

1) 物业设备值班人员必须坚守岗位，不得擅自离岗，如因工作需要离岗时，必须由符合条件的人替岗，并向其交代离岗时间、去向；

2) 按时巡查，作好记录，及时发现事故隐患，及时解决、及时报告；

3) 接到请修通知，及时通知、安排有关人员抢修、急修；

4) 不得随意调换值班岗位，就餐时实行轮换制。

（3）交接班制度

搞好交接班工作，保证值班制度的实施。具体内容有：

1) 值班人员做好交接班前工作，包括按巡查表所列项目认真仔细巡查，发现问题及时解决，当班问题尽量不留给下一班，并做好记录和环境卫生工作；

2) 接班人员提前15分钟上岗接班，办理好交接班手续；

3) 值班人员办完交接班手续后方可下班，若接班人员因故未到，值班人员应坚守岗位，待接班人员到达并办完手续后才能离开；

4) 除值班人员外，无关人员不得进入值班室。

（4）报告记录制度

建立报告记录制度可以让物业经理、技术主管和班组长及时了解设备的运行情况及设备维修管理情况，及时发现设备管理中存在的问题，以便及时解决。具体内容有：

1) 向班组长报告。发现以下情况时，应向班组长报告：主要设备非正常操作的开、停、调整及其它异常情况；设备出现故障或停机检修；零部件更换或修理；维修人员工作去向；维修材料的领用；运作人员暂时离岗。

2) 向技术主管报告。发现下列情况时，应向技术主管报告：重点设备非正常操作的启动、调整及异常情况；采用新的运行方式；重点设备发生故障或停机抢修；系统故障及检修；重要零件更换、修理、加工及改造；成批和大件工具、备件和材料领用；员工加班、调班、补休、请假。

3) 向物业经理报告。发现下列情况时，应向物业经理报告：重点设备发生故障或停机修理；影响楼宇或小区的设备故障施工；系统运行方式的重大改变，主要设备的技术改造；重点设备主要零部件更换、修理或向外委托加工，设备的增改或向外委托加工；班组长、技术骨干以上人员及班组结构调整。

除了上述管理制度外，还有工具领用保管制度，设备操作维修安全规定，设备技术档案管理制度，房屋设备更新、改造、调拨、增添、报废规划及审批制度，承租保管设备的责任制度和房屋设备清点盘点制度等一系列房屋设备管理制度体系。

除管理制度外，设施设备维修管理人员的素质是决定物业设施设备管理质量的重要因素。因此，物业服务企业对设施设备维修人员要有明确的要求，应努力把他们培养成"精干"的"一专多能"的技术能手。同时，还应加强巡视检查工作，保证物业设施设备完好运行。

3.5.3 物业设施设备管理的内容

物业设施设备管理主要包括：使用管理、维修养护管理、安全管理、技术档案管理等内容。

1. 使用管理

使用管理制度主要有设备运行值班制度、交接班制度、设备操作使用人员的岗位责任制。物业设备根据使用时间的不同，可分为日常使用设备（如给水排水、供电、电梯等）、季节性使用设备（如供暖、供冷设备）、紧急情况下使用设备（如消防、自动报警设备）。各类设备都要制定相应的设备运行使用制度。

2. 维修养护管理

维修养护内容主要包括设备定期检查、日常养护、维修制度、维修质量标准以及维修人员值班制度等。

设施设备在使用过程中会发生污染、松动、磨损、振动、发热、泄漏、堵塞、压力异常等各种故障，影响正常使用，严重时会损坏设施设备，甚至酿成事故。因此，应经常对设施设备加以检查、养护和调整，使其始终处于最佳技术状态。

3. 安全管理

安全管理在物业设施设备管理中占有重要位置。国家对安全性能要求高的设施设备实行合格证制度，要求维修人员参加培训考核后持证上岗，同时要制定相应的管理制度，确保使用安全。

4. 技术档案资料管理

物业服务企业一旦开始接管物业，工程管理人员就应根据设备的分类和目录，对设备进行登记，建立设备台账，它是组织维修养护计划的依据。设备台账是根据设备登记卡，按照设备的分类顺序，统一填写在设备登记表上，一般每年进行一次清点核对，做到账物相符。

3.5.4 物业设施设备养护管理

物业设施设备的养护是指物业服务企业主管部门和供电、供水、供气等单位对物业设施设备进行的常规检查、养护等工作。

1. 设施设备养护的类型

设施设备的养护一般采用三级保养制，即：日常维修养护、一级保养和二级保养。

（1）日常维修养护是由设备操作人员所进行的经常性保养工作。主要包括定期检查、清洁和润滑、发现小故障及时排除、及时做好维护工作和必要的记录等。

（2）一级保养是由设备操作人员与设备维修人员按计划进行维修养护工作。主要包括对设施设备进行局部解体清洗、调整，按照设施设备磨损规律进行定期养护。

（3）二级保养是由设备维修人员对设施设备进行全面清洗、部分解体检查和局部修理、更换或修复磨损件，使设施设备能够达到完好状态的养护。

2. 设施设备养护的一般程序

（1）确定责任人及其职责。设施设备操作人员在按照规定操作的同时，有责任做好设施设备的养护工作，定期检查，清洁保养，发现小故障及时排除，做好日常养护工作并进行必要的记录，确保设施设备处于完好状态。

（2）建立各类设施设备档案。设施设备在接管后均应建立原始资料档案，并应制作设备卡片。

（3）确定组织设施设备养护计划。设施设备在使用过程中会发生污染、松动、磨损、振动、发热、泄漏、堵塞、压力异常等各种问题，因此应确定对正在使用的设施设备进行检查、保养和调整的期限，使其处于最佳的技术状态。

3.5.5 物业设施设备维修管理

物业设施设备维修是指通过修复或更换零件、排除故障、恢复设施设备原有功能所进行的技术活动。

1. 设施设备维修的分类

根据设施设备的完损状况分为：小修、中修、大修、故障维修和改造五类。

(1) 小修：是指对设施设备进行日常的养护、检查及为排除运行故障而进行的局部修理。通常只要修复、更换少量易损零件，调整较少部分机构和精度。

(2) 中修：是指对设施设备进行正常的和定期的全面检修，对设施设备的部分进行解体修理和更换少量磨损零部件，保证设施设备能恢复和达到应有的标准和技术要求，使设施设备能正常运转。中修更换率为 10%～30%。

(3) 大修：是指对设施设备进行定期的全面检修，对设施设备要全部解体，更换主要部件或修理不合格的零部件，使设施设备基本恢复原有性能。更换率一般不超过 30%。

(4) 故障维修：是指设施设备在使用过程中发生突发性故障而停止，检修人员采取紧急修理措施，排除故障，使设施设备恢复功能。

(5) 改造：是指在设施设备使用到一定年限后，技术性能落后、效率低、耗能大，须更新设施设备，提高和改善技术性能。

2. 设施设备维修的工作流程

物业设施设备维修工作流程为：制定设备维修计划→执行设备巡查→制定维修方案→设备维修→填写维修记录。

3. 设施设备维修的特点

(1) 维修技术要求高。物业设施设备灵敏程度和精确程度要求较高，维修工作的好坏直接影响设施设备在运行中技术性能能否正常发挥。因此，物业设施设备的维修要由专业技术人员进行，且在维修前，技术人员要认真阅读有关技术档案和技术资料。

(2) 随机性与计划性相结合、集中维修与分散维修相结合。

1) 随机性与计划性。物业设施设备因平时使用不当或其它突发事故等原因，往往是突然发生故障，这就使物业设施设备维修有很强的随机性。但物业设施设备又有一定的使用寿命和大修更新周期，因此设施设备的维修又有很强的计划性，可以制定维修更新计划，有计划地制定维修保养次序、期限和日期。

2) 集中维修与分散维修。物业设施设备零星维修和突发性抢修是分散进行的，而大修更新又往往是集中按计划进行的。

(3) 设备投资大，导致维修成本高。相对于物业本身而言，设施设备的维修一次性投资大、成本高，这是因为设施设备使用年限较短。一方面，物业设施设备因使用而发生有形损耗，致使其使用年限缩短；另一方面，由于技术进步，出现了性能更好、使用更舒适方便的新型设备，发生了无形损耗，导致其使用年限缩短。这种无形和有形的损耗，都会引起物业设施设备维修更新间隔期的缩短，从而使维修更新成本增加。

4. 设施设备维修与养护的关系

维修与维护保养是设施设备维修养护管理的两个重要方面，二者相辅相成，不可偏废。因为如果维护保养马虎，对发现的问题没有及时处理，则小问题将发展成大问题，此时再维修，不但增加了工作量，而且会对设备造成本可以避免的损伤，甚至会因此影响设备的寿命，同时也会打乱计划检修的正常秩序，造成被动局面。反过来，如果维修人员在进行设备检修时，只是抢时间、争进度，不重视检修质量，该修的没好好修，该换的零件也不换，修理后记录资料不全，势必会给以后的维护保养工作增加难度，为设备故障的多发埋下隐患。所以为保证设备正常安全使用，应建立"养护为主，维修为辅"的原则。

3.5.6 典型设施设备维修养护管理

物业要实现其价值和使用价值，离不开对物业设施设备的维修养护管理。物业设施设备是依据业主或使用人的不同要求和不同的物业用途而设置的，因此对物业设施设备维修养护管理的方面也不尽相同，下面介绍几种典型的物业设施设备维修养护管理。

1. 给水系统维修养护管理

（1）管理范围的界定

物业服务企业对给水系统的管理范围，各地市政部门都有规定。一般居住小区内供水设备的管理范围划分如下：高层楼房以楼内供水泵房总计费表为界，多层楼房以楼外自来水表井为界。界限以外（含计费水表）的供水管线及设备，由供水部门负责维护、管理；界限以内（含水表井）至用户的供水管线及设备由物业服务企业负责维护、管理。

（2）给水系统维修养护管理的内容

1）对供水管道、节门、水表、水泵、水箱等进行经常性维护和定期检查，确保供水安全；

2）防止二次供水的污染，对水池、水箱定期消毒，保持其清洁卫生；

3）发生跑水、冒水、断水等故障，应及时组织抢修；

4）消防水泵要定期试泵，至少每年进行一次，保持电气系统正常工作，水泵正常上水，管道节门水龙带配套完整，检查报告应送交当地消防部门备案。

2. 排水系统维修养护管理

（1）管理范围的界定

室内排水系统由物业服务企业负责维护、管理。道路市政排水设施管理范围划分如下：以 3.5m 路宽为界。凡道路宽在 3.5m（含 3.5m）以上的，其道路和埋设在道路下的市政排水设施，由市政工程管理部门负责维护、管理；道路宽在 3.5m 以下的，由物业服务企业负责维护、管理。居住小区内各种地下设施检查、井盖的维护、管理，由地下设施检查井的产权单位负责，有关产权单位也可委托物业服务企业维护、管理。

（2）排水系统维修养护管理的内容

1）定期对排水管道进行养护、清通；

2）定期检查排水管道和节门等是否有生锈和渗漏等现象，发现隐患及时处理；

3）教育、约束住户不要把杂物投入下水管道，防止堵塞。下水道堵塞应及时组织清通；

4）室外排水沟渠要定期检查和清扫，清除淤泥和杂物，尤其在雨季时要进行这方面的严格控制。

3. 消防系统维修养护管理

所谓消防系统是指火灾自动报警与自动灭火系统，自动捕捉火灾检测区域内火灾发生时的烟雾或热气，从而能够发出声光报警，并且有联动其它设备的输出接点，能够控制自动灭火系统、事故照明、事故广播、消防给水和排烟系统等，实现检测、报警和灭火的自动化。

(1) 管理范围的界定

供水管线及管线上设置的地下消防井、消火栓等消防设施，由供水部门负责维护、管理，公安消防部门负责监督检查；高、低层消防供水系统，包括泵房、管道、室内消火栓等，由物业服务企业负责维护、管理，并受公安消防部门的监督检查。

(2) 消防系统维修养护管理的内容

1) 物业服务企业应按国家和地方有关消防要求对消防设施进行管理和维修养护，发现问题及时采取必要的措施，确保其完好有效；

2) 建立严格管理制度，有专门的消防系统操作维护管理人员；

3) 具备完整的技术资料。系统竣工验收合格交付使用前应移交系统竣工图、竣工报告、竣工验收情况表、测试开通报告、设备技术资料和使用说明书等技术资料；

4) 每日检查一次火灾报警系统的功能是否正常，管道压力、供电是否正常，疏散通道及安全出口的防火门是否完好，并处于常态；

5) 定期检查消防水泵启动运转情况，消防水泵接合器的接口及附件是否完好，水箱水位是否符合要求，声光报警、应急照明、疏散指示标志等是否有效并处于正常状态，主要电源是否能够正常切换，消防电梯是否能够强制停于首层，压力开关、水力警铃等是否正常工作，喷头是否正常，防排烟系统是否处于正常状态等；

6) 消防设施发生故障，需要停水、停电进行检修前应事先得到物业管理人员的同意，并现场监督，加强防范措施后方可进行施工。检修结束后应及时恢复供水、供电；

7) 对于室内消防设施的维修、管道及阀门的维修，与室内供水管道部分的维修相同。室内消防设施也是由管道、阀门等构成，其损坏同样是管道漏水、阀门漏水或关闭不严等。对于室内外的管道，同样应做好冬季的防冻保温工作，以确保它们处于良好的工作状态。

4. 供配电系统维修养护管理

(1) 管理范围的界定

供配电系统的维护的范围，需按照"全国供用电规则"对维护管理与产权分界的界定原则来执行，供电局与用户电气设备的维护管理范围如下：

1) 低压供电的，以供电接户线的最后支持物为分界点，支持物属供电局；

2) 10kV 及以下变压供电的，以用户厂界外或配电室前的第一断路器或进线套管为分界点，第二断路器或进线套管的维护责任由双方协商确定；

3) 35kV 及以上高压供电的，以用户厂界外或用户变电站外第一基电杆为分界点，第一基电杆属供电局；

4) 采用电缆供电的，本着便于维护管理的原则，由供电局与用户协商确定；

5) 产权属于用户的线路，以分支点或以供电局变电所外的计费电度表及附属件的购置、安装、移动、更换、校验、拆除加封、启封等均由供电局负责。

(2) 供配电系统维修养护管理的内容

供配电系统的维修养护管理主要是针对供电系统出现的故障。这些故障主要表现为：断路、短路、接触不良、线路老化造成的漏电、线路负荷过大造成的掉闸等。为此，应从检查线路、修理、更换保险、电线，及增加配电装置容量等方面入手。具体讲，主要有以下几个方面：

1) 在物业服务企业建立全天候的运行及维修值班制度，及时排除小区或大厦范围内用电设备的故障和安全隐患；

2) 建立小区内各楼宇或大厦供电设备的技术资料和档案。完整的技术资料档案对有针对性地开展所管理物业的工地设备的检修及更换或增容有重要作用。为此，要做好各种记录，对所有的设备在大、中、小修之后要将情况整理归档，使技术资料充分反映设备运行的状况；

3) 配备专业技术人员。包括配备以电气工程师为主的强、弱电兼备的技术人员队伍。从事供、配电专业的技术人员，要有相应的专业背景及从事本专业工作的责任心，并须围绕本小区或本大厦的供电设备的特殊情况进行专题培训或技术交底。操作人员必须持证上岗，严格按规范进行操作，杜绝各种安全隐患；

4) 供电设备须限电、停电的，要提前发出通知，一旦出现突发性灾难时，要及时切断电源；

5) 建立严格的配送电运行和电气维修制度。主要是制定定期巡视和重点检测制度。此外，还要加强配电室的安全管理，其他闲杂人员等一律不得靠近配电室，并在室外有明显警示标志。对重点时间段（如夏季空调用电高峰期）要在此之前停电进行配电系统的安全检查和维修。遇有临时性故障应及时进行特殊检查。确保配电设备的安全运行，并进行电气日常的检修及安全用电方面的宣传。提高小区及大厦的业主或使用人的安全用电和节约意识。

5. 空调系统维修养护管理

空调系统维修养护管理工作主要内容是：按制度定时开启和关闭系统，对重要机械设备，如冷水机组、组合式空调机、水泵等应按照生产厂家说明书制定符合要求的开机、停机、中间巡检和异常现象处置制度；按照制度要求进行监控、巡检和记录，并根据天气变化情况，运行中可能出现的偏差和用户反馈信息进行调整；对空调设备进行例行保养，确保空调系统安全运行，当设备出现故障时要及时果断的采取措施，尽早恢复正常使用功能。

6. 智能设备维修养护管理

智能设备使用期限的长短、工作效率的高低，在很大程度上取决于对其的维护与管理措施。及时维护与合理管理能够使智能设备保持良好的工作状态，从而保证设备的安全运行。

（1）智能设备维修养护管理

智能设备维修养护管理主要包括：制定设备技术状态的完好标准；提出设备使用基本要求；制定设备操作维护规程；进行设备的日常维护与定期维护，监测设备的运行状态；对设备出现的故障和事故及时进行处理等。

要想及时了解设备的运行状态，除了进行监控之外，还要对设备进行定时定期的巡回检查，做到预防为主，发现情况及时处理，保证整个系统的安全稳定运行。经常性检查内容包括：检查设备是否有不正常振动、噪声、过热、泄漏等，并做好记录。

维护保养是一项预防性的、有计划进行的经常性工作，主要内容包括：根据维护周期要求进行设备加油、清洗、清洁和易损零部件的更换，以及视具体情况进行的紧固、调整等工作。

(2) 智能设备运行管理

确保智能设备正常运行的主要方法有：制定设备操作规程；制定设备巡查制度；建立设备使用责任制；建立设备维护制度等。

为使设备能够正常运行，应当将操作规程简要的书写清楚，并张贴到操作地点位置醒目处，以减少错误操作的几率，从而减少经济损失和危害；对于新员工要进行必要的关于实际操作和相关技能方面的培训，培训合格后方能独立操作；经过技术训练的员工，要进行技术知识和使用维护知识的考试，考试合格获得操作证书后方能上岗；要严格岗位责任制，以确保正确使用设备和落实设备的日常维护工作。

【案例】 因物业维修不及时所造成的损害应由谁承担责任？

某住宅小区第15栋楼的公用水箱出现渗漏现象，该栋楼的业主们向物业服务企业反映了情况，要求其及时予以修缮，但物业服务企业一直未采取任何措施。有一天，住在该栋楼的业主王某回家经过楼前通道时，因地面积水滑溜而不幸摔倒，导致右腿骨折，被送往医院治疗。王某要求物业服务企业赔偿其医药费、误工费、护理费等相关费用未果，便把物业服务企业起诉到法院。在本案中，王某的请求是否具有法律根据？为什么？

根据《物业管理条例》及相关规定，物业服务企业与业主的维修责任划分是：业主作为物业的所有权人，应对其所有的物业承担维修养护责任。因此，房屋的室内部分，即户门以内部分和设备，包括水、电、气户表以内的管线和自用阳台，由业主负责维修。房屋的共用部分和共用设施设备，包括房屋的外墙面、楼梯间、通道、屋面、给水排水管道、公用水箱、加压水泵、电梯、消防设施等房屋主体公用设施，由物业服务企业组织定期养护和维修。根据《物业管理条例》第36条的规定，物业服务企业应当按照物业服务合同的约定，提供相应的服务。物业服务企业未能履行物业服务合同的约定，导致业主人身、财产安全受到损害的，应当依法承担相应的法律责任。在本案中，小区物业服务企业对公用水箱的渗漏，应及时予以维修而未维修，致使王某因地面积水滑溜而摔倒住院，应对王某的损失给予赔偿。

实 践 练 习

1. 物业维修养护的流程是什么？
2. 房屋完损等级分为哪几类？
3. 房屋维修养护管理的方针和原则是什么？
4. 物业设施设备的构成包括哪些？

4 物业项目环境卫生管理

【案例1】 业主在公共走廊乱摆放物品该怎么办？

在有些小区内，部分业主违反《管理规约》的规定，擅自在公共走廊摆放物品，这样既不符合消防法规，有碍发生火灾时的疏散、灭火，又影响公共走廊的观瞻，还极易造成邻里关系的矛盾。某大厦一层楼有三户人家，有一家业主经常把鞋柜、鞋架摆到自家门外的公共走廊上，对其他业主的出行造成不便，因此业主投诉到物业服务企业客服，客服部应如何解决这个问题，并杜绝这种现象的再次发生呢？

[案例分析] 这个案例可以从三方面来解决：

（1）物业服务企业的客服人员可规劝业主和登门解释相结合；

（2）客服人员可上门做思想工作，宣传物业环境卫生管理的重要性；

（3）物业服务企业联合业主委员会、居委会、街道办事处向违章业主发书面通知张贴在每幢楼门口，晓之以理，并明确改正期限，超过期限仍不整改，物业服务企业将以遗弃物处理。

通过物业服务企业的安排及步骤的实施：结果有的业主很快将鞋柜、鞋架搬进室内；有的只答应不行动；个别的业主当时搬进室内过后又搬出来；还有的邻居间相互较劲，你不搬，我也不搬。物业服务企业客服人员一遍遍地上门规劝，不厌其烦地做工作，明确转达客服部要彻底解决共用走廊内摆放物品的决心。终于经过一个星期反复耐心的工作后，仅实施计划的第一步就彻底解决了多年存在的问题，并得到业主委员会的好评。

通过以上案例能看出物业环境管理的重要性，物业环境管理是物业服务企业通过宣传教育、执法检查、履约监督等工作对物业环境管理的维护和整治工作。目前物业环境管理在物业管理的重要地位已毋庸置疑了。只有通过物业环境管理服务才能净化物业区域的环境，也才更能美化物业区域的环境。

4.1 物业环境卫生管理工作基础知识

4.1.1 环境卫生管理的涵义及意义

1. 物业环境卫生管理的涵义

物业环境卫生管理也叫保洁管理。是指物业服务企业通过宣传教育、直接监督和日常保洁员的工作，保护物业辖区的环境，防治环境污染，同时对辖区环境定时、定点、定人进行日常生活垃圾的分类收集、处理和清运。环境卫生管理是物业服务中一项专业化的工作。环境卫生管理也可以说是，通过清、扫、擦、拭、抹等专业性操作，维护物业辖区所有公共地方和公共部位的清洁卫生，从而塑造物业的文明形象，提高物业的环境效益。

物业环境卫生管理与环境卫生清洁这两个概念是既有联系又有区别的。物业卫生清洁是通过扫、刷、铲、洗、水冲等原始方法将环境表面的垃圾、废物、尘埃污渍等清理掉，使之干净。一般的人不需要经过特定的训练，只要有一定的工具就能完成这项工作。而环境卫生管理是现代意义上的卫生工作，它既包含了一般清洁卫生的工作，又区别于一般清洁卫生工作。随着社会的进步，人们对环境卫生的要求不断提高，保洁员具和清洁方法也不断变化，物业环境卫生管理为适应现代人对物业环境卫生工作的要求，它要求经专门培训的清洁保养人员，使用专门的清洁机械、工具和清洁物料，按照科学的管理办法和严格的清洁保养程序、技术规范，对特定物业本身及各种物业装饰材料进行清扫和护理，以求保持物业表面应有的光泽、光滑、颜色和高洁净度。

2. 物业环境卫生管理的意义

环境卫生管理是物业服务的重要组成部分，物业环境卫生管理的好坏是体现物业服务水平和文明的重要标志。高素质的物业清洁保养是为业主和使用人提供一个清洁、舒适、优美的工作环境和生活环境。清洁、舒适、优美的工作环境和生活环境是国家卫生城市和物业服务示范住宅小区（大厦、工业区）的评价标准之一。它具有视觉上的直观性，并由此带来心理上的直接感受，因而也成为物业辖区文明的第一象征和管理水平的第一象征。

通过保养清洁，既可延缓物业装饰物表面自然老化和防止人为磨损现象，保护物业的装饰材料，延长物业再装修翻新的周期，取得经济效益，又能保持物业美观的效果。所以整洁的物业环境需要常规性的清洁保养管理服务。

4.1.2 物业环境卫生管理的实施原则

1. 宣传教育和制度约束相结合

物业环境卫生管理应建立健全环境卫生管理规章制度，搞好物业环境的规章制度是环境管理的基本保障，但还存在个别业主环保意识差，因此需要加强对业主和物业使用人安全有效的宣传教育，将规章制度作为业主和使用人的行为准则，只有将宣传教育和规章制度结合起来，加上全体业主和物业使用人的共同努力，为创建和谐社区打下基础。

2. 扫防结合，以防为主

从业主和使用人的基本素质、基本行为规范抓起。其突破口，就是提高业主和使用人的环境整洁意识，大力纠正各种不卫生的习惯。环境卫生管理服务必须以预防为主，从源头上解决问题，将"脏、乱、差"消灭，同时结合物业环境的实际，采取一系列措施进行积极有效地治理。

3. 执法必严，直接监督

物业服务企业应做到执法必严、直接监督。凡是遇到有损物业环境的行为，都应不讲情面地对业主和使用人进行耐心教育和严格处罚，决不因人而异。提倡"以法管理"，严格执行管理规定，当遇到业主和使用人的不卫生习惯和违约行为时，及时进行劝阻、教育，直至处以罚款，久而久之，便形成了整洁宜人的环境。

4.1.3 物业环境卫生管理区域的职责范围

1. 楼宇前后左右的公共地方

即指物业辖区（楼）内的道路、空地、绿地等所有公共地方。

2. 楼宇上下空间的公共部位

这是一个垂直的概念，即指楼宇一层到顶层屋面，包括楼梯、电梯间、大厅、天台等公共部位。

3. 物业辖区（楼）范围内的日常生活垃圾的收集、分类和清运。

4.1.4 物业环境卫生管理的质量标准

1. 明确要求

处理生活垃圾专人负责、日产日清、定点倾倒、分类倾倒、定时收集、定时清运，按照既定的工作流程，履行保洁的岗位责任等。

2. 规定标准

物业环境保洁的通用标准是"五无"：即无裸露垃圾，无垃圾死角，无明显积尘积垢，无蚊蝇孳生地、无"脏、乱、差"顽疾。

3. 计划安排

物业服务企业应制定出清扫保洁工作每日、每周、每月、每季直至每年的计划安排。

4. 定期检查

物业服务企业可将每日、每周、每月、每季、每年清扫保洁工作的具体内容用记录报表的形式固定下来，以便布置工作和进行定期检查。

一级保洁服务	1. 小区内公共区域（硬化地面、主次干道）每天清扫2次，干净整洁；室外标识、宣传栏、信报箱等每周擦拭2次
	2. 公共区域日常设专人保洁，保持公共区域干净整洁无杂物
	3. 公共楼道每天清扫2次；扶手每天擦洗2次，保持干净整洁
	4. 根据小区实际情况合理布设垃圾桶、果皮箱，垃圾袋装
	5. 按楼栋口、楼层收集垃圾，每天2次
	6. 垃圾清运日产日清，无垃圾桶、果皮箱满溢现象
	7. 垃圾设施每天清洁2次，无异味
	8. 公共区域玻璃每周擦洗1次
	9. 对区内主路、干路积水、积雪、烟花炮屑及时进行清扫
	10. 进行保洁巡查，楼道内无乱悬挂、乱贴乱画、乱堆放等现象
	11. 建立消杀工作管理制度，根据实际情况开展消杀工作，适时投放消杀药物，有效控制鼠、蟑、蚊、蝇等害虫孳生
	12. 饲养宠物符合有关规定，对违反者进行劝告，并报告有关部门进行处理

4.1.5 物业环境卫生管理的机构设置及职责划分

物业环境卫生管理的机构设置可根据物业环境卫生管理招标外包或自管等不同的管理方式，根据物业服务企业的实际情况进行设置。

1. 物业环境卫生管理招标外包机构的设置

物业服务企业可将所管的物业环境卫生的日常清扫保洁工作包给专业清洁公司，并由专业清洁公司具体实施环境卫生管理工作。这时物业服务企业只需配备1~2名物业环境卫生检查与监督人员负责以下的主要工作：

（1）制定招标文件、保管合同书等文本；

（2）根据招标程序选择专业保洁公司，并与之签订物业环境管理卫生委托管理合同书；

(3) 对受托的专业保洁公司的环境卫生管理内容的完成情况及日常保洁员作进行监管；

(4) 定期与托管者、专业环境卫生管理公司磋商、讨论，以解决环境卫生存在的问题；

(5) 经常视察、暗访所辖区域的环境卫生状况，与区域内的各界人士保持联系，听取对环境管理的各种意见。

2. 物业环境卫生自管的机构设置

物业服务企业也可自行设立物业环境卫生管理部门来执行和完成物业辖区的环境卫生管理工作，其机构设置可根据不同的物业类型、区域分布、面积大小、保洁对象不同而灵活设置。一般情形下最简单的设置是设置一个公共区域保洁班组；如果所管物业中有高层建筑，则可设置一个高空外墙保洁班组；如果所管物业类型多、面积大，还要设多个保洁服务班组。对于一个物业服务面积大、物业类型多、保洁设备设施齐全的物业服务企业，其机构设置一般较多。而多数的物业服务企业，高空外墙保洁清洗工作是外聘专业公司来负责完成的。

3. 保洁班组各级人员的职责划分

(1) 保洁班长岗位职责

1) 积极带领本班人员完成上级交给的各项任务，模范带头，以身作则，直接对管理员负责；

2) 全面负责本班包干区的清洁卫生工作，做好每日的检查记录并及时向管理员、管理处汇报；

3) 负责做好本班员工的思想教育、工作技术的培训工作，定期组织本班员工学习文化和专业知识；

4) 全面负责本班员工的日常考勤考核工作；

5) 按上级的指令，做好本班的周、月工作计划安排，并突出工作重点；

6) 认真工作，总结经验，不断创新，创建更加科学的工作方法；

7) 认真完成领导交办的其他任务。

(2) 保洁员岗位职责

1) 坚守岗位，按时上下班，上班佩戴工作牌，做到服装整齐、干净；

2) 熟悉各自分工及所负责范围内的清洁卫生情况，对所负责范围内卫生全面负责；

3) 每天将垃圾清运到中转站；

4) 负责清扫公共走廊、楼梯、电梯、停车场、绿地、公共设施周边环境等。清洁楼梯扶手 2 次，清洁公共场所门窗。并保持区内公共面积无纸屑、烟头、痰迹、污垢，保持清洁卫生；

5) 每日巡视各责任范围的清洁卫生状况，发现问题及时解决，并做好工作记录；

6) 积极参加业务培训，提高业务水平，自觉学习有关清洁卫生知识，提高个人素质；

7) 处理与清洁卫生相关的其他事宜。

【案例 2】

某大厦物业服务企业保洁部人员职责：

(1) 保洁主管的职责

1) 按照物业企业项目经理的指示和企业的管理目标，组织各项保洁管理的具体工作；
2) 每日检查各区域保洁任务的完成情况，发现问题及时返工补做；
3) 经常进行日常抽查、巡查，发现卫生死角及时解决。
（2）保洁员的职责
1) 遵守《企业员工守则》，统一着装上岗；
2) 听从保洁主管的安排，严格按照保洁程序，保质保量地做好职责范围内的保洁工作。

4.1.6 清洁保养常用的保洁工具

物业环境卫生管理是一项专业化的工作，要搞好。环境卫生工作，需要一定的清洁保养机器与工具。

1. 墩布

使用范围：适用于普通地面。

使用方法：干、湿墩布交替使用。

2. 油推

使用范围：适用于大理石地面的清擦。

使用方法：

（1）使用前24小时将适量牵尘油渗入干推，用塑料袋封存；

（2）油推杆与油推面托以45°角度，延直线推尘，尘推不可离地；

（3）尘推沾满泥土时，要将尘堆放在垃圾桶上抖净再使用，直到地面完全清洁为止；油拖布定期清洗（每周不少于2次，使用万能清洁水清洗）。

3. 玻璃刮刀

使用范围：适用于玻璃上的顽固污渍。

使用方法：将玻璃刮刀与玻璃表面成30°角，清除玻璃上污渍。

4. 扁铲

使用范围：适用于大理石及其他物体表面上的污渍的清理。

使用方法：将扁铲贴近待处理面，清除物体表面上的污渍。

5. 吸尘器

（1）吸尘器的操作

1) 使用时按下列步骤操作：

①套上吸尘耙杆；

②插上电源并按动机上开关；

③吸尘（吸硬地面时，应注意按耙上调节开关使毛刷伸出；吸地毯时，应注意将毛刷按回吸嘴内）。

2) 使用后应按下列步骤操作：

①关闭电源，取下吸尘耙杆；

②电源线绕好挂在机身上。

3) 操作时注意事项：

①插上电源前应先检查电源线是否破损，清理地面上稍大的物体时，应避免堵塞吸管；

②吸尘时不要让机器辗压电源线。
(2) 吸尘机的日常保养
1) 每天下班前擦机身1次；
2) 每次作业结束后及时清理尘袋，清洁方法如下：
①把桶耳打开，取出尘隔、尘袋；
②将尘袋底部的固定套拉开倒出垃圾；
③开动另1吸尘机，用软吸管将尘袋内外尘隔吸干净。
保洁员每天在清洁机身的同时应检查机器使用情况，如有问题将检查情况上报保洁主管。

4.1.7 清洁保养常用的清洁剂

清洁剂的种类很多，性质不同，用途不一，只有使用得当，才能取得预期的效果。如使用不当，可能损坏建筑材料，造成不良的后果。因此，了解和掌握各种清洁剂的性质、作用和使用常识，正确选用清洁剂，既能达到清洁目的，又能保护建筑装修材料。

1. 玻璃清洁剂
(1) 使用范围：适用于窗、镜、玻璃表面。
(2) 稀释度：大面积清洗1：20；
　　　　　　镜面和局部除污渍1：5。
(3) 使用方法：清洁大面积玻璃时，用水按比例稀释玻璃清洁剂配合玻璃保洁员具对玻璃进行清洁。

2. 不锈钢擦清洁亮剂
(1) 使用范围：适用不锈钢表面，能清洁污渍，除去油污，保持不锈钢表面光亮，防尘、防手印。
(2) 使用方法：直接将不锈钢擦亮剂涂于不锈钢表面上，用棉质抹布进行擦拭。

3. 洁厕灵
(1) 使用范围：适用于清洁卫生间内的陶瓷制品上的污渍、锈渍。
(2) 稀释比例：1：10。
(3) 使用方法：用水稀释洁厕灵后，洒于瓷器表面，再用刷子将污渍刷掉，然后用水冲干净。
(4) 注意：使用洁厕灵时，应戴胶手套，若不慎触及皮肤及眼睛应立即用水冲洗。

4. 工业清洁剂
(1) 使用范围：用于油推布的清洗。
(2) 使用方法：与家用洗衣粉相同，用水冲开后，将油推布泡若干小时后再洗干净，不能直接用手接触液体。

4.2 物业环境卫生管理服务的主要内容

公共环境卫生清洁服务的内容可以分为室外公共区域清洁与室内公共区域清洁。
环境卫生管理的主要内容制定及实施：

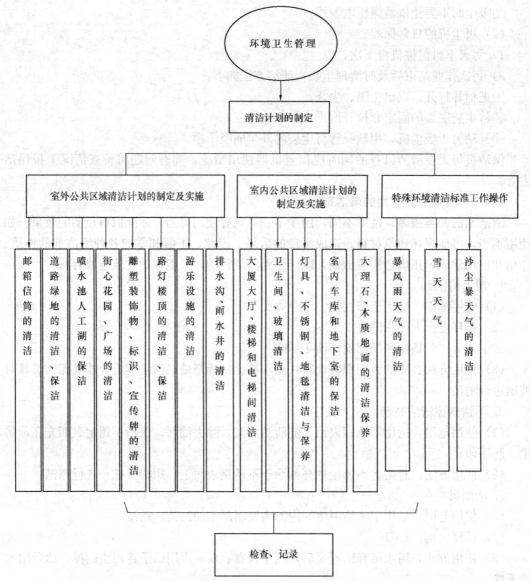

4.2.1 室外公共区域清洁服务内容

室外保洁一般有：红线范围内道路、绿化等公共区域的清洁；中心公园、停车场、游泳池等场所的清洁；室外果皮箱、垃圾房的清洁；室外污水井、管道、化粪池的清理等。

1. 道路的清洁、保洁

（1）每天对所管辖项目的约定区域的道路、两侧行人路定时清扫，将果皮、纸屑、泥沙等垃圾扫成堆，收进垃圾斗内，然后倒进垃圾手推车运走。

（2）对主干路段除定时清扫外，应安排相关人员巡回保洁。

（3）巡回保洁的路线拟定不要太长，往返时间以 1 小时为宜。

（4）雨、雪天应及时清扫路面，确保路面无积水。

（5）发现路面有油污应及时用清洁剂清洁。

（6）用铲刀清除粘在地面上的香口胶等杂物。

（7）道路的清洁标准。

1）目视地面无杂物、积水、无明显污渍、泥沙；

2）道路、人行道无污渍，无浮尘、无杂物、垃圾；

3）路面垃圾滞留时间不能超过1小时。

2. 绿地的保洁

（1）用扫把仔细清扫绿地上的果皮、纸屑、树叶、石块等垃圾。

（2）对烟头、棉签、小石子、纸屑等用扫把不能打扫起来的小杂物，用手捡入垃圾斗内。在清扫阜地的同时，仔细清理绿篱下面的枯枝落叶。

（3）每天清洁绿地不少于1次，秋冬季节或落叶较多时应增加保洁次数。

（4）定期对绿地宣传牌、园林辅助设施等进行清洁。

（5）绿地的清洁标准：目视绿地无明显垃圾、落叶。

3. 喷水池的清洁

（1）保洁员应每天用捞筛对喷水池水面漂浮物打捞保洁。

（2）喷水池清洁每月不少于1次。

（3）喷水池清洁前环境管理部主管应通知维修部作好停电、停水工作，然后再对喷水池进行清洗。

1）打开喷水池排水阀门放水，等池水放去2/3时，保洁员入池清洁；

2）用长柄手刷、清洁剂由上向下刷水池的瓷砖；

3）用毛巾擦洗池内的灯饰、水泵、水管、喷头及电线，大理石表层的青苔、污垢；

4）排尽池内污水并清理干净池底脏物、垃圾；

5）关闭排水阀、打开进水阀门，通知维修部通水供电，并清洗水池周围地面污迹。

（4）池底鹅卵石每季度清洗不少于1次。

（5）清洁喷水池时应注意。

1）清洗时应先断开电源，以防触电；

2）擦拭电线、灯饰不可用力过大，以免将其损坏；

3）清洁时不要摆动喷头，以免影响喷水观赏效果；

4）清洗池底后应将鹅卵石理平；

5）注意防滑，以免跌倒。

（6）喷水池清洁标准：应达到目视水池清澈见底，水面无杂物、池底无沉淀、池边无污迹。

4. 人工湖的保洁

（1）人工湖的保洁工作应每天不少于1次。

（2）作业人员必须会游泳。

（3）飘浮到近岸的垃圾，保洁员于岸边处持作业工具打捞湖面上的飘浮垃圾。

（4）当手持作业工具无法打捞飘浮垃圾时可乘小船进行工作。

（5）保持人工湖水面无飘浮物。

5. 街心花园、广场的清洁、保洁

（1）花园、广场应有专人负责循环清洁、保洁。

（2）清扫广场花园里的浮尘、果皮、树叶及纸屑、烟头等垃圾。

（3）及时清除地面的油污渍、黏附物。

(4) 发现花园的水池内有垃圾应马上捞出。
(5) 广场、花园的保洁标准。
1) 地面洁净无积尘、无污渍、无垃圾；
2) 坛外表洁净无污渍；
3) 广场、花园里的垃圾滞留时间不能超过1小时。

6. 游乐设施的清洁
(1) 转椅、滑梯等儿童游乐设施应每天擦拭不少于1次；
(2) 保洁时应注意：
1) 在擦拭儿童游乐设施时，发现设备设施脱焊、断裂、脱漆或有安全隐患时，应及时汇报给环境管理部主管或维修部；
2) 发现游乐的人特别是小孩未按规定使用游乐设施时，应予以制止、纠正。
(3) 游乐设施清洁标准：
1) 游乐设施表面干净光亮，无灰尘污渍、锈迹；
2) 目视游乐场周围整洁干净、无果皮、纸屑等垃圾。

7. 雕塑装饰物、标识、宣传牌的清洁
(1) 雕塑装饰物的清洁：
1) 备长柄扫把、抹布、清洁剂、梯子等工具；
2) 有污迹时应用清洁剂涂在污迹处，用抹布擦拭，然后用水清洗。
(2) 宣传标识牌的清洁：
1) 有广告纸时请先撕下纸后再用湿抹布擦抹，然后用干布擦干净，如有污迹应用清洁剂进行清洗；
2) 宣传牌、标识牌等应每天擦拭不少于1遍。
(3) 清洁时应注意：
1) 梯子放平稳，人不能爬上装饰物以防摔伤；
2) 保洁工具不要损伤被清洁物。
(4) 清洁后检查应无污渍、无积尘。

8. 路灯的保洁
(1) 路灯应每月保洁不少于1次。
(2) 路灯的保洁应在白天灭灯断电时进行，作业前环境管理部主管应通知维修部断开电源。
(3) 路灯保洁因需踩梯工作时，必须2人同时作业（1人扶梯）。
(4) 擦拭灯罩时，应注意力度，以免用力过猛导致灯罩破裂，发现灯罩有裂纹或其他安全隐患时，应及时汇报保洁部主管。
(5) 清洁标准：应做到无尘土、无污迹。

9. 楼顶（露台）的清洁
(1) 准备好梯子、编织袋、扫把、垃圾铲、铁杆等工具；
1) 先将楼顶的垃圾清理装入编织袋；
2) 用铁杆疏通楼顶（露台）上排水口（管）；
3) 雨季期间楼顶每月清扫不少于1次。
(2) 清洁时应注意：

1）保洁员上下梯时应注意安全，必须有两人同时操作，防止摔伤；
2）杂物、垃圾袋和工具不要往下丢，以免砸伤行人、损坏工具；
3）清扫时应避开人员出入频繁的时间。
（3）清洁标准：应达到目视楼顶无垃圾、杂物、无积水、青苔。

10. 垃圾筒、果皮箱的清洁
（1）垃圾筒、果皮箱内的垃圾应每天清运不少于1次。
（2）垃圾筒、果皮箱每周清洗不少于1次，遇特殊情况应增加清洗次数（如夏季应增加清洗次数）。
（3）清洗垃圾筒、果皮箱时避免影响业主的使用。
（4）清洗前应先倒净垃圾筒、果皮箱内的垃圾，除去垃圾袋，并集中运到指定的地方清洗。
（5）先将垃圾筒、果皮箱内的垃圾，除去垃圾袋，然后用清洁剂反复擦拭。
（6）将油渍、污渍洗干净后，用清水冲洗干净，用布抹干。
（7）清洗完毕应及时将垃圾筒、果皮箱运回原处，并套好垃圾袋。夏季应在桶内喷洒消毒剂。
（8）清洁标准。
1）目视垃圾筒、果皮箱无污迹、无油迹；
2）垃圾筒、果皮箱周围无积水；
3）无蚊蝇滋生、无鼠害。

11. 排水沟的清洁
（1）排水沟在雨季前清洁2次；
（2）用胶扫把清扫排水沟里的泥沙、纸屑等垃圾；
（3）拔除沟里生长的杂草，保证排水沟的畅通；
（4）用水冲洗排水沟，发现沟边有不干净的地方应用铲刀铲除；
（5）排水沟的清洁标准：应达到目视干净无污迹，无青苔、杂草，排水畅通无堵塞、无积水、无臭味。

12. 雨水井的清洁
（1）雨水井雨季前的清洁半月1次，准备好铁铲、捞筛等工具：
1）用铁铲把粘在井内壁上的杂物清理干净；
2）用捞筛捞起井内的悬浮物，防止其下流时造成堵塞；
3）将捞出的垃圾及时清运到垃圾中转站。
（2）清理后，目视井内壁无黏附物，井底无沉淀物，水流畅通。

13. 信报箱的清洁
（1）业主信报箱每周擦拭2次。
（2）擦拭后的信报箱应干净无灰尘、无污迹。

14. 监控探头的清洁
（1）监控探头每周擦拭1次：
1）用镜头专用纸擦拭探头镜片；
2）用微湿的毛巾擦拭探头的外表。
（2）擦拭探头的玻璃镜片时必须使用镜头擦纸，以免有毛尘和刮伤镜面。

(3) 清洁后应达到镜头光亮洁净、探头外表干净无灰尘。

4.2.2 室内公共区域清洁标准工作操作规程

室内保洁一般有大堂保洁、卫生间保洁、电梯间、楼梯、楼道等公共区域保洁；门、窗、栏杆、扶手及公共设施设备等保洁。

1. 大厦大厅清洁

(1) 日间保洁

1) 每天早上用地拖把大堂门口拖洗干净；

2) 用尘推将地板推尘，每天数次视客流量而定；

3) 用毛巾擦拭家具（茶几、台面、沙发等）及摆设（艺术品、装饰品）、灯座、广告牌灯箱、指示牌等公共设施；

4) 及时更换有烟头的烟灰缸并清洗干净；

5) 用干毛巾擦拭玻璃门，用湿毛巾拧干后擦净电子对讲门；

6) 下雨天门口要放防滑告示牌和增加拖擦次数；

7) 下班前应把垃圾桶内的垃圾清倒干净，更换垃圾袋。

(2) 保洁标准

1) 大堂内摆放的烟灰缸内烟头存放量不得超过3个；

2) 垃圾桶内垃圾不能超过1/2；

3) 保持大理石地板无污渍、无垃圾，每平方米地板的脚印不得超过2个；

4) 玻璃大门无手印和灰尘，保持光亮、干净；

5) 大堂的墙面、台、沙发、不锈钢等保持光亮整洁、无灰尘；

6) 保持空气清新无异味。

2. 楼梯间的保洁

(1) 操作要领

1) 每天清扫2次各楼层通道和楼梯台阶并拖洗干净；

2) 定时进行垃圾收集，并运到指定的垃圾存放处；

3) 楼梯扶手、各类常用开关、指示牌等每日擦拭1次；

4) 用干净的毛巾擦拭各层和通道的防火门、电梯门、消火栓柜、玻璃窗内侧、灯具、护栏、墙面、墙根部分地脚线等公共设施，应保证每周循环保洁3次以上。

(2) 各楼梯间通道的壁面、顶面应每周进行1次擦拭和除尘

(3) 各楼梯间玻璃每月进行1次擦拭和除尘

(4) 大理石地面应每日除尘1次

(5) 注意事项

1) 清洁楼道时，注意防止扰民；

2) 除正在使用中的工具外，其他保洁员具统一放置在一层楼道内。

(6) 清洁作业标准

1) 地面、台阶、玻璃洁净、无污渍、水渍、灰尘；

2) 楼梯扶手护栏干净，用干净纸巾擦拭100cm后，纸巾没有明显脏污；

3) 护栏（铁艺护栏油漆无脱皮）完好；

4) 楼梯间顶面无蜘蛛网、灰尘；

5）地脚线干净无灰尘；
6）大理石地面目视干净、无污渍。
3. 卫生间的保洁
（1）每日公用卫生间进行定时的循环保洁
1）打开门窗通风，用水冲洗大小便器，洗干净烟灰缸；
2）清扫地面垃圾，清倒垃圾桶内的垃圾，更换新的垃圾袋后放回原处；
3）用清洁剂均匀喷洒在洗手盆及大、小便器上，用毛球洗刷大、小便器（如是座厕，注意清洁两块盖板及底座卫生），用快洁布清洗手盆，然后用清水冲干净；
4）用毛巾从门开始顺时针方向依次将墙面、台面、开关、门窗标识牌等擦拭1遍；
5）先用湿布擦窗玻璃和镜，然后用干毛巾擦干净；
6）用拖把拖干净地面；
7）及时补充卷纸、擦手纸和洗手液；
8）喷洒适量香水或空气清新剂，小便器内置香球；
9）每天早上保洁后用消毒水对洗手盆及大小便器、地板消毒。
（2）每周1次用玻璃保洁用具清洁洗手间的玻璃镜
（3）每月1次用毛巾擦灯具、清扫顶棚
（4）每月2次对卫生间进行消杀工作
（5）发现墙壁有字迹应及时清洁
（6）保洁标准
1）顶棚、墙角、灯具目视无灰尘、蜘蛛网；
2）目视墙壁干净、便器洁净无黄渍；
3）室内无异味、臭味；
4）地面无烟头、纸屑、污渍、积水。
（7）注意事项
1）禁止使用强酸、强碱清洁剂，以免损伤瓷面；
2）下水如有堵塞现象，应及时疏通。
4. 电梯的保洁
（1）日间保洁
1）保持电梯轿箱地面的清洁，定期要用吸尘机吸尘；
2）每天早上更换1次地毯，必要时增加更换次数；
3）对电梯门、轿箱的不锈钢、镜面装饰物进行循环保洁；
4）用干抹布对电梯门轨、光幕进行简单清理擦拭；
5）楼内电梯每天保洁不少于1次。
（2）夜间对电梯内的墙面和地面进行全面的擦拭拖抹
1）打开电梯控制箱，按动指定按钮使电梯停止运作；
2）把"暂停使用"的告示牌摆放于电梯门前以示工作；
3）用吸尘机吸边角和电梯门轨的沙、灰尘；
4）清洁玻璃镜面；
5）用微湿的布擦电梯门的光幕部分及门轨；

6）关上电梯门，用不锈钢擦亮剂清洁电梯门及不锈钢部分；

7）地毯吸尘；

8）把控制按钮恢复原位，关上控制箱，恢复电梯正常运行。

(3) 电梯地板抛光应每周1次

(4) 轿箱的顶部及灯饰每周清洁1次，应夜班进行

(5) 注意事项

1）日间保洁吸尘时应先按动指定的电梯按钮，待电梯停止运行后再进行吸尘；

2）应避免客人多的时候保洁电梯，如有客搭乘电梯应暂时停止保洁工作。

(6) 清洁标准

1）玻璃镜面光亮无手印、污迹；

2）地毯干净无污迹；

3）锈钢表面无灰尘、污迹；

4）灯具顶棚无灰尘、蜘蛛网；

5）电梯门轨、光幕无灰尘、沙土；

6）轿箱四壁干净无灰尘，用纸巾擦拭50cm无明显污尘。

5. 玻璃清洁

(1) 准备伸缩杆、抹水器、刮水器、玻璃铲刀、抹布、玻璃水

1）将窗框和窗槽清理干净；

2）用抹水器将玻璃水抹在玻璃上，将积尘清除；

3）用铲刀铲除玻璃及边缘上的顽固污垢（刀刃与玻璃成30°角）；

4）再用抹水器将刮落的污迹洗去；

5）用刮水器刮去玻璃上的水分，刮水器和玻璃平面应保持30°角；

6）用干毛巾抹去玻璃框上的水珠，用抹布将刮下的水迹擦干净；

7）清洁高处玻璃时应把刮水器或抹水器套在伸缩杆上；

8）作业完毕后，将作业面清理干净。

(2) 玻璃清洁标准

1）玻璃表面光亮、洁净、无污渍、水迹；

2）用纸巾擦拭室内玻璃面50cm，纸巾无明显污迹。

(3) 操作时应注意事项

1）操作时应注意防止刮水器的金属部分刮花玻璃；

2）每次使用刮水器时只可从玻璃边角落下，中间不得停止，应1次刮净，否则中间停止将会留有痕迹。当玻璃的位置和地面较接近时，应把抹水器或刮水器作横向移动；

3）高空操作时必须佩戴安全带。

6. 灯具清洁

(1) 准备梯子、螺钉旋具（螺丝刀）、抹布、2桶水，其中1桶放入少量（约200ml）洗洁精

1）关闭电源，取下灯罩；

2）将灯罩放在有洗洁精的水中，用布洗擦灯罩内外的污迹，再用清水洗1遍，然后用干布擦干水迹；

3）将抹干净的灯罩装上并用螺钉旋具（螺丝刀）拧紧固定螺钉；

4）清洁日光灯具时应先将电源关闭，用手压住盖板取下盖板、灯管，然后用抹布分别把灯管和灯具盖板抹干净再重新装好。

（2）清洁灯具注意事项

1）在梯子上作业时，应注意安全，防止摔伤；

2）清洁前，首先关闭灯具电源，以防触电；

3）人在梯子上作业时，应注意防止灯具和工具掉下碰伤行人。

（3）灯具清洁标准

灯具清洁标准应达到：目视灯具、灯管无灰尘，灯具内无蚊虫，灯盖、灯罩明亮清洁。

7. 不锈钢的清洁

（1）不锈钢的清洁保养（不包括镜面）

1）在施工结束，投入使用时，先将不锈钢表面的保护膜撕去；

2）用不锈钢清洁光亮剂擦拭不锈钢表面；

3）有顽固污迹或胶质污迹时，可用清洁剂或稀料小面积清洁；

4）置少许不锈钢擦亮剂于毛巾上，对不锈钢表面进行全面擦拭；

不锈钢表面面积大的可用手动喷雾枪或喷壶（调试至雾状）将不锈钢擦亮剂喷于不锈钢表面，然后用干布擦拭。

5）日常可用干布擦拭手印，如有顽固污迹可用油布擦拭。

（2）不锈钢镜面

不锈钢镜面如已损伤将无法挽救，但其清洁操作工作工艺非常讲究，注意禁止使用硬质和腐蚀性材料做清洁（如：刀片、百洁布、脏的抹布、油类保养剂、碱性、酸性），正确方法应为用溶解去污剂将表面污剂清除，而后使用玻璃光亮剂涂抹其表面，用橡皮刮水器刮净，用柔软干净的干抹布擦净即可。

（3）操作时应注意事项

1）清洁不锈钢应使用无绒毛巾，以免毛巾脱绒遗留在不锈钢表面影响光亮度；

2）上不锈钢油时不宜太多，防止沾污他人衣物；

3）应使用干净柔软的干毛巾，禁止使用硬质工具清洁，以防划伤不锈钢表面；

4）油布使用后，不要清洗，可重复循环使用，用于日常清理保养。

（4）不锈钢清洁标准

1）亚光面不锈钢目视表面无污迹、无灰尘、50cm 内映出人影；

2）镜面不锈钢目视表面光亮、无污迹、手印、3m 内能清晰映出人影。

8. 地毯清洁与保养

（1）清洁保养

1）地毯养护的最重要之处在于吸尘，每周用吸尘器彻底吸尘 2～3 次；

2）发现地毯上有油污、水溶性污渍及粘有香口胶时，可分别用清洁剂除水溶性污渍，用除油剂清除油性污渍，用刀片刮除香口胶。

（2）定期清洗

定期清洗应每季度一次，方法如下：

1）先套好地毯刷，再将地毯水装入洗地毯机的水箱内；

2) 拉动水箱开关，将水均匀洒在地毯上；
3) 控制机器的走向，由左至右 10cm/s 的速度为宜；
4) 上行与下行要互叠约 10cm；
5) 用毛刷擦洗干净地毯边角并抹干泡沫；
6) 用吸水机吸干地毯中的水分及污物，打开门窗、风扇；
7) 当听到不正常的声音或闻到不正常的气味时，应立即将吸尘器关上检查，看是否需要修理。

(3) 地毯清洁标准：无污渍、无斑点。

9. 会所保洁

(1) 每天对会所的卫生应彻底清洁 1 次
1) 地毯吸尘，应将门口地垫树叶、杂物先捡起后再进行吸尘；
2) 将有地板的地方用全能水（稀释量依照《清洁剂使用标准作业规程》）拖洗干净；
3) 用清洁玻璃工具清洁会所的所有玻璃；
4) 用半湿的抹布擦拭会所的木门、装饰摆设品、地脚线、消火栓、柜、台、椅等以及公共娱乐配套的设备、设施；
5) 下班前清倒垃圾。

(2) 循环保洁会所卫生
1) 及时清理烟灰缸的烟头、垃圾；
2) 擦拭玻璃门（电梯门、轿箱四壁）上的手印；
3) 地板推尘。

(3) 会所消杀（含娱乐配套设施用品）工作应每月进行 2 次

(4) 卫生标准
1) 顶棚、灯具、出风口等无蜘蛛网、灰尘；
2) 玻璃、镜面光亮无水冲痕迹；
3) 墙面洁净无浮尘；
4) 地毯（板）干净无污迹、纸屑；
5) 金属件表面光亮；
6) 器械整洁无浮尘、污迹；
7) 饰品整洁无浮尘；
8) 保持环境舒适、整洁、空气清新。

10. 室内车库和地下室的保洁

(1) 操作要领
1) 每天应清扫 1 次室内车库、地下室内的纸屑和垃圾；
2) 将墙面以及所有箱柜和器具上的灰尘掸掉，用湿布擦拭干净；
3) 及时清除地下室进出口处的垃圾，以免下水道堵塞；
4) 用拖把拖去灰尘保持场地清洁；
5) 发现油迹、污迹、锈迹时，应及时用清洁剂擦洗干净。

(2) 每周打开 1 次地下室、车库的集水坑和排水沟盖板，应彻底疏通、冲刷 1 次。

(3) 每月用清洁剂、毛巾擦拭 1 遍消火栓、指示牌、指示灯、车位档、防火门等公共设施。

(4) 每两个月清扫 1 次地下室的管线。

(5) 地下室、车库的消杀工作应每月进行 2 次。

(6) 注意事项

1) 清洁车库时,应注意进出车辆,以防撞伤;

2) 清洁时应小心细致,垃圾车和工具不要碰到业主车辆。

(7) 卫生标准

1) 目视地面无垃圾、果皮、纸屑,无积水、污迹和杂物;

2) 管道标识清楚,油漆鲜亮,无脱落、无锈迹;

3) 标识指示牌等公共设施目视无明显灰尘;

4) 目视墙面、管线无污迹、无灰尘。

11. 大理石地面的清洁保养

(1) 大理石地面的每日例行清洁保养

1) 扫净地面后,将适量静电吸尘剂喷在尘推上推尘,该方法适用于日间循环保养;

2) 洗地:将全能水稀释后用百洁垫轻轻擦洗地面,用墩布拖干地面的污水。用清水拖干净地面,待地干后再准备进行打蜡抛光;

3) 地面打蜡、抛光:打蜡时落蜡要均匀;地板落蜡完成后,用百洁垫进行地面抛光。

(2) 大理石地面的定期保养

1) 大理石地面打蜡每 2~3 个月 1 次;

2) 地面打蜡:起蜡前将"暂停使用"告示牌放在工作现场出入口或周边位置;将起蜡水稀释后注入水箱中;将起蜡水均匀擦在地面上,进行刷地起蜡工作;用墩布拖干地面后,再用清水清洗 2 次,并拖干净地面;待地面吹干后再进行封蜡;

3) 封蜡:将蜡水均匀涂在地面上;操作时应一层一层地将蜡水均匀拖在地面上,待每层蜡水干透后再进行下一层的封蜡操作;封蜡层数一般 3~5 层,3 层底蜡 2 层面蜡;

4) 两天后待最后 1 层蜡干透后再进行抛光,直至光亮为止。

(3) 大理石地面清洁保养标准应达到目视地面无灰尘、光洁明亮,可映出物体轮廓。

12. 仿石地面的清洁保养

(1) 日常清洁保养

1) 扫净地面后将全能水稀释(1:30)后用拖把将地板拖干净,每天拖抹 3 次;

2) 将吸尘剂喷在尘推上对地板进行推尘,每天数次;

3) 对污染较重部位应用稀释的盐酸清洁。

(2) 每半月 1 次用百洁垫、清洁剂全面清洗地面

(3) 操作时应注意事项

1) 使用稀释盐酸清洁时注意防止盐酸腐蚀金属设施;

2) 全面清洗地面应在晚上进行(或在周六、周日进行)。

(4) 仿石地面清洁保养标准

仿石地面清洁保养应达到:目视地面色泽透明光鲜。

13. 木质地面的清洁保养

(1) 木质地面日常清洁保养

1) 扫净地面后用微湿的抹布擦去地面上的污迹;

2) 将适量静电吸尘剂喷在尘推上推尘；
3) 定期擦干净地面后用清洁磨光蜡进行抛光。

(2) 木质地面的周期保养

1) 起蜡：进行刷地起蜡工作；将地面的旧蜡用吸尘机吸干净，再用干布擦干净地面；
2) 封蜡：将木地板蜡均匀地涂在地面上；
3) 抛光时：用百洁垫进行磨光，直至地板光亮；
4) 木质地板封蜡应每季进行1次。

(3) 木质地板清洁保养标准

木质地板清洁保养应达到：清洁无灰尘、保持原色、光泽柔润。

(4) 注意事项

1) 在操作机械时应按操作规程操作；
2) 上蜡应均匀，层与层之间上蜡相隔时间较长为宜；
3) 打蜡前在适宜的地方安放告示牌。

4.2.3 外墙清洗

外墙清洗是指高楼高墙的清洗。由于外墙清洗都是在室外的高空中进行，所以外墙清洗的基本条件是气候条件；外墙清洗的物质条件是专用设备；同时要求外墙清洗人员应经过专门培养。外墙清洗主要使用擦窗机和吊板擦窗作业两种方式。外墙清洗是清洁工作中技术含量要求最高、安全风险系数最大的一项工作。

【案例3】

物业服务企业保洁员对4楼洗手间进行清洁后，收拾工具并取下门把手上悬挂着的"工作进行中"警示牌准备离去。这时，一名客户推开门进入洗手间，突然，保洁员听到"扑通"的声音，忙过去一看，原来是客户摔倒在地上。讨论：

1. 你是保洁员，发生事故后如何处理？
2. 如果客户摔伤，你及物业服务企业有无责任，为什么？

4.3 物业环境卫生清洁服务内容标准

环境卫生清洁服务内容标准及检查方式

	保洁内容	保洁标准	检查方法
室内	楼梯走廊，踢脚板	无杂物、污迹和明显灰尘	目视、手抹
	对讲门	无尘、无污迹	目视、手抹
	可视对讲	无积尘、水迹、污迹，呈本色	纸巾擦拭
	开关	无尘、无污迹	纸巾擦拭
	楼道窗台	无灰尘、杂物	目视、手抹
	配电箱	清理后无污迹、尘土	目视、手抹
	管线井	无杂物、污迹、油迹、残标、无积尘	目视、手抹
	楼道玻璃	清洁后无明显污迹、尘土	纸巾擦拭

续表

	保洁内容	保洁标准	检查方法
室内	顶棚	无蜘蛛网、灰尘、污迹、残标	目视
	楼道墙壁	无蜘蛛网、灰尘、残标,无明显污迹	目视、手抹
	灯罩	无明显灰尘、蜘蛛网	目视
	楼梯铁艺栏杆	无杂物、污迹和明显灰尘	目视、手抹
	楼梯扶手	无污迹、无尘土	手抹
室外	大理石地面	无明显脚印、污迹	目视
	瓷砖地面	无明显脚印、污迹	目视
	水泥地面	无杂物、明显油迹、污迹	目视
	胶质地面(游乐场)	无明显灰尘	目视
	广场砖地面	无杂物、明显油迹、污迹、大面积龟裂及泥渣、砂石	目视
	停车场、车位锁、车行道、走道	无积水杂物、纸屑烟头及明显油迹、污迹	目视
	车道线、斑马线	清晰,无明显油迹、污迹	目视
	水泥墙面	无蜘蛛网,呈本色	目视
	涂料墙面	无明显污迹、脚印	目视
	大理石贴瓷墙面	无灰尘、无污迹、胶迹	目视
	自行车棚内及顶部	无灰尘、无污迹	目视
	楼道雨篷顶部	无杂物、漂浮物、下水口不堵塞	目视
	小区大门、围栏	无明显污迹、油迹、无锈蚀	目视
	公园椅	手抹无积尘、痰迹、油迹	手抹
	园林小品(石桌、石凳、雕塑)	无明显灰尘、损坏、污迹、呈本色	目视
	运动设施、器械、显示屏	无油迹、污迹,无明显灰尘	目视、手抹
	垃圾桶(箱)	外表无污迹、油迹,无异味	目视、手抹
	通风窗	测试无明显灰尘,呈本色	目视、手抹
	灯杆	无灰尘、无污迹、胶迹	目视
	宣传栏	无灰尘,室外无明显灰尘、污迹、手印	目视、手抹
	标识牌	无明显污迹、灰尘	目视
	灭火器、消火栓	无明显灰尘、污迹	目视
	垃圾车	无杂物、无异味、无蚊蝇、无污水横流	目视、手抹
	喷泉水池	水质好,无青苔及明显的沉淀物、漂浮物	目视、手抹
	雨后雪后清洁	大门出入口停车场坡道等重要部门随时清理,车道不得有积雪	目视
		社区广场无雪覆盖	目视
		住户出行必经道路4小时内清理干净	目视
		人行道处侧石、草坪灯露出,休闲座椅无积雪	目视
		雨后及时清理积水,2小时后无大面积积水	目视

4.4 物业的防疫工作

物业服务企业的每一名员工应具有高度的责任感、任何细小的偏差可能给业主带来危害，我们不仅要为业主提供干净的环境和优质的服务，更要有高度的责任感，严格执行消毒和卫生防疫工作。

4.4.1 灭蚊、蝇、蟑螂工作

1. 时间安排

每年的 1~4、11~12 月份中，每天应进行一次灭虫消杀工作。其他月份具体参照各标准作业规程的要求进行消杀。

2. 消杀区域

（1）各楼宇的楼梯口、楼梯间及楼宇周围；

（2）别墅住宅的周围；

（3）会所及配套的娱乐场所；

（4）各部门办公室；

（5）公厕、化粪池、垃圾箱、垃圾中转站等室外公共区域；

（6）员工宿舍和食堂。

3. 消杀药物

消杀药物一般用敌敌畏、灭害灵、敌百虫、菊酯类药喷洒剂等。

4. 消杀方式

消杀方式以喷药触杀为主。

5. 喷杀操作要点

（1）穿戴好防护衣帽；

（2）将喷杀药品按要求进行稀释注入喷雾器里；

（3）对上述区域进行喷杀。

6. 注意事项

（1）楼梯间喷杀时，不要将药液喷在扶手或住户的门面上；

（2）员工宿舍喷杀时，不要将药液喷在餐具及生活用品上；

（3）食堂喷杀时，不要将药液喷在食品和器具上；

（4）不要在业主出入的高峰期喷药；

（5）办公室、会所娱乐配套设施应在下班或营业结束后进行，并注意关闭门窗，将药液喷在墙角、桌下或壁面上，禁止喷在桌面、食品和器具上。

4.4.2 灭鼠工作

1. 时间安排

灭鼠工作每月应进行两次。

2. 灭鼠区域

（1）别墅、楼宇四周；

（2）员工宿舍内；

（3）食堂和会所的娱乐配套设施；

(4) 小区中常有老鼠出没的区域。

3. 灭鼠方法

主要采取投放拌有老鼠药的诱饵和粘鼠胶。

4.4.3 消杀注意事项

喷洒药物时要戴口罩；人要处上风位，以防喷洒的药物随风飘向自己身上，最好是半睁眼，防止药物刺激眼睛。

在梯间喷杀药液时不要将药液喷在扶手或住户（租户）的门面上，在员工宿舍喷杀时不要将药液喷在桌面、食物和器具上。

放置毒鼠、蟑螂等毒饵，最好是在晚上。先放一张写有"灭鼠专用"的纸片，将鼠药成堆状放在纸片上。毒饵应放在隐蔽处或角落，禁止成片或随意撒放。

环境卫生管理是物业管理的最基础的工作，最容易忽视、也是最容易出成绩的。因此物业服务企业应该为我们的业主生活提供一个干净整洁的环境，业主也会以纯净的心态回报给物业服务企业。

实 践 练 习

1. 熟悉物业环境卫生管理的基本流程。
2. 熟悉物业环境卫生检查的重点。

5 物业项目园林绿化及水系维护

5.1 物业绿化管理

现如今,住宅类物业发展的一个亮点就是开发商在园林景观方面增加很多投入,"生态住宅"、"绿色居所"、"氧吧生活直通车"等建筑理念不断推陈出新。社区绿地、人造景观、水系人工湖等建筑措施不断在新兴小区出现。诚然社区环境的改善对于保护环境卫生、净化空气、吸附尘埃、减弱噪声、防止太阳暴晒等方面具有好的优势,但是对于物业管理而言,如何合理维护好开发商原始建筑的景观、保持社区环境始终如一的美化,正成为一个全新的课题。本章就是通过对于园林绿化的基本介绍,使大家掌握一些基本的管理原则和管理措施,从而提高客户对于物业服务的满意度,为实现物业服务企业价值作出一定的指导。

【案例】

××小区1栋门前有一片敞开式的绿地,每到傍晚时分,就有众多住户喜欢在这片草地上玩耍。导致局部草皮倒伏、植被破坏、黄土裸露,不得不反复补种和养护。物业服务企业绿化部想了许多办法,都未能奏效,成了物业管理中的一个难题。

[案例分析]

物业服务企业可以采取以下对策:

(1) 教——加大宣传力度,提高宣传艺术。首先将警示牌由道旁移至人们喜欢穿越、逗留的绿地中。

(2) 管——强调全员参与管理。根据时间,并安排一名秩序维护员定点管理,发现有人践踏绿地,主动上前劝阻。

5.1.1 物业绿化管理概念和基本要求

(1) 物业绿化管理是指通过对绿化植物及园林小品的养护管理、更新、修缮,达到改善、美化环境,保持环境生态系统良性循环的管理行为。

(2) 物业绿化管理的基本要求。

1) 保持植物正常生长

管理过程中,应当加强对植物病虫害、水肥的管理,保证病虫害不泛滥成灾,确保植物正常生长,无明显生长不良现象。冬季做好植物防寒及冻水灌溉,春季做好植物的返青准备。

2) 加强枯枝、落叶清理工作

绿化管理应保证小区环境整洁及安全,对于枯枝、黄叶、落叶应及时清理,同时对于绿化范围进行清扫清洁。每年应对乔木进行清理修剪。在灾害天气来临前还应当巡视所辖项目园林树木,防止其对业主、物业使用人造成潜在危害。

3）加强绿化植株改造

及时对妨害业主、物业使用人活动的绿化植株进行改造，减少人为践踏对绿化造成的危害。如对道路绿化进行及时修剪，对因设计不合理而对业主生活存在明显影响的园区道路分布进行合理改造。使绿化管理达到方便业主，美化环境的目的。

4）构建项目园林文化，加强绿化保护宣传

物业服务企业应当对苗木进行挂牌宣传，注明植物名称、别名、誉名、科属、原产地、生长特点等方面知识。引导业主主动参与绿化管理。可以适当承用业主认养、认管树木、绿地等方式，吸引业主主动参与管理，达到事半功倍的效果。

5.1.2 物业绿化管理标准

根据《全国优秀管理住宅小区考评验收标准》，绿化管理标准为：

（1）小区公共绿地、庭院绿地和道路两侧绿地合理分布，花坛、树木、建筑小品配置得当；

（2）新建小区，公共绿地人均1平方米以上，旧区改造的小区，公共绿地人均不低于0.5平方米；

（3）绿地管理及养护措施落实，无破坏、践踏及随意占用现象。

绿化管理机构设置及人员的配备应根据项目的绿化范围、面积，苗木、草坪的品种等实际情况来决定。一般绿化面积不大的设绿化部便可。如果面积特别大，通常绿化部下可再设花圃组、绿地组和服务组。花圃组职责是负责培育各种花卉苗木，满足小区绿地的补植、更新和本公司用花、客户摆花、插花的需要。绿地组职责是管好划定区内的绿地，养护树木，培育花草，使草地茵绿、花木枝繁叶茂。服务组的职责是负责种花、养花、摆花、插花，提高花饰技艺，通过艺术处理，装点室内空间，来绿化美化室内环境。

5.1.3 物业绿化管理的类型

1. 绿地

绿地是指根据项目不同的规划方案，设置相应的中心公共绿地，包括居住区公园（居住区级）、小游园（小区级）和组团绿地（组团级），以及儿童游戏场和其他的块状、带状公共绿地等。

居住区公园设置的内容包括花木草坪、花坛水面、凉亭雕塑、小型窗业设施、老幼设施、停车场地和铺装地面等。如天津市河东区太阳城居住区建造的中心公园即为居住区公园。小游园设置的内容包括花木草坪、花坛水面、雕塑、儿童设施和铺装地面等。组团绿地设置的内容包括花木草坪、桌椅、简易儿童设施。一般的物业服务企业绿化管理的内容主要为小游园和组团绿地。

绿地面积计算方式为绿地边界对宅间路、组团路和小区路计算至路边；沿居住区路、城市道路则计算到红线；对房屋计算至墙脚1.5米；对其他围墙、院墙算到墙脚。组团绿地面积计算起止界为绿地边界距宅间路、组团路和小区路路边1米，当小区路有人行便道时，算到人行便道边；临城市道路、居住区级道路时算到道路红线，距房屋墙脚1.5米。

2. 道路绿地

道路绿地一般指在道路红线以内的绿地。包括主路绿地、支路绿地、小路绿地，多为两旁只种1～2行行道树。物业区域的公共通道既是物业区域内的景观，又是联系街道与建筑物出入口的桥梁。物业区域内的公共通道既要保证行走方便，又要使行人产生舒畅的感觉。

3. 绿篱

成行密集种植园林植物，经过修剪整形或不加修剪使枝叶衔接形成篱垣在物业管理中称为绿篱。绿篱是物业项目内不可缺少的管理类型，具有隔离作用。绿篱除有很强的装饰性外，还可以用于隔离，并能起到滞尘、减噪的作用，特别对地表反射的噪声作用更大。绿篱起源于西方古代的矩形庭园，在中世纪欧洲的城堡式庭园中有经过修剪的灌木和常绿植物形成绿篱。绿篱有不经修剪而成自然式的高篱；也有高2～3米的整形绿篱，作为雕塑、花卉或其他景物的背景；也有利用枝条长的花木编织成的绿篱。用作绿篱植物，有常绿的也有落叶的。落叶植物中常选用萌生性强的乔木类，也有用开花灌木组成的。常绿植物常用桧柏等针叶树和黄柏、大叶黄柏、冬青、等阔叶树。

4. 屋顶绿化

又称"空中绿化"，是物业项目多层次绿化的一部分，一般多见于南方城市。屋顶绿化形式多样，种植方法多种，在屋顶不超负荷的情况下，除了不能栽植较大的树木外，可以同地面绿化一样布置。既可利用普通的草皮为屋顶做"衣"，又可选择十分耐旱、不需浇水的草种，如白景天或苔藓等，这些草能承受各种恶劣气候，根部极小，不会对屋顶构成威胁，又可使建筑物冬暖夏凉，有利于净化空气、调节气温、美化环境。

5. 墙面绿化

在外墙边栽植攀援藤本植物，它的不定根附着于墙面，枝能蔓生于墙壁、护栏、灯柱、景观桥等处，使墙面遍绿，美化外墙。墙面绿化不仅能起到分割物业小区的作用，还能达到小区内部空气清新湿润的效果。

6. 花坛

花坛是把花期相同的多种花卉或不同颜色的同种花卉种植在一定轮廓的范围内并组成图案的绿化管理类型。花坛起源于古代西方庭园中，最初种花主要用于医药和制造香料，以后逐渐发展为兼供观赏。直到16世纪末，在意大利巴洛克风格的庭园中，花坛才成为重要的观赏内容。17世纪后期花坛在法国勒·诺特尔式园林中登峰造极，出现了由整形黄杨矮绿篱组成刺绣图案，其间饰以彩色土或草皮的"刺绣花坛"（parterre debroderie）；带状花卉围绕的草坪上以小路勾绘出图案的"英国式花坛"（parterre alanglaise）；大面积模纹花坛被规则的道路分成对称部分的"组合花坛"(parterre decompartment)等。花坛的外形一般呈对称的几何形状,但其具体形状和面积规划应随物业类型、物业区域大小、所处位置特点而有所不同。

7. 室内绿化

在建筑物内(如写字楼大堂、餐厅、会议厅、商场和居室等处)种植或摆放观赏植物的绿化类型称为室内绿化。人们希望在享受现代物质文明(如空调、音响和灯光等)的同时与植物为伴,是现代审美情趣崇尚自然、追求返璞归真意境的反映。如今在物业室内绿化已被放到一个重要的位置上。植物可以改变室内环境呆板、单调,并起到改善小气候和清洁空气的作用。

5.1.4 物业绿化管理中植物构成

物业管理中绿化植物可分为乔木、灌木、藤本类、匍匐地被类、草本花卉类;水系可分为人工湖体、水池、喷泉、瀑布等。

1. 乔木

乔木是树体高大(在5米以上),具有明显树干的树木。如杨树、梧桐、柳树、松树等。

2. 灌木

灌木是树体矮小(在5米以下),无明显主干或主干甚短的树木。如玫瑰、黄杨、月季等。

3. 藤本类植物

藤本类植物是能攀附他物而向上生长的蔓性树木,多借助于攀援器官,如瓜类、葡萄等或干茎本身的缠绕性而攀附他物(如牵牛花、紫藤等)。

4. 匍匐类植物

匍匐类植物是指干、枝均匍地而生的植物类型,如铺地柏等。

5. 花卉

花卉指以观赏为目的的植物类型,包括草本花卉、木本花卉、观赏花卉、观叶花卉、观香花卉、观果花卉等类型。如鸡冠花、牡丹、月季、棕榈、米兰、石榴等。

6. 草坪

草坪也称草皮,栽植人工选育的草种作为矮生密集型的植被,经养护修剪形成整齐均匀的覆盖。铺栽草坪历史上最早见于希腊、罗马的体育场,18世纪英国风景式园林中在起伏的地面上大量铺栽草皮,以后影响到世界各地。草坪在观赏上有如绿色的地毯,柔美轻快,对其他景物能起到很好的衬托作用。新型物业项目都注重草坪铺设,根据不同的草坪的功能性质来满足人类的不同需要,因此草坪也分不同的种类。如游憩草坪、观赏草坪、保土护坡草坪等。

7. 园林小品

园林式物业项目中,少不了园林小品点缀。其种类、造型、规格可根据功能与需要而设计。绝大多数物业项目中,园林小品一般以简单、小型为建筑原则,较多采用的是凉亭、假山、钟塔等。园林小品既有功能要求,又具有点缀、装饰和美化作用,是从属于某一建筑空间环境的小体积建筑、游憩观赏设施和指示性标志物等的统称。

5.1.5 物业绿化及水系管理中常用工具介绍

物业项目绿化及水系管理的常用工具包括进行园林绿化管理、水系维护所使用的工具、机械及肥料、农药、运输机器等。

1. 工具类

工具指的是非机械类的绿化水系维护工具。常用的工具很多，包括裁截工具类、喷淋工具类、挖掘工具以及其他辅助工具类等。裁截工具类包括枝剪、普通小叶剪、大草剪、大力剪、高枝剪、高枝锯、截锯、刀、斧等。喷淋工具类包括水灌车、手工高压喷雾壶、手摇喷雾壶、手拉喷雾器、可移性定点补水器、园林喷灌及滴灌设备、花洒等。挖掘工具类包括铲、锄头、大力锹、耙、铲等。其他辅助工具包括手推施肥机、挑拔杂草用的小铲或螺钉旋具（螺丝刀）、草坪铺沙用的沙耙、水桶、插花用具、水瓢、小板车、斗车等。

2. 机械

绿化管理及水系维护中常用的机械按使用的能源分有燃油机和电机两类，按使用功能分有草坪机械类、喷药机械类、抽水机、剪截机械类、运输机械类和循环机械类等。草坪机械类包括剪草机（旋刀式剪草机、滚筒式剪草机、割灌机、剪草车及多联剪草车等）、疏草机、草坪打孔机等。剪截机械类包括绿篱机、油锯（链锯）、手提式电锯等。循环机械类一般包括潜水推流曝气机、喷射造流曝气机、池塘过滤器、生态净水球等。其他辅助机械包括淋水车、挖掘机、自动施肥机等。

5.1.6 物业绿化常用农药介绍

1. 常用杀虫剂类

（1）有机氯类：这种杀虫剂一般结构稳定，较难分解，残留期长，有较大毒性，有一定刺激性气味。因其对环境污染较大，易对人畜产生积累中毒。现在大多数已被禁止生产和使用。常见的有：三氯杀虫酯、"六六六"、DDT等。

（2）有机磷类：该类杀虫剂一般具有强烈的刺激性气味，毒性较高，但杀虫谱广，效果较好，残留期相对较短，因此广泛应用于室外植物的防虫。但因其有较强的刺激性气味，因此，室内及多人的公共场所不宜使用。另外需注意，过高浓度的有机磷农药常会引起药害，且长期使用同一种有机磷农药容易引发虫类抗药性。常用的有：①氧化乐果，具强毒性，有强烈刺激性气味，可杀大多数虫、螨，尤其对蚧壳虫较为有效。对昆虫具有触杀、胃杀等功能。注意：有些植物对1500倍以下氧化乐果敏感，因此，使用氧化乐果或乐果时浓度要尽量避免过大，并且第一次使用时要先试验，以免引起药害，伤及植物本身。②辛硫磷（Phoxim）毒性较低，对昆虫具有触杀、胃杀作用，但无内吸性，对鳞翅目幼虫特别有效，在地上叶面残效期较短，约2～3天，但入到地下后的残效期长达1～2个月。可杀死地下大部分害虫如蛴螬、蝼蛄等。注意：浓度高于1000倍可能会引起药害。光照条件下会分解，最好夜间用，并且随配随用，不能与碱性药同用。③速扑杀，对蚧壳虫较为有效，但气味过大，不宜室内用，过高浓度会引起药害，一般用量为2000～4000倍。④虫兹灵，为有机磷类与菊酯类混合杀虫剂。具广谱杀虫作用。兼有有机磷类与菊酯类杀虫剂的优点。有气味，但较其他有机磷类农药气味低，较其他菊酯类农药气味大。⑤敌敌畏（DDVP），为氧化乐果进一步氧化而成。中等毒性。对害虫除有触杀、胃杀等作用外，还有熏蒸作用。易分解，残效期短。

（3）菊酯类：菊酯类农药，毒性较低，有气味，但气味较轻，有些可用于室内。在碱性或土壤中易分解，具有杀虫、抑螨作用。常用的有氯氰菊酯、溴氰菊酯等。其商品名分别有兴棉宝、灭百可、安绿宝、赛波凯等。对昆虫有触杀、胃毒等作用。对光、热稳定，可杀虫卵，对防治对有机磷类产生抗性的害虫效果好，对螨类、盲蝽类效果较差，残效期相对较长。需特别注意的是，菊酯类农药在药量、使用次数方面勿随便增加，勿与碱性药混用，安全间隔期为7~10天。

2. 杀螨剂

严格来说，螨属于节肢动物，并不属于昆虫，因此，许多杀昆虫的农药对螨并不起作用。而杀螨剂对别的昆虫作用亦不大。常见的螨类害虫有红蜘蛛、粉尘螨、宇尘螨等。常用的杀螨剂有：

（1）螨克（Mitac）：常温下水溶解度很低，一般溶于有机溶剂。中等毒性，对螨有触杀、拒食、驱避、胃毒、内吸等作用。对各个发育阶段的螨都有效。使用浓度为1000~1500倍。

（2）尼索朗（Nissorum）：低毒，无内吸作用，喷药要均匀，可杀螨卵、幼螨、若螨，但对成螨无效，残效期长。

（3）克螨特（Propargite）：属有机磷类农药，有强烈刺激性气味，低毒。对螨有触杀、胃毒等作用，无内吸作用，对成螨及若螨有效，但杀卵效果差。在20℃以上效果可提高。需注意的是，克螨特对鱼高毒，在水系边缘应注意其对水生物的危害。此外，在嫩小植物上使用时要严格控制浓度，浓度高于2000倍时容易发生药害。

3. 杀菌剂

杀菌剂一般分为有机硫类杀菌剂、取代苯类杀菌剂、乙烯杂环类杀菌剂和硫黄类杀菌剂等几种。有机硫类杀菌剂多为代森类或福美类等，遇到酸、碱性液会分解。多为广谱性杀菌剂。常用的有代森锰锌（Mancozeb）、代森锰（Maneb）、福美双（Thiram）等。取代苯类杀菌剂代表农药为百菌清（Chlorothalonil）。它具有低毒性，无内吸性，对真菌病害有预防作用，当病菌进入植物体后杀菌作用很小，无内吸及传导作用，因此喷药时要喷匀，多于病菌发作前使用。残留期长，附着力强，会在植株上留下白色粉痕，因此室内少用。乙烯杂环类杀菌剂常用的有粉锈宁（Tradimefon），它低毒，有特殊气味。高效低毒，低残留，持效期长，内吸性强，防治锈病有特效，可与杀虫剂、杀菌剂、除草剂混用。硫黄类杀菌剂可治白粉病、锈螨等。

4. 除草剂类

除草剂有选择性除草剂及广谱性除草剂之分，广谱性除草剂在达到一定浓度后可杀死所有植物，包括木本植物及其他花木；选择性除草剂按其选择的除草范围又可分为双子叶除草剂、单子叶除草剂甚至于某单一植物的除草剂等。常用的有：2,4-D丁酯、西玛津、克芜踪（百草枯）、草甘膦（农达、镇草宁）等。

5. 植物激素

植物激素对植物的生长有很大的影响，不同的植物激素对植物有不同的调节作用，可以使植物长高或矮化，提前或推迟开花；解除植物休眠；促进植物生根等。正确使用植物激素可实现对植物生长的随心所欲地控制。但因植物激素的使用浓度、使用时间有十分严格的要求，稍一不慎就会弄巧反拙，造成相反的效果。因此，不必要或不熟练时一般不使用激素。常用的植物激素有：①B9，用于植物生长抑制，可用作植物矮化、促根等。②

多效唑，别名PP333，使植物矮壮、促分蘖等。③赤霉素，别名920广谱植物生长调节剂，是比久、多效唑、矮壮素等生长抑制剂的拮抗剂，可促植物长高、解除植物休眠、调节开花时间等。④萘乙酸，又叫NAA。不同的浓度对植物不同的部位有不同的作用，可促根、促芽、促茎等。

5.1.7 园林绿化维护方法

物业绿化管理中，后期科学管理十分重要。绿化中种植的都是有生命的植物，不少开发商及物业服务企业在进行绿化设计、施工及养护时，往往规划设计高标准，施工养护低水平，造成环境不能有效维护。在绿化养护管理上，要全面了解种植类型和各种品种的特征与特性，关键抓好肥、水、病、虫、剪五个方面的养护管理工作。

1. 物业绿化管理日常养护方法和要求

(1) 日常养护方法

1) 浇水

植物生长离不开水，但各种植物对水的需要量不同，不同的季节对水的需要量也不一样，所以要根据具体情况灵活掌握，做好浇水工作，根据气候条件决定浇水量。

①在阴雨连绵的天气，空气湿度大，可不浇水。

②夏季阳光猛烈，气温高，水分蒸发快，消耗水分较多，应增加浇水次数和分量。

③秋季光照减弱，水分蒸发少，可少浇水。

④半荫环境可少浇水。

根据品种或生长期来决定浇水量。

①旱生植物干旱地区生长的植物，多出现在草原植被中，一般吸水能力强。需要水分少，深根性植物抗旱性强，可少浇水。

②荫生植物一般根系较浅，生长于阳光不充足环境中，叶片大面薄。需要水分多，浅根性植物不耐旱，要多浇水。

③生长期长的植物生长缓慢，需要水分少，可少浇或不浇水。

上述浇水量和浇水次数确定的原则是：以水分浸润根系分布层和保持土壤湿润为宜。如果土壤水分过多，土壤透气性差，会抑制根系的生长，甚至导致植物根部病变。

2) 施肥

物业绿化管理中涉及的树木花草种类很多，有观花、观叶、观香、观果等植物，又有乔木、灌木之分，对养分的要求也不同。

①行道树、遮荫树，以观枝叶、观姿为主，可施氮肥，促进生长旺盛，枝叶繁茂，叶色浓绿。

②观花观果植物，花前施氮肥为主，促进枝叶生长，为开花打基础。

③花芽形成，施磷钾肥，以磷肥为主。

④树木生长旺盛期，需要较多的养分，氮磷钾肥都需要，但还是以施氮肥为主。树木生长后期应施磷钾肥，促进枝条、组织木质化而安全越冬。

⑤肥料分为无机肥和有机肥两种。堆肥、厩肥、生物粪便是有机肥、迟效肥。化学肥料属无机肥、速效肥。一般绿化管理中由于环境条件限制，有机肥多用作基肥，且有机肥一般具有刺激性气味，在物业绿化管理中一般少用或不用于施肥。速效肥料易被根系吸收，常用作追肥使用，在需要施用前几天施用。迟效肥，放入土壤后，需要经过一段时间，才能为根系吸收，需提早2~3个月施用。

3）整形、修剪

整形修剪是物业绿化管理过程中一项重要的养护措施，树木的形态、观赏效果、生长开花的结果等方面，都需要通过整形修剪来解决或调节。

苗木修剪要根据苗木的习性及长势而定，主干强的宜保留主干，采用塔形、圆锥整形；主干长势弱的，易形成丛状树冠，可修成圆球形、半圆球形或自然开心形。整形修剪的方式很多，应根据树木分枝的习性，观赏功能的需要以及自然条件等因素来考虑。

整形修剪方式：

①自然式修剪：各种树木都有一定的树形，保持树木原有的自然生长状态，能体现园林的自然美，称为自然修剪。

②人工式修剪：按照园林观赏的需要，将树冠剪成各种特定的形式，如多层式、螺旋式、半圆式或倒圆式、单干、双干、曲干、悬垂等。

③自然式和人工混合式：在树冠自然式的基础上加以人工塑造，以符合人们观赏的需要，如杯状、开心形、头状形、丛生状等。

整形修剪时间：

①休眠期修剪：落叶树种，从落叶开始至春季萌发前修剪，称为休眠期修剪或冬季修剪。这段时间树林生长停滞，树木体内养分大部分回归至根部，修剪后营养损失最小，且伤口不易被细菌感染腐烂，对树木生长影响最小。

②生长期修剪：在生长期内进行修剪，称为生长期修剪或夏季修剪，常绿树没有明显的休眠期，冬季修剪伤口不易愈合，易受冻害，故一般在夏季修剪。

4）除草、松土

除草是将树冠下（绿化带）非人为种植的草类清除，面积大小根据需要而定，以减少草树争夺土壤中的水分、养分，有利于树木生长；同时除草可减少病虫害发生，消除了病虫害的潜伏处。松土是把土壤表面松动，使之疏松透气，达到保水、透气、增温的目的。

5）防治病虫害

花木在生长过程中都会遭到多种自然灾害的危害，其中病虫害尤为普遍和严重，轻者使植株生长发育不良，从而降低观赏价值，影响园林景观。严重者引起品种退化，植株死亡，降低绿地的质量和绿化的功能。

物业绿化管理中的病虫害防治，应贯彻"预防为主、综合防治"的基本原则。预防为主，就是根据病虫害发生规律，采取有效的措施，在病虫害发生前，予以有效地控制。综合防治，是充分利用抑制病虫害的多种因素，创造不利于病虫害发生和危害的条件，有机地采取各种必要的防治措施。

药剂防治是防治病虫害的主要措施，科学用药是提高防治效果的重要保证：

①对症下药：根据防治的对象、药剂性能和使用方法，对症下药，进行有效地防治。

②适时施药：注意观察和掌握病虫害的规律适时施药，以取得良好的防治效果。

③交替用药：长期使用单一药剂，容易引起病原和害虫的抗药性，从而降低防治的效果，因而各种类型的药要交替使用。

④安全用药：严格掌握各种药剂的使用浓度，控制用药量，防止产生药害。

2. 草地的养护方法和要求

(1) 草地养护原则

草地的养护原则一般是：均匀一致，纯净无杂，四季常绿。在一般管理水平情况下草地可按种植时间的长短划分为四个阶段。一是种植至长满阶段，指初植草地，种植至一年或全覆盖（100%长满无空地）阶段，也叫长满期。二是旺长阶段，指植后2～5年，也叫旺长期。三是缓长阶段，指植后6～10年，也叫缓长期。四是退化阶段，指植后10～15年，也叫退化期。在科学的养护管理水平下草地退化期可推迟5～8年。

(2) 种植至长满阶段的管理

按设计和工艺要求，新植草地的地床，要严格清除杂草种子和草根草茎，并填上种植土压实10厘米以上才能种植草皮。

种植至长满阶段，在养护管理上，重在水、肥的管理，春季种植的草地应注意防水浸，夏季种植的草地应注意防日晒，秋季种植的草地应注意防风保湿。一般新植草地一周内早晚各需喷水一次，并检查草皮是否压实，要求草根紧贴种植土。种植两周内每天傍晚喷水一次，两周后视季节和天气情况一般两天喷水一次，以保湿为主。施肥应当在种植后一周开始到三个月内，每半月施肥一次，用1%～3%的尿素液结合浇水喷施，前稀后浓，以后每月一次按每亩施用4～6斤尿素。进行参照，雨天干施，晴天液施。全部长满草高8～10厘米时，用剪草机剪草。除杂草，工作应在种植后15～30天进行，应当及时挖草除根，挖后压实，以免影响主草生长。新植草地一般无病虫，无需喷药，为加速生长，后期可用0.1%～0.5%磷酸二氢钾等营养液进行喷施。

(3) 旺长阶段的管理

草地种植后第二至第五年是旺盛生长阶段，观赏草地以绿化为主，所以重在保绿。一般做法是翻开草茎，种植土干而不白、湿而不渍为浇水分界点。以一年中春夏干，秋冬湿为原则。施肥承用轻施薄施原则。一年中4～9月少施，3月以及10月下旬多施。每次剪草后按每亩施用2～4斤尿素进行参照。旺长季节，以控肥控水来控制生长速度，否则剪草次数增加，养护成本增大。剪草，是本阶段的工作重点，剪草次数多少和剪草质量的好坏与草地退化和养护成本有关。剪草次数一年控制在8～10次为宜，4～10月平均每月剪一次，剪草技术要求：一是草高最佳观赏为6～10厘米，超过10厘米可剪，大于15厘米时，会起"草墩"，局部呈勾瘩状时应好修剪。二是剪前准备，检查剪草机动力要正常，草刀锋利无缺损，同时捡净草地细石杂物。三是剪草机操作，调整刀距，离地2～4厘米

（旺长季节低剪，秋季高剪），匀速推进，剪幅每次相交3~5厘米，不漏剪。四是剪后及时清净草叶，并保湿施肥。

(4) 缓长阶段的管理

种植后6~10年的草地，生长速度有所下降，枯叶枯茎逐年增多，在高温多湿的季节易发生根腐病，秋冬易发生剃枝虫病害，工作重点应注意以防治病虫为害。在地表把草的基部剪断，形成块状干枯，面积逐日扩大，危害迅速，造成大片干枯。检查时需拨开草丛才能发现幼虫。要及早发现及时在幼虫低龄用药，一般用甲胺硫磷或速扑杀800倍泼施，危害处增加药液，三天后清掉危害处的枯草，并补施尿素液，一周后草地开始恢复生长。

缓长期的肥水管理比旺长期要加强，可增加根外施肥。剪草次数控制在每年7~8次为主。

(5) 草地退化阶段的管理

种植后10年的草地开始逐年退化，植后15年严重退化。水分管理应当注意干湿交替，严禁浸水，否则会加剧烂根枯死，同时需加强病虫害的检查防治，除正常施肥外，每10~15天用1%尿素，磷酸二氢钾混合液根外施肥，或者用根外喷施，效果很好。对局部完全枯死处可进行全部补植。退化草地剪后复青慢，全年剪草次数不宜超过6次。另外，由于主草稀，易长杂草，需及时挖除。此期需全面加强管理，才能有效延缓草地的退化。

3. 绿篱的养护管理

绿篱的养护管理原则是：保证肥水供应，茂盛生长，修剪成篱成墙成形，达到观赏和隔离的作用。

(1) 绿篱的肥水管理

绿篱要不断修剪，肥水条件要求较高，初植绿篱，按设计要求的篱宽，挖40厘米深的沟，填上纯净肥沃的种植土，或在种植土中拌入适量腐熟的有机肥或复合肥，这样植后生长快。施肥原则是：基肥足追肥速，以氮为主，磷钾结合，群施薄施，剪后必施。必要时还应进行根外施肥。水分管理，以保湿为主，表土干而不白，雨后排水防渍，以免引起烂根，影响生长。

(2) 绿篱的修剪

平面绿篱、图形绿篱、造案绿篱，都是为了符合设计要求通过人工修剪而成。修剪的作用：一是抑制植物顶端生长优势，促使腋芽萌发，则枝生长，墙体丰满，利于修剪成型。二是加速成型，满足设计欣赏效果。修剪的原则：从小到大，多次修剪，线条流畅，按需成型。一般的绿篱设计高度为60~150厘米，超过150厘米的为高大绿篱（也叫绿墙），起隔离视线用。始剪修剪的技术要求是：绿篱生长至30厘米高时开始修剪。按设计类型3~5次修剪成锥形。

修剪的时间：当每次修剪后，清除剪下的枝叶，加强肥水管理，待新的枝叶长至4~6厘米时进行下一次修剪，前后修剪间隔时间过长，绿篱会失形，必须进行修剪。中午、雨天、强风、雾天不宜修剪。

修剪的操作：目前多采用大篱剪手工操作，要求刀口锋利紧贴篱面，不漏剪少重剪，旺长突出部分多剪，弱长凹陷部分少剪，直线平面处可拉线修剪，造型（圆形、蘑菇形、扇形、长城形等）绿篱按形修剪，顶部多剪，周围少剪。定型修剪：当绿篱生长达到设计要求定型以后的修剪，每次把新长的枝叶全部剪去，保持设计规格形状。

（3）绿篱的病虫防治

黄杨绿篱，常有木虱、潜叶蛾和白粉病危害，木槿绿篱，常有叶斑病、锈病危害，虫害有蛀虫和粉虱等。小檗绿篱虫害较少，偶发茎枯病、白粉病。

4. 绿化树木的管理

园林绿化中，树木种植面积并不是最大，但其所占的绿化空间最大，草地、鲜花、灌木、乔木合理搭配，体现了立体绿化的效果。合理种植树木有利于创造良好的小气候和优美的环境。另外，许多灌木树种植后可以通过修剪造型，亭亭屹立在草地和景点中，甚至可产生立体动感。

（1）肥水管理

乔木树型高大，根系发达，根深幅广，种植时需要开正方形 0.8～1.0 立方米的大穴，填上肥沃客土高于平地 30 厘米再种植。在施肥方面，用肥种类以复合肥为主，氮磷钾肥的比例按照树龄区分。一般 1～3 年的幼年树是 5：3：2；三年以上的大树是 3：2：1。

施肥的次数，植后三年内，每年的春、夏、秋初各施一次，每次用复合肥 1～2kg，小树少施，大树多施。

施肥的方法是：小树结合松土施液肥，大树在冠幅内地面均匀开穴干施，三年以上高大的乔木原则上可不施肥。

灌木树型小，以浅穴或浅沟种植为主，丛生根系浅，视土壤和树势施用适量的复合肥，液施干施结合，观花观果灌木适当增加磷肥和钾肥，观叶灌木适当增加氮肥施用。

绿化树木的水分管理，重在幼树，原则是保湿不渍，表土干而不白。高大乔木，根深叶茂，不存在因缺水影响生长；灌木矮小，根系短浅，盆栽地栽都要防旱保湿不渍，才能正常生长。

（2）树型管理

绿化林木，通过艺术设计，认真管理，使之有稀有密，有型有款，坐落有置，是绿化管理成功的关键之一。乔木要求树干笔直挺拔，不要过早拔掉种植时的固定拴护杆，以免引起树干弯曲。成年大树及时锯掉不规则的树枝，若冠幅大，叶多枝小的挡风枝不锯掉，遇大风雨会折枝断干严重时连根拔起造成损失。

灌木要求整齐有形有序，树形是树木不断生长和通过人工不断修剪而成，可修剪成圆球形、方形、扇形、蘑菇形、抽象图案、线条、柱桩、椎桩等。甚至可用铁丝编织文字或"双龙戏珠"、"狮子滚球"、"孔雀开屏"等，让灌木的枝叶在其中生长，通过编织修剪而成。不管乔木灌木都要及时清除枯枝落叶。

（3）树木的病虫防治

绿化树木主要的虫害有天牛、木虱、潜叶蛾、介壳虫、金龟子等。近年来在乔木灌木中木虱危害较严重，其次是介壳虫和天牛采用常规杀虫剂、速扑杀、介特灵等均能达到防治效果。主要的病害有：根腐病、白粉病、炭疽病等，常用的防治药物有托布津、多菌灵、炭疽病等，常用浓度 800～1000 倍。除了药物防治外，栽培上要经常清理枯枝落叶，保持清洁，同时要排除渍水，必要时修剪后喷药。

5. 花卉的管理

物业绿化管理中，花卉的管理是非常重要的，通过科学管理达到美化目的。花卉有草本木和藤本之分，有些品种一生（一个生长周期）只开一次花，有些一年才开一次花，不同的花卉品种开花季节和花期长短各不相同。为实现一年四季鲜花盛开，除了科学搭配不同品种种植外，抓好管理是关键。

(1) 地栽花卉的管理

地栽较多的是美人蕉、黄花菜、桃、梅和金银花等，在栽培上要求土地肥沃疏松，通透性好，保水保肥力强。

肥水管理，前期肥水充足，以氮肥为主，结合施用磷肥和钾肥，中期氮磷钾结合，花前控肥控水，促进花芽分化，开花后补施钾肥，可延长开花期。松土除草培土每月一次浅松表土，除去杂草，结合施肥。草本花卉，多施液肥，木本花卉，雨季可开小穴干施。植株高大的地栽花木，不能露根，适当培土，可防止倒覆。修剪覆盖，在生长中要及时剪去干枯的枝叶，另外在夏秋季节进行地表覆盖，可保湿防旱和抑制杂草生长。

病虫防治，每月打一次杀虫药，在修剪后或大雨前后喷一次杀菌剂，均有防治效果。藤本花卉管理的不同之处在于，需要增加柱子或搭架，使之攀延生长。

(2) 盆栽花卉的管理

盆栽花卉在园林绿化中主要指盆栽时花和盆栽阴生植物两大类，盆栽花卉是经过两个阶段培育而成，第一个阶段是在花圃进行培育，第二个阶段是装盆后生长到具有观赏价值或开花前后，摆放到室外广场（花坛）、绿化景点中，以及亭台楼阁或者室内的办公室、会议室、厅堂、阳台。盆栽花卉，重点做好三防：防旱、防渍、防冻。

施肥种类有机无机肥结合，木本以有机为主，草本以无机为主，观花的氮、磷、钾比例是 3∶2∶1，观叶的是 2∶1∶3；施肥次数，视长势每月 1~2 次，结合淋水施液肥，减少干施，严禁施用未腐熟的有机肥，否则易肥害伤根。盆栽花卉由于分散，通风透光好，病虫较少，但要细心查看。一经发现，要用手提喷雾器逐盆喷药。

另外，部分花卉对土壤 pH 值要求较严，如含笑、茶花等要求酸性土壤，生长才正常，可淋柠檬酸水每月 2~3 次，土壤 PH 值保持 4.0 左右。

6. 盆景的管理

物业绿化管理中涉及少量成品盆景，置于亭台楼阁内和特需的景点中，其栽培管理与木本盆栽花卉大致相同，不同的关键之处是修剪保形，不同的盆景有不同的艺术造型，生长中树干不断长高，枝叶不断增多，如不修剪会变形失形，失去原有的设计风格特点。盆景修剪，需由有专业知识和技能的技术员、园艺师操作，该剪的剪，不该剪的不剪，千万不要破坏观赏面，失去原有流派、风格和艺术造型。

7. 绿化管理质量的检查

绿化管理工作每次完成后由实施作业负责人填写《绿化养护工作记录表》，并由项目管理中心专人核实后签字确认。

绿化工作管理负责人应当每周进行检查，并将结果记录于《绿化养护质量巡查表》相应栏中（如下图所示之绿地管理）。

绿化管理负责人每月对辖区内的绿化管理工作情况进行一次检查，并将检查结果记录于《绿化养护质量巡查表》中。

存在绿化管理外包的项目，每月由绿化管理部门填写《供方服务质量检查评价表》，并交项目管理中心经理填写评定意见。

草 皮 管 理

巡查内容	标准	检查情况	整改情况
草坪养护	按计划修剪，保持草坪平整整洁，修剪高度为6cm		
除草	一季度至少除草两次，达到立姿目视无杂草		
修剪	花灌木、绿篱、球类保持整洁及良好的形状和长势		
防病虫害	发现病虫及时喷药防范		
抗旱排涝	高温时，浇水时间安排在早晨或晚上；雨季时，及时做好排涝工作		
防台、防汛工作	台风未到时，检查养护范围的情况，发现险情及时修剪、加固；在台风到来时，加强值班，及时处理在台风中所发生的各种情况		

【参考资料】 某小区绿化管理规约

为维护和保护小区花园式的住宅和优美环境，根据有关绿化管理办法，特制定有关规定：

一、住宅小区内的池塘、花草、树木等，是美化点缀设施，人人都有维护和管理的义务。任何人不得任意践踏损坏，不得采花摘果，更不得在小区绿化区域堆放建筑材料及其他杂物。

二、业主不准在树木上挂衣物和吊铁丝，不准向花草、树木倒泼污水和有害物质，不得随意损坏花木的保护设施及各种标识牌。不准摇晃、攀摘树木花果，折木剥皮，刻画树木，践踏花草。

三、禁止在辖区水池洗澡，洗涤衣物和乱扔杂物。

四、严禁在绿化区、娱乐园、小区通道等处停放车辆，严禁在人行道树下拴牲畜物、放养家畜、宠物。

五、不得擅自砍伐树木，迁移和更换小区花草树木。不得在公共绿化带内栽种蔬菜、瓜果及践踏损坏花草树木，占用绿地。

六、进入中心公园或其他公共设施内要自觉遵守公共秩序，爱护国家财产，不准乱刻乱画，不得损坏公共建筑物。要讲究公共卫生，不随地吐痰或大小便，不酗酒闹事和聚众打架斗殴。

七、赠送面积的使用规范

1. 屋顶花园：不得在屋顶花园上私搭乱建，不得任意改变花园用途，不得破坏屋顶设备、设施及防水层、隔热层等，不得超过屋顶花园荷载（500kg/m²）。

2. 私家花园：不得在私家花园内乱搭乱建，不得改变、增高花园栅栏，不得在花园内栽种高大乔木及进行与整体景观不协调的改变。

3. 夹角或非赠送面积，不得擅自占用、改造和封闭，外墙面颜色不得改变。

八、对违反以上规定者，物业公司有权进行处理。

5.2 物业水系管理

5.2.1 物业绿化管理中水系构成

1. 人工湖、水池

人工湖及水池都是人造的蓄水体。水面平静，在室外环境中能作为其他景物如雕塑、建筑或喷泉的柔和背景，而且能在水中映照出景物的倒影，为人们提供了优美的观赏效果。同时达到一定的规模，对调节区域气候起一定作用。

2. 喷泉及瀑布

喷泉和瀑布都是用立体的方式来表现动水景观。一般是根据造型的需要和水量的多少来创造各种式样。喷泉是利用压力，使水自喷嘴喷向空中，水喷到一定高度后又落下。喷泉由于其垂直变化，加上灯光或音乐的配合，色彩绚丽斑斓，乐声悠悠，使人赏心悦目。瀑布是把水提到高处流向下方而形成的，瀑布的观赏效果比流水更丰富多彩，特别是瀑布流水撞击硬物表面时水花四溅，更加壮观。在地势平坦、规则的水域中，常以喷泉为主景。在地形起伏的物业中常设人工假山，配以瀑布水景。

5.2.2 物业水系维护方法

由于人们对水景的向往，时下新建的住宅小区，水景几乎成了不可或缺的一部分，水景日渐普及，其维护管理问题，也逐渐为业界和广大业主所关注。物业项目人造水景，应从以下几个方面着手进行管理。

1. 水景设计施工的物业管理前期介入

项目人造水景建设质量问题是开发商和物管企业最头疼的问题之一，如水景建筑防渗漏不过关、水景设计施工留下的安全隐患、相关设备安装调试不规范等，这些问题往往在物业竣工时不易察觉，加上验收疏忽遗留等，必然造成水处理系统运行故障，水资源大量流失，后期维修管理难度大，维护成本高。

物业服务企业提前介入住宅区水景的设计和施工，可以根据过去经验并从使用者的角度，对设计施工提出合理化意见和建议，从而有效防止防渗不过关、管理成本不实际等施工设计弊端，在协助施工单位做好工程施工及设备安装调试、竣工验收的过程中，可以及时收集和了解水景设施的第一手资料，并且可以在与专业技术施工人员现场施工接触中，更熟练地掌握设备的运行保养技术，更好地了解各水景设施结构组成、管线布局及防渗漏的处理情况，从而避免各类隐患的发生，在具体人造水景维护工作中做到有的放矢。如设计的涉水池，多为儿童嬉戏的主要场所，在设计水下涉水池时，其深度应不超过 0.3m，池底还须进行防滑处理，应避免种植苔藻类植物，对用于跨越水面作用的水面涉水池，应设置安全可靠的踏步平台和踏步石，物业服务企业应当认真监督施工方做好基础处理，水面涉水的踏步石面积应不小于 0.4m×0.4m，并满足连续跨越的要求。

2. 人工水景区域的安全防范

住宅区水景虽有丰富空间环境、调节小气候、增加居住舒适感等独特优势，但仍需要增强安全防范意识。为减少隐患，真正使住宅区水景亮丽持久，物业服务企业在水景管理维护时还应从细节处理、安全警示、水质消毒等方面做好安全防范工作。

(1) 细节处理

对住宅人造水景的维护，应精心处理，如河道中石质驳岸，包括上下平台、栈桥、栏索等，应当每年检查工作。雨后应当及时清理积水。河道中的木质栈道、驳岸等木质材料，应精心维护，一般的材质多选用经防腐和干燥处理的炭化木，用于连接和固定木方的金属配件（如螺钉、螺栓），一般采用不锈钢或镀锌材料制作，因此对本质部分应每年涂刷桐油1遍。对于金属紧固件应当在每年4月和11月进行检查并做好记录。另外对有潜水泵、水景灯饰的水景区域，还应当仔细检查每一段线管，严防绝缘破损导致水体带电。对一些装饰性设施，如喷泉喷头、景观灯等，最好设置防护装置，以免戳伤儿童。为确保水景设施的正常使用，物业服务企业还应选派专人对水景区域进行定期检修维护，做到防患于未然。

（2）安全警示

物业服务企业可在水景周围竖立警示牌、对非涉水区域，可考虑设置护栏等安全防范措施。此外物业服务企业还应根据具体区域及时间，合理安排或增加安全员巡视等方式，尽量杜绝危险事件的发生。

（3）水质消毒

物业项目内的水景，主要目的虽是呈现观赏效果，但儿童戏水时误饮，小区内的宠物偶尔的吸食等问题依然存在，因此对于使用化学药剂进行水质净化的水景，如污染严重，毒性较大，势必带来安全隐患。因此水景水的消毒和防污染显得极为重要。所以在水质净化时，应尽量减少化学药剂及相关的毒性污染，在水景区域内特别是可涉水的水景区域，建议设置水质过滤装置，充分保持水的清澈和卫生并做好有关提示。

3. 合理利用和节约水资源

水费是物业项目内人造水景中占本支出最大的项目，因此节约水资源、合理利用水资源对物业服务企业长效管理水景显得极为重要。

人造水景住宅中水资源主要有引入的天然湖泊水、自来水、地下井水、中水及收集处理后的雨水。天然湖泊水除开发前期引水投入外，就物业管理而言其成本费用相对较低，因此引入天然湖泊水成了水景住宅中水资源的首选，但利用天然湖泊水需具备相应的条件，即住宅区须靠近天然河流或湖泊。采用自来水为水源的，成本费用较高，特别是北方城市，大额的费用开支，对物业服务企业来说负担较重，就具体实务而言，自来水在人造水景中，多作为水景水资源的补充部分。采用地下井水为水源的，只需投入电费及潜水泵等设备维护费用，成本相对较低，但需要到有关行政部门办理开采地下水的手续。采用中水为水源的，通过设置中水处理系统，将区域内的洗衣水等，进行统一收集净化过滤后排入水池中使用，中水处理相对较复杂，因此成本也相对较高。

为尽量减少开支，节约水资源，物业服务企业还可利用人造水景中的水，特别是人造水景换水、实施水循环期间，可以用换出的水或部分循环水浇灌花草，冲洗路面，景观水的综合利用，既满足了物业清洁、绿化用水的要求，又可达到水景水质物理维护目的，有效利用和节约了水资源。

4. 受污染的景观水体处理的方法

（1）物理净化方法

景观水体净化的物理方法有机械过滤、疏浚底泥、光调节、水位调节、高压放电、超声波等方法，这些方法效果明显，但不易普及，难以大规模实施。在一定周期内清除湖底沉积物及抑制泥中氮、磷的释放是控制内负荷的有效途径。

定期补水是保持景观水水质的最基本方法之一，其主要机理为稀释作用，是一种物理净化过程，稀释作用并不改变污染物的性质，但可为进一步的净化作用创造条件，如降低有害物质的浓度，使水体其他净化过程尤其是生物净化过程能够恢复正常。

定期补充水的处理方法对于较小水面的景观水体来说是一种行之有效的方法。但是，对于较大水面的景观水体等则只能采用定期补水的方法,由于一次性换水会造成水源的大量浪费。因此,定期补水能起到降低水体由于蒸发渗漏作用而引起的含盐量的增加,以及稀释水体中有害污染物浓度的作用,对于防止水体水质变坏及其防止水体富营养化的发生只能起到延缓作用,而从根本上解决不了水体水质逐渐变坏的问题。

（2）化学净化方法

对人工湖泊及未实现循环的景观水体,由于氮、磷等植物营养物的大量排入已经发生富营养化引起水质变臭时,可以采用直接向水中投加化学药剂的方法杀死藻类,然后通过自然沉淀后,清除淤泥层即可达到防止水体富营养化的目的。

杀藻常用的药剂有硫酸铜和漂白粉。投药量随藻类的种类和数量以及其他有关条件而定。一般说,硫酸铜效果较好,药效长,每升水投加 0.3～0.5mg,在几天之内就能杀死大多数产生气味的藻类植物,但往往不能破坏死藻放出的致臭物质。漂白粉或氯能去除这种放出的致臭物质,但投量要多一些,如 0.5～1mg/L。应当注意,加氯不应过多,否则反而又会增加水的气味。药剂的正确用量可借试验确定。

另外,由于硫酸铜对于鱼类也有毒性,其致命剂量随鱼的种类而异,约为 0.15～2.0mg/L。这个数字在灭藻所需剂量范围的附近,因此,在景观兼养鱼的人工湖体中投加杀藻剂杀藻时,应慎重考虑,以免发生水中鱼类死亡现象。

（3）水生植物净化系统

水生植物技术以生态学原理为指导,将生态系统结构与功能应用于水质净化,充分利用自然净化与水生植物系统中各类水生生物间功能上相辅相成的协同作用来净化水质,利用生物间的相克作用修饰水质,利用食物链关系有效地回收和利用资源取得水质净化和资源化、景观效果等结合效益。由于水中污染物除了一些易分解的有机化合物外,还含有氮、磷等植物营养物,在水体内种植水生维管束植物,并定期清理,能够提高水体对有机污染物和氮、磷等无机营养物的去除效果,常用效果较好的种植品种为:莲、芦苇、蒲等。但需要控制水生植物的种植密度,以防过度繁殖,适得其反。

（4）生物栅与生物浮岛对污染水体的净化

生物栅是一种为参与污染物净化的微生物、原生动物、小型浮游动物等提供附着生长条件的设施。它是在固定支架上设置绳状生物接触材料,使大量参与污染物净化的生物在此生长,由于其固着生长且不易被大型水生动物和鱼类吞食,使单位体积的水体中生物数量成几何级数增加,大大强化了湖水的净化能力。

生物浮岛是一种应用于封闭水域水体净化新型生态工艺,其上部可种植花草,一方面吸收和降解水中的污染物,另一方面还有美化湖面景观的作用,具有立体景观效果。可供种植的植物有:美人蕉、空心菜、小麦等。

（5）水生动物的净化

鱼是水生食物链的最高级,在水体内利用藻类为浮游生物的食物,浮游生物又供作鱼类的饵料,使之成为菌—藻类—浮游生物—鱼的生态系统。养鱼一般只在水生植物水体中放养或直接在水体中无饵放养。由于景观水域水质标准要优于渔业水域水质标准,因而完全可以满足鱼类生存的需要。在景观水体内宜于放养的品种应以花鲢、白鲢为主,并配以草鱼、鲤鱼等。它们能够以藻类为食,控制藻类的过渡繁殖,对防止水体富营养化的发生起到很好的作用,根据试验,即使是污水养鱼,也可将水中藻类含量降至 1000 个/毫升左右。因此，作为景观水体适量养鱼是一种很好的方法，既有净化水质的作用，又能很好的发挥水体的垂钓功能。

（6）通过曝气、充氧等方式净化水质

曝气主要是向水中补充氧气，以保证水生生物生命活动及微生物氧化分解有机物所需的氧量，同时搅拌水体达到水体循环的目的。如果氮、磷等植物营养物质大量进入人工湖等缓流水体，将促进各种水生生物主要是藻类的活性，刺激它们异常增殖，藻类过渡生长，将造成水中溶解氧的急剧下降，能在一定时间内使水体处于严重缺氧的状态，使鱼类大量死亡。因此，采用曝气的方法给封闭水体充氧在一定程度上可以防止因藻类大量繁殖而导致的鱼类死亡，对维持水体生态平衡起到一定的作用。曝气的方法只能延缓水体富营养化的发生，但不能从根本上解决水体富营养化。

目前曝气的方式主要有自然跌水曝气和机械曝气，自然跌水曝气充氧效率低，但无能耗，维护管理简单，在要求充氧量较大时一般很难满足；而机械曝气充氧效率高，选择灵活，因此应用广泛。为了保证鱼类的供氧，水体中溶解氧一般应大于 3mg/L，充氧机数量一般为 10～15 亩水面设一台曝气机。

（7）微污染生物处理

这种处理方法是目前国内外最常用的一种高效的较为先进的处理技术。微污染生物处理一般采用生物接触氧化法，生物接触氧化法处理的机理是使细菌和真菌类的微生物和原生动物、后生动物一类的微型动物附着在填料或某些载体上生长繁育，形成膜状生物污泥，污水与生物膜接触时，污水中的有机污染物、植物营养物氮、磷等，作为营养物质，被生物膜上的微生物所摄取，使微污染水得到净化，微生物自身也得到繁殖。

这种处理方法能够有效地去除污水中有机污染物，降低污染物总量，使水体得到完全彻底的净化，在污水及微污染水的处理中得到了广泛的应用，是一种行之有效的处理方法。

园林绿化及水系维护管理流程：

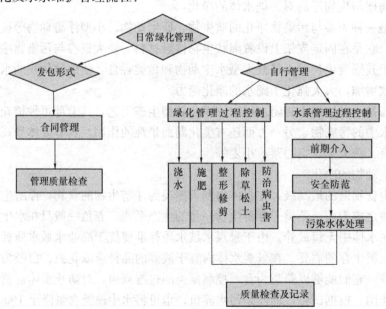

实 践 练 习

1. 熟悉园林绿化和水系维护的流程。
2. 掌握基本绿化器具的使用、药液的配置。

附：

【参考资料】蓝世纪物业湖天一色管理处强化绿化管理

湖天一色小区在建设之时，开发商为一楼的业主设计了一个私家花园，由业主自行支配。因此，小花园也跟着小区的整体环境和业主心性有了不同的风貌。有的花园布置得相当雅致，太阳椅、假山水景，鹅卵石铺设的小道周围种植了草皮和鲜花；有的花园选择田园风，小片绿油油的蔬菜伴着木质小品。不管哪种方式，他们都在用自己的方式装扮自己的那一片花园。

虽然小区整体环境优美宜人，但是使用了数年之后，在一些单元口、拐角处公共绿地遭到破坏。一些业主因无私家花园从而在公共绿地上种植日常食用蔬菜，搭设各式蔬菜支架，影响了小区的整体形象，更有部分业主为省时抄近路穿越绿化带行走，久而久之，这些拐角处土质被踩踏的过于紧实，便露出光秃的黄土。

为了丰富小区绿化植物，完善绿地景观。日前，蓝世纪物业湖天一色管理处绿化员对小区进行绿化补缺。一是在道路两旁补栽花灌木增添绿化，并形成绿篱；二是在裸露的部分补植草皮，并对枯死的草皮进行更新补植。此外，管理处还与占用小区公共绿地的业主进行协调，动之以情晓之以理，让占用公共绿地的业主自愿清理种植的蔬菜。

针对小区出现绿化损坏这些不良现象，管理处表示，一方面会加大宣传力度，让业主充分了解应享受的权利和履行的义务，避免出现公地私有化的现象；另一方面向业主宣传绿化在我们生活、工作当中的利好作用。同时，着力加强日常巡视管理，及时查漏补缺，不断美化小区绿化，提升小区品质，让业主有个舒适的生活环境。

6 公共秩序维护

公共秩序维护流程：

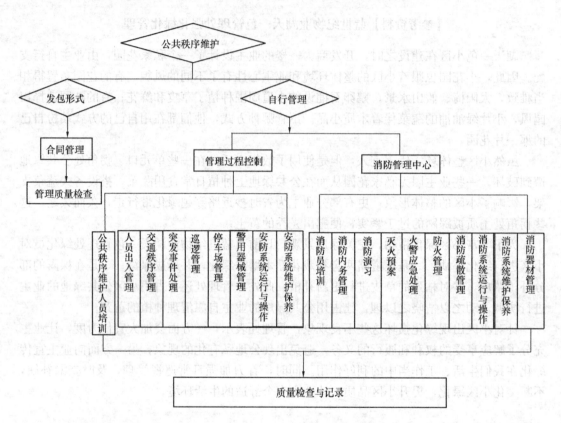

6.1 出入人员管理

6.1.1 对普通来访人员的管理

（1）凡进入物业项目的来访者，必须问明其来意，经被访业主（或管理处）同意。并在《来访人员情况登记表》上登记后方可让其进入。并通知相关岗位给予指引并对其监控。离开时，管理服务区域内的公共秩序维护员需登记其离去时间。

（2）对形迹可疑的外来人员，公共秩序维护员及控制中心必须密切注意其行为动向，公共秩序维护员要及时采取妥善的方法进行盘问、控制，确保辖区安全。

（3）公共秩序维护员对来访人员要进行合理有效地管理，如其在管理区域内发生争执或冲突，应及时通知上级领导或监控中心协调解决，同时注意保护现场。

（4）如来访人员在业主（住户）家停留超时，出入口岗或中心应通知相关岗位核实情况,如发生异常情况时按照《突发事件处理程序》处理。

(5) 管理服务区域内的所有设施、游乐场地,只为住户开放,公共秩序维护员应制止外来人员使用,避免其损坏公共设施,破坏环境卫生。

(6) 未经管理部门同意禁止推销、收废品、发广告和无明确探访对象的外来人员进入管理区域。由业主带领的进入物业项目的收废品或推销人员,公共秩序维护员必须对其进入的时间进行控制。

(7) 禁止任何外来人员携带易燃、易爆、剧毒等危险品进入管理服务区域。

6.1.2 对执行公务人员的管理

(1) 执行公务的执法人员因公进入物业项目时,相应岗位的公共秩序维护员应请其出示证件并予以登记,同时立即通知管理部门负责人员。负责人员接获此信息后立即致电对方单位核实其身份,同时安排人员陪同前往。

(2) 执行公务人员对业主房屋进行搜查前,应请其出示执行部门签发的搜查证;需要查扣业主物品的,应请其列出清单并由双方签字认可。

(3) 外地执法人员进入物业项目,除上述内容外,还必须有本市执法部门陪同及本地相应部门的证明,并需登记陪同人员的证件,予以核实后方可放行。

(4) 执行公务的其他部门的国家公务人员进入物业项目也须登记,并了解公干的目的,且由管理部门安排人员陪同前往。

(5) 执行公务人员因公务保密或其他特殊原因不能明示公干目的时,当值公共秩序维护员必须及时联系管理部门负责人,由负责人或其指定授权人视具体情况处理。

6.1.3 对施工人员的管理

(1) 所有施工人员应凭管理处签发的《临时出入证》进出物业项目。

公共秩序维护员在检查《临时出入证》时应核对管理处公章、施工人员姓名、相片、证件有效期及施工地点。

(2) 若出入证丢失或过期,施工人员应到管理部门补办证件或办理延期手续后方可让其进入施工现场。

(3) 所有装修施工人员必须服从公共秩序维护员的管理,严格按照管理处相关装修规定的内容进行操作。如有违章,公共秩序维护员有权进行制止。如有需延时施工的装修,须经管理部门相关负责人同意后方可进行。但不得从事噪声过大的装修项目。

(4) 物业项目内政府配套公共设施设备的施工人员应在管理处办理相应手续,经管理负责人或相关专业人员同意后方可施工。

(5) 服务供方人员进入物业项目作业时,需穿制服、佩戴工牌或工作证。

6.1.4 对内部人员的管理

(1) 内部员工凭工牌进出物业项目应自觉服从公共秩序维护员的管理,并主动合作。身份核实后,可不做登记。

(2) 内部员工离开辖区时,如有必要,应自觉接受安全检查。

(3) 内部员工在辖区内的各项活动都要严格遵守各项规章制度,当值公共秩序维护员在工作范围内有权指出员工各种违章、违纪行为。

6.1.5 对参观人员的管理

(1) 所有进入物业项目的参观人员必须经管理部门相关负责人同意后方可进入,同时管理部门需派相关人员陪同，并向其讲明物业项目内的一些规章制度。

（2）进入物业项目的参观人员应衣冠整齐，注重礼仪，爱护环境，爱护公物。

（3）进入物业项目的参观人员不准在物业项目内高声谈论，应自觉遵守辖区的公共秩序。

（4）进入物业项目的参观人员应在指定范围内活动，按指定路线行走，未经允许不得摄像和照相。

6.1.6 对特殊来访人员（政府领导）的管理

（1）认真、细致、全面、热情地做好接待工作。

（2）各岗位公共秩序维护员统一着装，注重礼仪，保持良好的军人姿态，当访者经过岗位时应致军礼。

6.1.7 对推销、发广告等外来人员的管理

（1）禁止闲杂、无关人员进入物业项目。

（2）凡推销、发广告等外来人员进入物业项目必须经管理部门相关负责人允许，并翔实登记后方可进入。

（3）凡经管理部门负责人允许进入物业项目的推销、发广告等外来人员，要立即通知相关岗位对其进行监控。可从尊重顾客的角度，采取跟踪、尾随等方法，观察其行为。如有违规，立即进行纠正，对不接受纠正管理的人员可清除出去。

（4）对推销、发广告等外来人员，若怀疑其具有违法嫌疑时，可对其身份进行验证或向对方单位进行证实，如没有合法身份，可交派出所处理。

（5）对每一位外来人员我们都应友善、礼貌地对待对方，尽量避免发生纠纷与冲突。对难以处理的事件，应立即上报主管人员，由主管人员进行协调解决，把纠纷控制在有效范围内。

6.1.8 物资放行管理

（1）当有物资搬运时，客户应到管理部门或授权部门办理物品出门申请手续，申请人须详细按要求进行填写《物资搬运放行条》，应写明物资名称、规格、数量和本人资料。若非业主本人办理，需提供业主书面委托书或业主电话委托，由搬运人在《物资搬运放行条》上签名，相关部门除查验申办人的身份证外，还须跟业主联系进行核实，经确认后方可完善手续；在装修期间，属施工方工具、材料的，可由装修负责人或申办人员办理，当值人员须查验身份证及临时出入证或业主委托书以及和业主联系确认，确认后完善手续。

（2）管理部门办理《物资搬运放行条》必须有主管签字以及门岗公共秩序维护员签字。由所在区域公共秩序维护员核实所搬物品与申请内容是否相符。门岗公共秩序维护员负责记录、核对有关手续，如搬运车辆的车辆牌照号、司机身份证或驾驶证号、姓名、单位或住址等，并请其签字确认无误后予以放行。

6.1.9 出入人员管理流程图

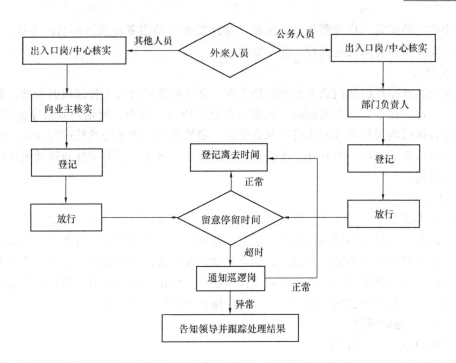

6.2 安全巡视与秩序维护

6.2.1 管理方式

1. 封闭式管理

这种方式适用于政府机关、部队等一些要害部门或别墅、高级写字楼等一些高档物业或业主、使用人有特别要求的物业管理。其管理特点是整个物业为封闭体系，物业出入口有专门人员岗位看守，业主、使用人有专用通行证件，外来人员须征得业主、使用人同意并办理登记手续方可入内。

2. 开放式管理

一些大的住宅物业项目或商业楼宇都采用开放型管理方式，不仅业主、使用人无需办理专用通行证件，且外来人员只要着装整洁均可自由进出。不过一些商业楼宇在非办公时间亦采用封闭式管理，以确保业主、使用人的财产安全。

3. 封闭式与开放式相结合的综合管理

对于大型综合性物业项目也可根据物业内部的不同区域、不同使用功能，采取封闭和开放两种模式相结合的方式进行管理，以保证业主和使用人的财产安全。

6.2.2 管理特点

1. 服务性

尽管物业管理在形式上表现出来的是一定的管、控、卡、限，并且在履行职责过程中也经常会给业主使用人带来不便，但其本质上是为业主使用人创造一个安全的空间和良好的秩序，是按业主使用人的要求为其履行保卫、看护等服务职责。另外，公共秩序维护员的引导、帮助、救助等行为本身就是一种直接的服务。

2. 履约性

物业管理职能履行的前提是物业服务企业与业主使用人签订的物业服务合同或前期服

务合同中约定的职责。物业服务企业在提供管理服务时的服务范围、项目、方式、标准、经费等均要按服务合同约定执行，受其制约。

3. 受制性

物业公共秩序维护部门或人员的管理工作，会受到来自公安主管部门的管理、监督及国家有关法律、法令、法制的制约。如物业企业在招聘、培训、使用公共秩序维护人员，在物业管理区域内履行管理职能时，都会受到一定的限制。物业公共秩序管理工作活动的性质及全部内容对于社会治安管理来说具有辅助性、从属性，其自主性与机动灵活性均以受制性为前提。

4. 复杂性

现有的不少物业，楼幢多、楼层高、面积大、功能多、进出口多，业主与使用人构成复杂、人流量大、进出人员成分复杂；还有一些物业，众多使用单位有各自的内部安全管理安排，物业服务企业不能干预过多；加之社会治安形势未根本好转，业主、使用人安全服务要求高。所以物业安全管理复杂，工作难度大。也正因为此，目前各地的物业管理在保洁、绿化工作纷纷外包的情形下，公共秩序维护工作依然很少外包。

6.2.3 管理的原则

1. 预防为主、防治结合

公共秩序维护工作同消防工作一样，关键是要做好预防工作，应防患于未然。物业管理中的公共秩序维护工作的根本目的就是保障业主、使用人的人身及财产安全，维护物业管理区域内的公共秩序，确保物业的正常使用及免遭破坏。衡量公共秩序维护工作的第一标准就是物业范围内尽量不发生刑事案件，少出治安事故，这必须通过各项有效的预防工作开展才能得以实现。故物业服务企业要采取多种措施，公共秩序维护员应时刻提高警惕，防止可疑人员进入住宅区域或综合大楼，防止各类刑事案件、治安事故发生。

2. 坚持物业治安管理与社会治安管理相结合的原则

一个物业区域是城市构成的基本单元，其公共秩序维护工作是城市整体社会治安的一部分。物业安全离不开大的治安环境改善，同样社会治安也不能失去物业区域公共秩序维护工作的支撑。物业区域内的公共秩序维护工作有赖于社会力量和公安部门的支持。物业服务企业属下的公共秩序维护部门应主动与当地公安机关保持密切联系，汇报有关情况，寻求外围支持，了解社会治安情况，掌握本区域犯罪动向，积极配合公安部门搞好物业周围的治安工作，打击不法分子破坏安全的行为，为保障物业的安全和社会治安做出贡献。

3. 坚持"服务第一、以人为本"的服务宗旨

管理就是服务，公共秩序维护也是一种服务。公共秩序维护管理者必须紧紧围绕努力为业主、使用人提供尽善尽美的服务这一中心开展公共秩序维护管理工作，既要有公安人员的警惕性，又要有物业管理人员的服务性；既要坚持原则，按制度办事，又要时刻替业主、使用人着想，主动帮助解决他们的困难；既要与违法犯罪分子做坚决的斗争，又要为业主、使用人提供热情、周到的服务。

4. 坚持工作硬件与软件一起抓的原则

物业管理中的公共秩序维护工作的好坏既靠工作的软件管理，又要靠防治的硬件设

施。因此，一方面要抓好安全队伍建设，认真完善各项治安防范制度，落实治安安全防范措施；另一方面则要根据物业防范的实际要求搞好物业防范的硬件设施建设，购置充足的对讲机、巡更器及其他安全工作所需的设备，及时建立并完善电视监控系统、消防报警系统、周界防范系统等。

6.2.4 物业公共秩序管理的内容

1. 一般性内容

（1）建立健全组织机构

在境外，物业管理由专业的公共秩序维护机构负责。在国内，物业公共秩序维护主要是由物业服务企业自行负责。因此，物业服务企业应建立健全组织机构，加强对公共秩序维护部的领导和管理，配备充足的公共秩序维护人员。

（2）制定和完善各项治安管理制度

物业服务企业应根据物业的实际情况，建立并完善公共秩序维护员岗位责任制和各项治安保卫制度，如针对用户的有：用户非办公时间出入登记管理制度、大件物品出入管理制度等，对内部公共秩序维护员的有：公共秩序维护员交接班制度、公共秩序维护员值班岗位责任制等。

（3）安全防范

负责维护辖区内部公共秩序维护，预防和查处安全事故。

（4）与公安部门密切配合

贯彻和执行公安部门有关安全保卫工作的方针、政策，积极配合公安部门打击辖区内及辖区周围的违法犯罪活动。

（5）巡视制度

根据辖区内实际情况，实行24小时或特定时间公共秩序维护员巡视值班，具体工作可分为门卫、守护和巡逻三个方面来实施。

（6）车辆管理

加强辖区内车辆的安全管理，做好车辆停放和保管工作，确保车辆按规定行驶和停放，保证辖区内道路畅通、路面平坦、无交通事故发生、无车辆乱停乱放现象。

（7）完善辖区内安全防范设施

物业的公共秩序维护管理除了靠人防力量外，还应注重治安硬件设施的技术防范。如在商住物业项目四周修建围墙或护栏，在综合商业大厦内安装闭路电视监控系统；在一些重要部位、重点单位安装防盗门、防盗报警系统等。

（8）定期对公共秩序维护员开展各项培训工作

只有常抓不懈地开展培训工作，才能提高公共秩序维护员的思想素质和业务能力，才能提高公共秩序维护防范能力。对公共秩序维护员培训的内容包括法律、职业道德教育、礼貌服务意识、基本的物业管理知识、管理规章制度、安全保卫知识和消防知识等。

（9）密切联系辖区内业主、使用人，做好群防群治工作

物业公共秩序维护管理是一项综合的系统工程。通常物业服务企业只负责所管理物业公共地方的公共秩序维护工作，要保证物业的安全使用和业主、使用人的人身财产安全，仅靠物业服务企业的安全力量是不够的，必须把辖区内的业主、使用人发动起来，强化业主、使用人的安全防范意识，建立各种内部安全防范措施。

(10) 建立联防制度

与物业周边单位建立联防联保制度,与物业所在地公安机关建立良好的工作关系。

2. 巡逻管理

巡逻是物业安全的又一保障,一方面门卫的第一道防线还不足以(也不可能)完全防止所有不法分子进入,另一方面治安、消防等其他安全隐患也只有通过巡逻等才能及时发现、及时解决,所以加强保安巡逻,防范、消除各种不安全因素在很多物业区域十分必要。

巡逻的范围及方式

1) 巡逻范围

安全巡逻范围只严格限定为物业的公共地方如辖区的绿化区、休闲娱乐场所、车场、楼宇的公共走廊、电梯厅、天台、设备用房、洗手间等。未经业主、使用人许可,公共秩序维护员一般不允许进入业主、使用人私人物业空间。

2) 巡逻方式

① 定时、不定时巡逻。定时巡逻一般1~2小时进行一次,以对物业的情况及时掌握,尽快解决有关问题;为了防止犯罪分子了解安全定时巡逻的规律,有必要采取不定时巡逻的方式,以取得更好的安全防范效果。

② 着制服巡逻和便衣巡逻。通常普通公共秩序维护员穿安全制服巡逻,公共秩序维护部主管着便衣巡逻。两种巡逻方式并存或交替进行,可有效地堵塞巡逻工作的漏洞,取得更好的安全管理效果。

③ 昼间巡逻和夜间巡逻。昼间巡逻主要任务是检查辖区内的安全秩序情况,防范、消除各种不安全因素,制止违法犯罪活动,为业主、使用人提供必要的帮助等。夜间巡逻除上述任务外,还要对定时运行设备、物业区域、隐蔽和易发事故地段作重点检查巡视,进行必要的上锁、开关、提醒、登记、报告。

3) 巡逻安全的职责与管理服务内容

① 巡视检查辖区内是否有不安全的因素,维持物业管理公共区域的治安秩序,发现情况应采取有效措施及时处理并马上报告。

② 认真记录巡逻过程中发现的情况,协助各个岗位处理疑难问题。

③ 巡查楼层等共用部位、共用设施设备完好情况,检查消防设备、设施(烟感器、温感器、报警按钮、消火栓、正压送风口、应急灯、疏散指示灯开关等)是否完好,做好记录。

④ 检查防火门是否关闭,机房门、电梯门等是否锁闭及有无损坏。

⑤ 巡视大厦外墙、玻璃、门窗等是否完好,有损坏的应做记录,并上报主管或管理处领导。

⑥ 对形迹可疑人员进行必要的盘问查证,劝说、驱赶推销人员、小商贩等尽快离开辖区。

⑦ 协助主管人员处理紧急情况,制止辖区内打架斗殴等暴力事件,及时报告。

⑧ 劝阻制止在辖区内尤其是大厦或住宅楼的电梯内、电梯厅、公共走廊等地点的大声喧哗、随地吐痰、吸烟等不文明行为。

⑨ 向业主、使用人提供有关管理服务的咨询服务,必要时为客人做向导。

⑩ 配合本企业其他部门的服务工作，发现工程设备、清洁卫生等方面问题及时通报、反映。

⑪ 协助业主、使用人解决遇到的困难。

⑫ 详细记录意外情况发生时间及确切位置。

3. 电子巡更

为监督检查公共秩序维护员巡逻工作，不少住宅区或商业大厦都安装电子巡更系统，配备电子巡更器。电子巡更系统是一种检查记录公共秩序维护员巡逻是否到位的电子设备，包括手机、墙机、打印机及附件等。墙机通常安装在一些必须巡逻到位的重要地方，公共秩序维护员持电子巡更器的手机巡逻到墙机处，将手机插入墙机方孔内，手机就记录有标记信号、日期和具体时间，通过打印机输出手机记录内容就可检查到公共秩序维护员巡逻的具体时间及到位情况。电子巡更器只是对监督公共秩序维护员是否巡逻到位起到一定作用，无法检查公共秩序维护员的巡逻质量，所以，辅之以其它措施十分必要。

4. 监控安全管理

（1）电视监控系统

电视监控系统在物业安全管理中占有重要的技防地位，是物业安全管理的重要组成部分。门卫、巡逻、监控三足鼎立，构成许多物业安全管理较为完整的系统。

电视监控系统主要由电子摄像头、电视屏幕和录像机三部分组成。电子摄像头安装在物业的重要位置，如出入口、电梯内、电梯厅、停车场、公共走廊、绿化带等公共地方，及一些重要的设备、设施房间，并通过电线连接至电视监控室。电视监控室是电视监控系统的控制室，在这里电视摄像头所摄入的电子信号会转换成图像在电视屏幕上显示出来，可以监视整个物业的公共地方，一旦某一部位有异常情况发生，监控人员便可调度保安力量迅速赶到现场。监控、门卫、巡逻三者通过无线联系形成安全工作网络，监控在三者中处在调度和指挥的地位。同时监控室是设备自动控制中心，在夜间，控制室即为整个物业的总值班室。

电视监控系统在进行监视的同时，可以根据需要定时启动录像机、伴音系统和时标装置，记录监视目标的图像、数据、时标，以便存档追踪分析处理。

（2）电子保安系统

电子保安系统是利用安装在物业不同部位的各种监测控制器件，通过感应、遥测，一旦有非法侵入、盗窃等情况，即发出报警信号。常用的监测器件有门窗电磁开关，监测破坏玻璃或者外力撞击的振动传感器，监测人体散发热量的红外线传感器，监测人体和物体变化的光电、超声波和微波传感器等。常用的报警输出为报警发声器、警号、警灯等。

5. 公共秩序维护管理所遇问题的处理方法与程序

（1）执勤中遇到不执行物业管理规定，规劝不听者的处理方法

安全人员在守卫和巡逻时，经常会碰到有些人不按规定出示证件强行进出、在大楼内公共地方随地吐痰、乱丢垃圾、吸烟等，对这些问题一般可按以下方法处理：

1）纠正违章行为时，要做到说话婉转和气，条理清晰，态度友善和蔼，千万不要盛气凌人，态度粗暴，训斥当事人。耐心地劝导违规者遵守物业管理规定，如出示通行证件，不随地吐痰等。帮助、引导违规者纠正错误，执行物业管理规定。如引导客人到指定区域吸烟，帮助客人将乱扔的果皮、纸屑等拾起放进垃圾桶等。

2) 当个别客户蛮横无理打骂公共秩序维护人员时，当值公共秩序维护员首先应保持冷静，克制自己情绪，尽量做到打不还手，骂不还口，然后及时将事态报告公共秩序维护部和主管，尽快通知附近巡逻人员赶赴现场，劝阻并平息纠纷，将肇事者扭送到公安机关依法处理。若有电视监控设备，应同时把发生纠纷现场状况录像一同送至公安机关，以备公安部门取证，或尽可能保存现场证据，及时确认现场证人。

（2）发现可疑人员的处理方法

1) 主动礼貌地询问对方，了解情况；

2) 若对方是辖区物业的业主、使用人或其客人，不熟悉情况，就应热情帮助客人，主动为他排忧解难；

3) 若对方是小商贩、推销人员，就应劝阻他们尽快离开，不要影响业主、使用人的工作和休息；

4) 若对方神色慌张，语无伦次，支支吾吾，应将其带到安全部接受进一步的调查；

5) 若发现对方与公安部门通缉人员的相貌特征相似，且行动诡秘、狡诈，应尽快通知公共秩序维护部派公共秩序维护员协助将其送到公安部门查处。

（3）发现犯罪分子偷盗、抢劫的处理方法

1) 尽快将情况通知公共秩序维护部，公共秩序维护部应通知附近公共秩序维护员尽快赴现场支援。

2) 采取机智方法将罪犯制服。

3) 若无法制服罪犯，且罪犯逃跑，则应记清罪犯的衣着、相貌、身高及其他明显特征并及时报告公共秩序维护部和公安部门。

4) 保护好现场、防止其他人员进入，等公共秩序维护部或公安部门有关人员接手处理并经批准后方可离开。

6. 安保重点案件处置程序

（1）发现爆炸及可疑爆炸物品的处置程序

发现爆炸和可疑爆炸物，一般分爆炸恐吓和现场发现。当发生电话威胁恐吓时，接听电话者要保持镇静、礼貌，力图从来电者那里获得尽量多的信息。如：爆炸物情况、爆炸目标、来电号码、从何处打电话、来电者姓名、性别、年龄、语言特点、电话杂音背景等。

无论是接听威胁、恐吓电话还是现场发现爆炸物，都要及时采取措施通知上级、公安机关及物业管理各部门，但不要惊动来电者，并要核实是否通知到位。

公共秩序维护部主管要及时赶到现场，组织力量，立即布置以爆炸物或爆炸现场为中心的警戒线，控制保护现场。待接到上级或公安机关指令后方可撤离现场保护。除公安人员以外，不允许任何人进入保护控制区域。认真对待传媒人员入内采访。

在得到上级或公安机关指令后进行人员疏散，所有人员要疏散到相对安全区域。

物业管理各部门接到通知后，立刻做好相应准备，如关闭附近由于爆炸可能引起恶性事故的设备，撤走现场附近的排除可疑性的可以移动的贵重物品，做好抢救伤员的准备工作，必要时通知当地急救中心。为预防火灾，必要时可通知消防部门。

等公安或相关专业人士到达现场后，听从其指挥，全力配合其排除险情，同时应该清楚记下办案警官官级、编号及报案的编号，做日后查阅、参考之用。

做好善后组织安排工作，如配合公安机关进行侦破、调查、取证工作，统计、记录受损物品情况，抢修、更换受损设备、设施，得到指令后清理现场等。

公共秩序维护部主管应将事件处置经过和情况，以报告形式呈报上级领导。

(2) 暴力案件处置程序

公共秩序维护员发现或遇有暴力案件应迅速向安全部报案，报告时讲清楚姓名、身份、联系方式、案发地点、时间等简要情况。

公共秩序维护部主管或向上级汇报或决定上报公安机关，如果属涉外情况，则要上报公安局外国人出入境管理处或外事科。

接到报案后，公共秩序维护部主管迅速赶到现场，确认现场和组织警力保护现场，同时要认真对待传媒人员采访。

在现场尽力控制犯罪嫌疑人员，如现场危险，则尽力控制局面等候公安人员。当公安人员到场后，配合公安人员进行抓捕活动，并向公安人员汇报、提供相关记录、监控录像等资料，全力配合公安机关调查工作，协助破案。同时，应该清楚记下办案警官官级、编号及报案的编号，做日后查阅、参考之用。

在现场，尽力寻找目击证人或报案人，收集证言、证物。尽量了解案情，并进行详细记录。

如果有受伤人员，应及时通知当地急救中心或附近医疗机构，或采取必要的急救措施，未经专业急救培训者不可擅行急救。

做好相应善后工作，得到公安机关命令后，清理现场，撤离保护现场，清点、记录财务情况，恢复被损坏设备、设施，尽快恢复经营活动。

公共秩序维护主管应将事件处置经过和情况以报告形式呈报上级领导。

7. 遭遇突发死亡事件处置程序

(1) 遇有突发死亡事件时，公共秩序维护部主管迅速赶赴现场，组织警力保护现场。遇有媒体采访，妥善对待。

(2) 及时上报上级领导和公安机关，如涉及境外人员，还应上报公安局外国人出入境管理处或外事科。

(3) 如无法确认当事者是否死亡，迅速通知当地急救中心或附近医疗机构。

(4) 寻找记录和收集证人、遗言、遗物等线索，特别是死者性别、主要特征、现场情况等内容。

(5) 公安人员到达现场后，认真汇报事件发生情况，提供监控记录、现场案件记录等，全力配合公安机关处理调查工作。同时，应该清楚记下办案警官官级、编号及报案的编号，做日后查阅、参考之用。

(6) 做好善后工作，运走死者遗体后，根据公安机关的要求，公共秩序维护部决定是继续保护现场还是撤离现场保护，清理现场。

(7) 根据公安机关要求，决定是否协助联系、寻找死者家属。

(8) 公共秩序维护部主管应将死亡事件处置过程和情况以报告形式呈报上级领导。

8. 发现贩毒、吸毒事件的处置程序

(1) 发现贩毒、吸毒嫌疑人时，及时上报保安部，讲明地点、人数、国籍、是否有凶器和自己的姓名、身份。

(2) 公共秩序维护部主管带领警员迅速赶到现场，携带必要的工具，视情况决定是否上报公安机关，如涉及外国人，要上报公安局外国人出入境管理处或外事科。

(3) 采取必要措施控制现场，并将嫌疑人带回安全部。此时，要提高警惕，以防嫌疑人带有凶器，避免伤害或逃跑。

(4) 在现场注意收集贩毒、证物，并详细记录备案。

(5) 经确认，确有贩毒、吸毒嫌疑，要及时交与公安机关处理。

(6) 公共秩序维护部主管应将案件处置经过和情况以报告形式呈报上级领导。

9. 遭遇恶意投毒案件处置程序

(1) 接到中毒报警后，立即联系当地急救中心或安排事件中毒者到最近医院进行抢救。

(2) 公共秩序维护部主管应立刻赶赴现场，经确认是投毒或可能是投毒案件时，组织警力保护现场，联系物业服务管理相关部门，采取必要的封闭、隔离措施，防止中毒范围扩大，同时上报公安机关。要认真对待媒体采访人员。

(3) 迅速调查或配合公安机关对辐射区域以及其他区域进行全面搜索，如果还有中毒者或可疑物，立即封闭该区域，疏散所有人员，派驻警员，设立警戒标识。

(4) 禁止非专业人员接近、触摸、挪动可能的毒源及可疑物品，等待公安机关或专业人员前来处理。并向公安人员汇报案发情况，提供录像、记录等资料，并要清楚记下办案警官官级、编号及报案的编号，做日后查阅、参考之用。

(5) 在毒源不明的情况下，可以关闭水源、送风系统。并向客户及时阐明情况。待卫生机构确认水源、送风系统的安全性后方可重新开启。

(6) 公共秩序维护部主管应将投毒案件处置经过和情况以报告形式呈报上级领导。

10. 发现散发非法宣传品事件处置程序

(1) 如果发现有人张贴、散发非法宣传品，公共秩序维护人员立即赶赴现场，制止违法活动，没收、清除非法宣传品。

(2) 保留必要证据和控制散发非法宣传品的人员。注意观察其是否有同伙、是否携带凶器或易燃易爆物，注意自我保护。

(3) 如有群众围观，应及时采取措施疏散围观群众，避免事态扩大，如警力不够，要请求保安部支援。

(4) 公共秩序维护部主管视案情决定是否上报公安机关。同时组织警力待命，以备事态扩大之需。

(5) 公安人员到场，公共秩序维护部协助配合公安人员调查处理案件工作。并提供所掌握的证言、证物。同时清楚记录下办案警官官级、编号及报案的编号，以供日后查阅、参考。

(6) 公共秩序维护部主管应将案件处置过程和情况以报告形式呈报上级领导。

6.2.5 公共秩序维护管理标识的设置和防范措施

为保证客户及物业服务管理从业人员的人身安全，避免发生意外，公共秩序维护部需要在易于发生危险的场所设置明显的警示标识，并制定有效的防范措施。在物业服务管理区域内易发生人身安全隐患的地方主要有配电室、天台、墙、煤气房、停车场、施工现场等。对上述位置亦设立明显警示标识。在墙、天台等地围墙上应设置"危险请勿攀爬"警示牌；在配电室、煤气房等地应设置"闲人免进"、"禁止烟火"等警示牌；在清洁现场应放置"小心地滑"警示牌；外墙清洗等高空作业时，应摆放"正在施工"、"高空作业"等警示牌；在存放有毒物品或危险物品的场所要放置"危险，小心有毒"等相应的警示牌；在停车场内设立各种指示灯、警示语、防撞防滑标识，人行道、车行道、进口出口标识、标高、限速等。除了潜在危险区域设置危险提示、警告标识外，尚须采取相应的应急防范措施。在高空作业和施工现场所影响范围内设置障碍物，防止行人进入危险区；在雨天为防止客户滑倒，放置防滑地毯；在施工现场、配电室、煤气房等处放置灭火器；在监控室放置灭火工具和防毒面罩等；对天台入口加封条实行封闭式管理；对水箱实行加盖、加锁、闲人不得入内的防范措施。

6.3 消防日常巡查管理

随着城市建设的发展，大批的高层商品住宅拔地而起。为此，物业项目物业管理中消防管理也随之产生，而预防火灾，消防设施维护保养，消防安全检查，已成为物业管理中的重要内容，物业管理中消防管理基本目的，在于预防火灾的发生，最大限度上减少火灾损失，为业主和住户的工作、生活提供了安全环境。因此，可以说搞好消防管理是物业安全使用和社会安定的重要保证。

6.3.1 消防安全检查制度

（1）防火安全检查，各项目（各部门）每周或半月进行一次自查，职能部门每月组织一次互查，及时发现和整改火险隐患，把火灾事故消灭在萌芽状态，做到防患于未然。

（2）定期组织兼职防火人员和重点工种人员，重点检查火源、电源及其他可能发生火灾的部位和设备。

（3）检查发现火险隐患提出整改建议，立即进行整改。如不能立即整改的，要按照消防法的规定进行整改。

（4）消防安全检查结果，以及需要整改的内容要及时向消防安全责任人或管理人报告，并由他签发整改通知书，整改完毕后交消防安全责任人或管理人签字认可。

（5）对能够整改而不认真进行整改的，拒绝或拖延整改的，或发生火灾事故的，应根据情节轻重，给予治安管理处理或追究刑事责任。

6.3.2 防火巡查和检查

1. 一般规定

（1）物业服务中心应对执行消防安全制度和落实消防安全管理措施的情况进行巡查和检查，落实防火巡查、检查人员，填写巡查、检查记录。

（2）检查前，应确定检查人员、部位、内容。检查后，检查人员、被检查部门的负责人应在检查记录上签字，存入物业服务中心消防档案。

（3）防火巡查、检查人员应当及时纠正违章行为，妥善处置火灾危险，无法当场处置的，应当立即报告。发现初期火灾应当立即报警并及时扑救。

2. 防火巡查

（1）巡查频次

消防安全重点物业项目应当进行每日防火巡查，巡查人员及其主管人员应在巡查记录上签字，存入物业服务中心消防档案，高层物业项目及写字楼应当加强夜间巡查。

（2）巡查内容

1) 用火、用电有无违章情况；
2) 安全出口、疏散通道是否畅通，安全疏散指示标志、应急照明是否完好；
3) 消防设施、器材是否保持正常工作状态，消防安全标志是否在位、完整；
4) 常闭式防火门是否处于关闭状态，防火卷帘下是否堆放物品影响使用；
5) 消防安全重点部位的人员在岗情况；
6) 其他消防安全情况。

3. 定期防火检查

（1）检查频次

物业项目应当至少每月组织一次全面防火检查，节假日放假、开学前后应当组织一次。

（2）检查内容

1) 火灾隐患的整改情况以及防范措施的落实情况；
2) 安全疏散通道、疏散指示标志、应急照明和安全出口情况；
3) 消防车通道、消防水源状况；
4) 灭火器材配置及有效情况；
5) 用火、用电有无违章情况；
6) 物业服务人员的消防知识掌握情况；
7) 消防安全重点部位的管理情况；
8) 易燃易爆危险物品和场所防火防爆措施的落实情况以及其他重要物资的防火安全情况；
9) 消防（控制室）值班情况和设施运行、记录情况；
10) 防火巡查情况、消防安全标志的设置情况和完好、有效情况。

4. 建筑消防设施功能测试检查

（1）物业服务中心应明确各类建筑消防设施日常巡查部位，楼内公共区域日常巡查应当每周至少一次，并按规定填写记录。依法开展每日防火巡查的物业服务中心和设有电子巡更系统的物业服务中心，应将建筑消防设施日常检查部位纳入巡查。

（2）物业项目建筑消防设施的单项检查应当每月至少一次，节日前一月内必须开展单项检查，并按规定填写记录。

（3）建筑消防设施的联动检查应当每年至少一次，主要对建筑消防设施系统的联动控制功能进行综合检查、评定，并按规定填写记录。设有自动消防系统的社区消防安全重点单位的年度联动检查记录应在每年的12月30日之前，报当地公安消防机构备案。

（4）建筑消防设施的功能测试检查的内容、方法应当按照国家有关标准要求执行。贯彻"预防为主，防消结合"的方针，通过培训学习，使物业公司员工均为兼职消防员。经常检查消防设施设备完好情况，确保消防器材设备装置处于良好状态，检查防火通道，时刻保持畅通；及时纠正消防违章和消除火险隐患。

6.4 物业项目内商铺安全维护

6.4.1 消防管理

（1）实行业主（住户）防火责任制，各业主为防火责任人，负责做好各自所属范围的防火安全工作。

（2）消防区及楼梯走道和出口，必须保持畅通无阻，任何单位或个人不得占用或封堵，严禁在消防通道上堆放家具和其他杂物。

（3）不得损坏消防设备和器材，妥善维护楼梯、走道和出口的安全疏散指示、事故照明和通风设施。

（4）业主严禁经营和贮存烟花爆竹、炸药、雷管、汽油、香蕉水等易燃易爆物品，严禁在区域内燃放烟花、爆竹。

（5）本区域内任何商铺必须按每户配备灭火器1只，并放置于易于取用的固定位置。

（6）区域范围内公共地方均不得燃烧香火纸张、纤维、塑料制品、木制品及其他废弃物品，同时禁止吸烟，教育小孩不要玩火。

（7）发生火警，应立即告知管理处或拨打火警电话"119"，并关闭电器开关，迅速离开现场；业主及其他人员应迅速有序地从楼梯疏散，切勿惊慌拥挤。

6.4.2 用电管理

（1）遵守安全用电管理规定，使用符合国家标准的家用电器，严禁超负荷使用电器，并要经常保持清洁，切勿动用明火。

（2）对摊位上方的照明灯及线路，不准私自更换、架设、挪动，否则按破坏设备处理。如确实需要，应向物业管理处提出申请，经批准后由物业工程部组织施工，相关费用由摊主负担。

（3）业主（住户）进行室内装修，需要增设电器线路时，必须先经物业管理处批准并保证符合安全规定，严禁乱拉、乱接临时用电线路；装修材料应采用不燃或难燃材料并按规定每户配备1只灭火器；如使用易燃或可燃材料的，必须经北京市消防管理机关批准，按规定进行防火处理，并按每50平方米（建筑面积）配备3只灭火器。

（4）严禁使用电炉、电壶、电热器等物品，以防发生漏电引起火灾造成人员伤亡。

6.4.3 公共秩序维护管理

（1）各承租人应加强自身的公共秩序维护工作，增强防范意识，看管好自己的商品、钱物以防丢失，凡自己经营的商品全部由自己保管。清场时要求商户及时锁好摊位，检查无误后方可退场。

（2）摊位内不得存放贵重物品及现金，如有丢失损坏后果自负。发生被盗案件，商户应妥善保护好现场，及时向公安机关报案，同时上报物业管理处。

（3）商户及其员工除做好本摊位的安全防范工作外，对发现可疑人员及违法犯罪行为应及时上报物业管理处或报警。

（4）禁止商户与商户之间、商户与消费者之间发生打架、斗殴等违法犯罪行为，如有发现，物业有权对商户及有关人员进行处罚并移交公安机关处理。

（5）遇有突发事件服从物业管理人员的统一指挥。

实 践 练 习

1. 秩序维护中突发事件应急预案的制定。
2. 秩序维护中对不同突发事件的处理方法。
3. 简述公共秩序维护管理的原则。
4. 简述公共秩序维护管理的特点。

7 物业项目关系管理与维护

物业项目关系管理与维护：

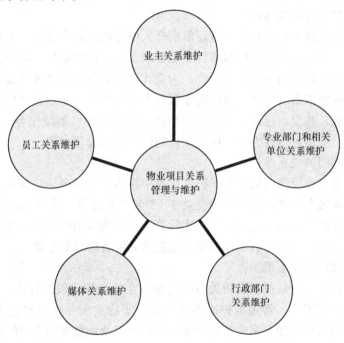

7.1 业主关系维护

7.1.1 开发商——业主

1. 与开发商关系维护的重要性

在物业服务中，物业服务企业是通过对房屋及其附属设施的服务与管理，保证业主能正常的居住和使用房屋，并逐步实现保值、升值的最终目标。在这一过程中，与物业服务企业接触最为频繁、紧密的即房屋的建造者——房地产开发商，与房地产开发商关系的维护直接影响到物业服务的正常实施和购房者业主的满意程度等诸多问题。

（1）在房屋的设计、开发、销售阶段，物业服务企业通过早期介入的方式，根据项目管理经验，为房地产开发商提供合理的意见和建议，并对施工及设计变更等方面进行监督，提高房屋设计的实用性与合理性，并为物业服务行业的硬件配套设施等后期工作打下良好的基础。

（2）开发公司各施工单位在维保期内的工作情况、尾款的结算、配套工程的验收、交接及项目的二次施工等，也是物业服务企业日常的一项重要管理工作。此类问题直接关系到今后物业服务企业的日常管理及费用支出，应通过开发公司对各施工单位进行统一监督和调控。

(3) 在实际管理中,对房屋质量问题的维修、项目内各类配套设施的到位情况、前期承诺事宜等,是业主重点关注的问题,也是项目中影响物业费收缴率及业主满意度的重要问题。对此,物业服务企业应协调房地产开发商积极解决,并尽可能地给业主以答复,充分利用物业服务企业的协调功能,提高物业服务企业和房地产开发商在业主心中的信誉度和满意度。

2. 维护的范围及主要内容

(1) 与设计部门的关系维护。

设计部门是物业服务企业对项目进行前期介入中接触的首个部门,主要是对以下问题进行沟通:首先,物业服务企业根据项目立项要求、客户群的定位,结合在管项目管理经验及同档次、同居住环境的业主需求调查,为设计部门提供详细的客户需求信息,为项目的准确客户定位提供依据。其次,根据物业服务企业管理经验,结合项目立项要求,就配套设备设施的位置、数量、选形、房屋使用功能、配套工程(如绿化等)、配套用房(物业用房、会馆等)提供可行性方案,保证项目的硬件设施配置合理。

(2) 与建设部门的关系维护。

物业服务企业与建设部门的关系维护主要集中在施工期间现场监督方面,在项目前期介入过程中,物业服务企业应在项目内设立1~2名专业技术、维修人员,定期对施工过程进行监督,掌握现场的一手资料,凭借实际管理经验为房地产开发商提供使用功能完善的建议,并为入住期的接管验收工作和维保期后的修缮管理打好基础。

(3) 与配套部门的关系维护。

配套设备、设施一直是业主最为关心的问题,在项目的建设过程中,各项配套设备、设施的到位时间、实用性、管理维护成本等都成为了物业服务企业和业主最为关心的问题,也是影响物业项目管理方案的实现和业主居住环境及满意度的重要问题。因此,密切关注配套部门施工进度,根据业主生活及居住习惯,为配套部门提供工程到位时间表等,督促配套部门注意进度。

(4) 与销售部门的关系维护。

销售部门与售后部门是物业服务企业接触最为频繁的部门。在售楼处成立后,物业服务企业开始为业主与准业主服务,并成为销售部门一个对外宣传的重点。首先,根据项目开发设计理念及硬件配套设施,结合销售热点及预期的业主需求,制定具有特色的物业管理方案,以提高房屋的附加值。其次,根据物业管理取费标准、管理方式等问题,与销售部门统一口径,避免因销售期的虚假承诺,造成后期的业主投诉。最后,在售楼处中设立服务咨询中心,在作好实景样板间物业管理服务展示、《管理规约》签署的同时,与销售部门配合对业主及准业主的资料进行收集、整理,使客户自购房开始就享受到物业优质的服务。

(5) 与售后部门的关系维护。

售后部门是房屋开发过程最后的一个环节,在一些企业中售后部门主要负责房屋质量问题、配套设备、设施的维保问题及各类工程尾款结算等内容,与物业服务企业和业主进行统一对接。

常规协调的问题有:对业主报修到物业服务企业的房屋质量问题,在维保期内的配套设备、设施等,及时通知售后部门与施工单位协商解决,避免因此类问题造成业主对物业服务企业产生连带的不满。对于维保期内设备设施运行情况应做好日常的巡查、监控和记录,对产生的故障、使用功能缺陷等应协调售后部门维修、更换或补充,避免在正常的管理服务上造成硬件缺陷。监控各施工单位的在维保期的服务情况,如出现服务不到位,应及时联系售后部门进行解决。做好日常的巡检与验收工作,通过售后部门对尾款的结算进行有效控制。

7.1.2 购房人——业主

1. 购房人——业主的定义

根据 2007 年 10 月 1 日实施的全国《物业管理条例》中规定:房屋的所有权人为业主。

2. 物业服务企业与购房人——业主的关系定位

(1) 业主和物业服务企业按照物业服务合同约定,对房屋及配套的设施设备和相关场地进行维修、养护、管理,维护相关区域内的环境卫生和秩序的活动。

(2) 物业管理工作分为管理和服务两大部分,其中管理既有对人的管理,又对物的管理,而服务主要是针对业主所进行的服务。物业服务企业为保证社区正常居住环境和生活秩序,依据相关法律法规,对业主及使用人的居住行为进行规范、引导及提示,以维护全体业主的合法权益。

(3) 业主作为物业服务的享受者和参与者,在物业管理活动中,享有权利并履行义务。

3. 购房人——业主在物业管理活动中,享有的权利

(1) 按照物业服务合同的约定,接受物业服务企业提供的服务;

(2) 提议召开业主大会会议,并就物业管理的有关事项提出建议;

(3) 提出制定和修改管理规约、业主大会议事规则的建议;

(4) 参加业主大会会议,行使投票权;

(5) 选举业主委员会成员,并享有被选举权;

(6) 监督业主委员会的工作;

(7) 监督物业服务企业履行物业服务合同;

(8) 对物业共用部位、共用设施设备和相关场地使用情况享有知情权和监督权;

(9) 监督物业共用部位、共用设施设备专项维修资金的管理和使用;

(10) 法律、法规规定的其他权利。

4. 购房人——业主在物业管理活动中,履行的义务

(1) 遵守管理规约、业主大会议事规则;

(2) 遵守物业管理区域内物业共用部位和共用设施设备的使用、公共秩序和环境卫生的维护等方面的规章制度;

(3) 执行业主大会的决定和业主大会授权业主委员会作出的决定;

(4) 按照国家有关规定交纳专项维修资金;

(5) 按时交纳物业服务费用;

(6) 法律、法规规定的其他义务。

5. 购房人——业主关系维护的重要意义

根据有关法规和国外物业管理成功的经验，物业管理必须有业主的参与，维护好与业主及业主委员会的关系。因为物业服务企业是物业管理市场的供方，物业管理市场的需求方则是全体业主。搞好物业管理要求供求双方密切协作，相互配合，即实行物业管理自治管理与物业服务企业专业化管理相结合的方法，这样物业管理市场的关系才能理顺，物业管理才能向规范化的方向发展。

6. 基本接待礼仪

（1）仪容仪表、谈吐举止要得体

1）服装、胸卡、饰物佩带整齐。

2）化妆、面容、站姿、走姿、坐姿得当，符合要求。

3）使用尊称及敬语，"请"字当头，"谢"字随后，"您好"不离口。

（2）接电话的要求

1）铃响三声内必须接听电话。

2）先进行自我介绍。

3）要用普通话。

4）对于业主提出的问题，要保持平和的语气，并注意使用敬语。

5）留言要问清对方姓名、住址、联系方式，并准确记录对方问题要点。

6）对方先挂电话才能挂断。

7. 日常接待问题处理中应注意的问题

（1）依据接待问题的种类、接待量、处理方式等，进行分类汇总，以便统一处理与归类。

（2）各类问题处理应严格控制时间，如：报修类问题30分钟内维修人员必须到场，小修不超过24小时，业主投诉类问题答复时间不超过24小时，对于较重大问题投诉不超过72小时。

（3）在解决业主问题的过程中，要保持认真负责的工作态度，有问必答，对于不能解决的问题，应及时向业主解释并尽可能为业主提供其他可行的解决方法。

（4）作为物业管理中心的枢纽和对外衔接部门，服务中心日常接待工作的结果，将直接影响到业主对整个物业管理服务的满意度，所以，接待人员应具备合理调配各部门现场工作的能力，调动一切资源，将业主反映的问题及时落实。

8. 处理投诉

（1）业主原因的投诉

部分业主在住房消费观念上还存在着一定的误区，许多业主没有认识到物业服务是使其房产保值增值的一种投资行为，也没有认识到物业服务是一种消费行为，在缴纳服务费时总是犹豫不定，生怕自己吃了亏。一旦发现服务质量问题时，他们往往以此作为"拒缴"的理由。少数业主存在一定的侥幸心理。由于物业服务具有社会性，服务对象是广大业主而不是某个个体，因此，不可能因极少部分业主不交物业服务费就不进行物业服务，从而导致极少部分业主贪图小利，躲避、逃避交纳物业管理费。由于各地对物业服务项目没有真正适用的规定和检查标准，造成了业主和物业服务企业在物业服务标准上认识偏差较大。

(2) 开发商原因的投诉

由于开发商的原因，部分业主所居住的房屋工程质量存在一定的问题，对此，业主并不知道应该找开发商进行交涉、处理，而把一切怨气撒向物业服务企业。大多数开发商为了促进销售，将物业费标准定得很低，以此来降低消费者购买房产的门槛。在销售过程中，有些房地产开发商更存在不着边际的承诺，如豪华会所、幼儿园、容积率、绿化率、物业费肯定不涨价等等。而后期大多数承诺没有兑现导致投诉。

(3) 物业服务企业原因的投诉

物业服务企业内部机制难以适应市场化的要求，员工工作积极性不高，企业专业技能、应变能力难以适应市场需求，服务质量难以提升导致投诉。一些物业服务企业的服务意识差，不能够及时为业主解决问题，只管理不服务，对业主要求的多，而对自己要求得少；服务态度不好，不能正确认识自己的社会角色，工作未完全到位。部分物业服务企业不能够完全履行服务承诺，或在物业服务实施过程中，未经业主同意私自减项或不按合同执行导致投诉。

(4) 政府原因的投诉

有些小区虽然已建成了很久，但由于协调力量不足，周围配套设施仍未跟上，如通往小区的主干道路还未完工、建筑垃圾到处堆积、车辆或行人将污泥带入了整洁的小区、小区外围噪声夜以继日严重扰人，这一系列问题会引起小区居民的不满，不明理的业主常将这些原属于房地产开发商或有关政府部门的责任迁怒于物业服务企业。

(5) 针对问题分析解决

引导业主转变观念，物业服务企业实质上是在生产一种服务型的商品，在提供整洁、优美、舒适的生活空间的同时，物业服务企业也付出了艰辛的劳动，业主为物业服务支付费用也是理所当然的。在开发项目的过程中，开发商必须本着对社会负责的态度，周密规划，严格兑现承诺。在开发完一个项目后，开发商应该通过社会招标的方式将项目交给有实力的物业服务企业，不要为了交接顺利而将项目交给子公司或关系公司。为提高业主的满意率，物业服务企业要从自身找原因，树立正确的服务理念，调整内部机制，加强内部管理，制定服务标准，规范行为准则，不断提高服务质量，从而达到业主的认可和满意。此外，物业服务企业还应对业主宣传物业服务知识，对物业服务费收取的标准、开支的范围及服务的标准，应经业主委员会、物业服务企业、上级主管部门及其他有关部门共同研究、讨论、制定，并在业主大会上公布。政府要兑现对公共配套设施的承诺，完善现行收费办法中关于收费标准的制定，建立相应法律法规，明确住房消费者在住房消费过程中的责、权、利。

(6) 投诉接待

当接到业主投诉时，接待人员首先应代表被投诉部门向住户表示歉意，并立即对投诉时间、投诉者姓名、所属公司、所属单元、投诉内容等作好详细记录。

(7) 接待业主时应注意的问题

1) 请业主入座，耐心倾听投诉，并如实记录。

2) 勿打断业主讲话，勿与业主争辩，不要推卸责任。

3) 注意力要集中，适时地与业主进行交流，不应只埋头记录。

4) 解决投诉要尽可能地站在对方的立场来理解。

5）必要时，通知经理助理或项目经理出面解释。

（8）投诉解决

1）经办人立即通知相关部门，跟进投诉内容，将解决投诉的进程反馈给客户。

2）对于暂时无法解决的投诉要向客户解释原因，同时继续跟进直至完成。

3）将处理结果反馈给投诉的业主，反馈方式可采用电话通知或入户回访，容易引起争议的事项及书面投诉要书面回复。

9. 回访

（1）回访的时间安排及回访率

10万～15万平方米管业面积，回访周期为一季度每家每户回访一次，回访率为100%。投诉事件的回访，应在投诉处理完毕后的三天内进行，回访率为100%。维修回访，应完成本月维修量的50%。特约服务的回访，应安排在协议执行期的中期阶段和结束后进行，回访率为30%。

（2）回访人员的安排及回访方式

日常回访由物业服务中心收费人员负责，其他员工给予协助。项目经理负责重大投诉、重点客户的回访工作。服务中心可采取的回访形式有电话、入户、走访等。客户服务部每半年发放一次调查表，核查各项目的服务品质，督促项目，逐步提高各部门员工业务水平。

（3）回访内容

服务效果的评价、业主满意度、业主建议征集、业主需求、公司阶段性回访主题。

（4）回访措施

为避免回访问题单一，每阶段由客户服务部推出一个回访主题。物业项目服务中心在回访主题下可根据项目目前最关注的问题确立回访内容。回访工作要成为项目每个人的日常工作，服务中心人员与各工种要密切沟通，对一些难点问题，统一口径。将项目的其他回访合并到服务中心的回访内，避免回访内容单一，回访频繁，过多干扰业主的生活。通过回访，挖掘业主群体中的"意见领袖"，通过他们来替物业解决一些问题。回访人员在回访中对业主提出的问题，能现场解决的，必须立即解决，不能当场解决的，要给业主提供明确答复时间。同时回访人员将回访后的问题记录在《业主回访记录表》中，并将回访情况及时准确地反馈给经理助理，由经理助理在与业主约定的时间内协调解决。

10. 业主满意度

（1）业主满意度的概念

业主满意度是指消费者确认物业服务企业提供的服务符合服务质量标准要求量化值，计算方法为各级评价数的权重之和与评价数之比。

（2）业主满意度的内容

业主满意度是业主对物业服务企业各项服务（服务中心、安全秩序、环境管理、维修）及其他物业服务方面问题的满意程度。但在实际操作中，业主对开发企业的房屋质量、配套等售后问题，成为了业主满意度的干扰项，所以，在调查中应尽量进行解释与辨别。

（3）业主满意度的调查和计算方法

1）活动频次制定

① 企业客户服务部每年以《业主调查表》方式对各项目组织进行 1~2 次意见征询调查活动。

② 项目经理配合客户服务部安排业主意见征询调查活动。

2）活动计划

① 在活动进行前，客户服务部应编制相应计划，内容包括开展本次征询调查活动的目的、征询调查对象，《业主调查表》的设计、发放的范围和数量、时间及人员安排等。

② 计划的批准：由客户服务部编制活动实施计划，由部门经理确认，副总经理审核，总经理审批。

③ 项目根据本项目实际情况（收缴率、投诉），不定期推出不同主题，召开业主座谈会。

3）活动实施

① 客户服务部安排员工在规定时间内到业主家中征询，并负责回收业主调查表。

② 业主调查表的回收周期为 10~15 天，随时收取随时送交公司。

③ 在发放和回收业主调查表的工作过程中，注意避免在不恰当的时候入户，以免打扰业主正常休息。

4）《业主调查表》填写

① 设计的《业主调查表》应清晰描述提供的管理和服务等过程中需经业主评价的项目和内容。

② 业主评价可以设定为"很满意"、"较满意"、"不满意"三项。

③《业主调查表》由负责实施该项活动的负责人组织发放和回收。

5）《业主调查表》的统计分析

① 各项目对本项目调查结果进行统计分析。

② 客户服务部对各项目业主调查表单采用业主调查表法对收集的业主意见进行综合统计、分析，分析周期为 7~10 天。

③ 对业主评价为"很满意"、"较满意"的可确定为满意项。满意度的计算方法如下：（计算应根据已发放和回收的业主调查表进行）：

统计计算公式如下：

$$A = H \div N \times 100\%$$
$$O = \Sigma Y = Y_1 + Y_2 + Y_3 + \cdots\cdots + Y_N$$
$$K = O \div (X \times N) \times 100\%$$

式中　N——发放的业主调查表总数（已办理入住手续户数的 90% 或 98%）；

　　　H——回收的业主调查表总数；

　　　X——业主调查表的调查项目数（附带分数的总题目数）；

　　　Y——每份业主调查表评价满意的项数；

　　　O——评价满意的项目总数；

　　　A——回收率，%；

　　　K——满意度，%。

7.1.3　业主大会与业主委员会

1. 与业主大会和业主委员会关系维护的重要性

物业管理区域内全体业主组成业主大会，业主大会应当代表和维护物业管理区域内全体业主在物业管理活动中的合法权益。业主委员会在业主代表中选举产生,是业主大会的执行机构。

2. 业主大会

业主大会可以采用集体讨论的形式,也可以采用书面征求意见的形式;但是,应当有物业管理区域内专有部分占建筑物总面积过半数的业主且占总人数过半数的业主参加。业主大会决定筹集和使用专项维修资金和改建、重建建筑物及其附属设施等事项。业主大会的决定对业主具有约束力。业主大会作出的决定侵害业主合法权益的,受侵害的业主可以请求人民法院予以撤销。业主大会应当按照业主大会议事规则的规定召开,经20%以上的业主提议,业主委员会应当组织召开业主大会临时会议。召开业主大会,应当于会议召开15日以前通知全体业主。

3. 业主委员会

(1) 召集业主大会会议,报告物业管理的实施情况。

(2) 代表业主与业主大会选聘的物业服务企业签订物业服务合同。

(3) 及时了解业主、物业使用人的意见和建议,监督和协助物业服务企业履行物业服务合同。

(4) 监督管理规约的实施。

(5) 业主大会赋予的其他职责。

4. 与业主大会、业主委员会关系维护的主要内容

业主大会、业主委员会作为业主团体的代表组织,在物业服务企业日常管理中,一方面代表业主对物业服务企业的管理与服务进行监督,另一方面物业服务企业应正确引导和协调与业主大会、业主委员会之间的关系,使其能最大限度地为物业管理工作提供帮助。

根据物业条例的规定,对项目的收支情况及管理方案对业主大会、业主委员会进行讲解和公布,增加管理的透明度,提高业主大会、业主委员会的信任度和满意度。

按规定为业主大会、业主委员会成员提供活动场地和活动经费,引导监督其依法履行职责,不得作出与物业管理无关的决定,不得从事与物业管理无关的活动。

进行物业管理法律、法规的宣传,保证业主大会、业主委员会成员能正确理解和宣传物业管理的涵义,在项目内形成良好的氛围,全力支持业主大会、业主委员会的合法决议,提高业主大会、业主委员会在业主中的地位与威信。

除物业条例规定的内容外,物业服务企业应对项目内新增的服务项目、管理措施等方面的问题,与业主大会、业主委员会进行协商,取得业主大会、业主委员会的支持,提高物业管理措施的推行力度。

7.2 专业部门和相关单位关系维护

7.2.1 专业配套部门关系维护

1. 与专业配套部门关系维护的重要性

各类专业配套设施,是影响业主居住环境的重要因素,物业服务企业应根据项目的实际情况及业主的需求,提供给房地产开发商配专业配套部门,以保证各类配套设施及时到位,满足业主的正常生活需要。

2. 维护的范围及主要内容

物业管理区域内，供水、供电、供气、供热、通信、有线电视等单位应当向最终用户收取有关费用。根据项目实际运作情况，可接受专业局的委托，代收相关费用，并向专业局收取相关手续费。供水、供电、供气、供热、通信、有线电视等单位，应当依法承担物业管理区域内相关管线和设施设备维修、养护的责任。专业配套部门因维修、养护等需要，临时占用、挖掘道路、场地的，应当及时恢复原状。物业服务企业应了解各专业配套部门的办事流程、管理规定及紧急事件的处理办法等，为业主提供正确的解释与指导。

7.2.2 委托方关系维护

1. 与委托方关系维护的重要性

根据《全国物业管理条例》的规定，物业服务企业可以根据业主的委托提供物业服务合同约定以外的服务项目，服务报酬由双方约定。

委托服务旨在方便业主的日常生活。因此，做好委托服务不是物业服务企业创收点，是物业服务项目的延伸，并能间接影响到业主满意度指标的变化。

2. 与委托方关系维护的范围及主要内容

接受业主及使用人的委托，代缴燃气、水、电、电话等费用，并收取一定比例的手续费。

接受业主的委托，对业主空置房屋（未装修、未居住的房屋）进行代管，并收取相应的手续费。

接受开发企业的委托，对未售出房屋进行管理，并收取相应的手续费。

接受专业部门的委托，代收相关费用。

7.2.3 受托方关系维护

1. 与专业分供方（受委托方）关系维护的重要性

物业服务企业的分供方包括劳务采购及物资采购。为确保公司提供给业主（客户）的服务符合要求，应对劳务和物资采购过程进行控制，并对服务结果及所采购产品进行验证，确保采购的劳务、物资符合要求。

2. 维护的范围及主要内容

物业服务企业对专业公司即劳务供方，每年进行一次选择和评价，并就评价合格的供方发布《合格供方名录》，劳务在《合格供方名录》内选择供方，评价准则如下：专业公司提供的劳务、服务过程、设备达到标准；供方具备资质；供方业绩；通过管理中心日常检查得出的对供方评价结果。

专业分包公司的服务质量水平的高低，直接影响到物业管理中心的整体水平，因此，对外分包公司的日常监督及管理也是物业服务企业的一项重要工作。

认真选择分包公司，并对分包项目的管理方案进行审核，应与项目整体管理目标与理念相符合。

制定服务合同，对质量标准、不合格服务的处理、违约责任等项目进行严格规定。

对服务过程进行严格监控，对不符合要求的分包公司除要求其整改外，应予以处罚，严重的应终止其合同。

7.3 行政部门关系维护

7.3.1 物业主管部门的关系维护

1. 行业主管部门

如根据《天津市物业管理条例》中规定,天津市房地产管理局是全市物业管理的行政主管部门,区、县房地产管理局是本辖区物业管理的行政主管部门,其主要负责部门为市、区物业管理办公室。

2. 关系维护的主要内容

物业服务企业与行政主管部门的关系维护主要为以下几个方面的内容:

(1) 制定行业管理发展规划、物业管理市场规则和管理服务标准。
(2) 物业服务企业的资质管理。
(3) 协调各专业主管部门对物业管理工作的指导。
(4) 指导物业项目达标创优。
(5) 组织物业管理从业人员的资格培训和行业统计工作。

7.3.2 专业主管部门的关系维护

1. 涉及的专业职能部门

物业服务企业作为一个服务企业,除接受行业行政主管部门的管理外,涉及的主要专业主管部门如:

(1) 天津市物业管理协会;
(2) 市、区物价局;
(3) 天津市维修基金管理中心;
(4) 市、区停车场地管理委员会;
(5) 所在片派出所;
(6) 市、区环卫局;
(7) 市、区市容委。

2. 关系维护的主要内容

(1) 天津市物业管理协会负责行业内部经验交流。
(2) 市、区物价局主要负责物业费用、有偿服务费等物业各类收费项目价格的审批。
(3) 天津市维修基金管理中心主要负责房屋维修基金账户的建立、费用计提、使用审批等相关工作。
(4) 市、区停车场地管理委员会负责项目机动车、非机动车存车场的审批、收费定价等工作。
(5) 所在片派出所负责项目内治安问题的处理及保安员的管理工作。
(6) 市、区环卫局负责生活垃圾、装修垃圾的收集及处理。
(7) 市、区市容委负责房屋外檐、小区外围的装修、宣传、广告牌的管理。

7.3.3 街道、居民委员会关系的维护

1. 与街、居委会关系维护的重要性

根据全国物业管理条例的规定:业主大会、业主委员会应当配合公安机关,与居民委

员会相互协作,共同做好维护物业管理区域内的社会治安等相关工作。

2. 关系维护的主要内容

(1) 物业管理区域内,业主大会、业主委员会应当积极配合相关居民委员会依法履行自治管理职责,支持居民委员会开展工作,并接受其指导和监督。

(2) 住宅小区的业主大会、业主委员会作出的决定,应当告知相关的居民委员会,并认真听取居民委员会的建议。

7.4 媒体关系维护

7.4.1 媒体关系维护的重要性

媒体关系也称新闻关系,是公共关系中最敏感、最重要的一部分。这种关系具有明显的两重性:一方面,新闻媒介是组织与公众实现广泛、有效沟通的必经渠道,具有工具性;另一方面,新闻媒介与公众的合一,决定了新闻界关系是一种传播性最强、公共关系操作意义最大的关系。因此,从对外公共关系实务工作和层次来看,新闻界往往被放在首要位置,或被称为对外传播之首。

7.4.2 涉及的主要媒体

(1) 新闻传播机构,包括:报社、杂志社、广播电台、电视台。

(2) 新闻界人事,包括:记者、编辑。

(3) 网络,包括:各大官方网站、企业自建网站。

7.4.3 有效沟通

1. 传播与沟通的技巧

信息传播内容要正确。信息是客观事物所固有的反应特性,是客观事物相互联系,相互作用的一种形式。信息的内容总是客观的,这种客观的信息是组织借助传播与沟通实现其目的的前提条件,信息的客观性是传播和沟通的最基本的要求。因此,在传播和沟通过程中,信息内容要尊重客观事实,如实反映事物的本来面目。同时还要准确了解公众,为不同的公众准确地提供其所需要的信息,提高信息的保真度。这样,传播和沟通才能达到预期的目的,才能长久地为组织宣传形象服务。

信息传播时间要及时。信息是动态的,它是事物实现普遍联系的运动中介,它广泛地存在着。要使这些运动着的信息为组织服务,传播和沟通信息就必须及时。否则,过时的信息就没有其利用价值了。现代社会处于知识更新、周期缩短、信息瞬变、节奏飞快的时代,当社会组织遇到组织形象不佳的时候,公共关系的传播和沟通就应根据具体的原因,及时诚恳向公众解释道歉,争取公众的谅解,从而及时澄清事实真相,改变舆论宣传,以重新求得公众的理解和信任,及时恢复组织的声誉。总之,及时地进行传播和沟通,才能保证信息的利用价值,才能保证传播和沟通的实际效果。

信息沟通要有效。信息总是与特定的事物对象相关联的,它总是依附于一定的实体,而且信息与信息之间也总是相互联系的。组织向公众传播和沟通信息时,要具体分析组织所面对的千变万化的公众,根据不同公众所需的信息内容和侧重点,对信息进行加工和整理,有选择、有针对地进行传播和沟通,提高信息的有效度。

信息沟通方式要新颖。所谓新颖,就是信息要有新内容,传播和沟通要有新方式。在高度发达的现代社会里，新颖的信息传播沟通方式可以更好地满足公众的需要，增强传播和沟通的实际效果。作为公共关系从业人员，必须把握新颖的传播与沟通技巧和方式，使传播和沟通职能充分为公共关系服务。

2. 与媒体的有效沟通

不可使用"无可奉告"进行回答，要有礼貌而诚实地对待媒体，如果不能回答请明确为什么。

找到最合适的媒体联络人，如主编、制片人。作为一般规律，不要带着新闻报道的要求去接触新闻播音员或节目主持人。

及时更新媒体名录。

与媒介联络的方法：电话、新闻稿、访谈、新闻发布会、媒体邀请、读者来信、致函编辑等。

不要忽视专栏记者，许多媒体拥有商业、政治、教育、环保、娱乐等方面专栏作家。

有效激起媒体的兴趣。

3. 影响有效沟通的因素

信息的真实性与信息量的大小。对公众来讲，虚假的内容丝毫不能引起他们的兴趣，更谈不上关注。同时，好的消息如果信息量不足，则公众也会放弃对它的关注。因而适量传播与公众利益有关的内容是影响传播效果的首要一点。

传播者的方式与态度。在传播过程中公共关系从业人员一定要谦虚、尊重别人，要"投公众之所好"，设身处地地为公众考虑，从公众角度讲话，这样才能取得好的效果。

传播内容的制作技巧与传播渠道的畅通。前者多指文章的写作、节目的编排是否易于被公众接受，后者是指传播过程是否顺畅。印刷质量差、版面不清、有错别字、图像模糊、时间安排不好等等，都是传播渠道不畅的表现。

7.4.4　掌握新闻撰写技巧及注意事项

新闻报道应当采用"开门见山"的手法按照标准的体裁，新闻稿的开头都应该有一段导言，要把事情的要点和重点提纲挈领地交代出来，让公众一眼看上去就引起注意。

要掌握一般新闻稿的基本要素。即何时、何地、何人、何故、何事和如何做，要将事情的前因后果、经历过程交代清楚。

要注意写新闻稿的一些基本原则。实事求是、结构严谨、牵涉的数据要准确无误。

注意一些细节问题。如撰写新闻稿时，行与行之间应留有一定的空间，以便编辑做删改补充；新闻稿纸应该印有所代表机构的名称、地址、电话号码、联系人姓名等，以便于联络；文风应简洁而优美，正确使用缩写词等。

新闻稿能否被新闻机构采用，关键在于新闻稿本身是否具有新闻价值。

7.4.5　关系维护的内容

（1）争取新闻界对本组织的了解、理解和支持；以便形成对本组织有利的舆论氛围。

（2）通过新闻界实现与广大公众的沟通、密切组织与社会公众之间的联系。

（3）物业服务企业作为一个公共关系组织，应与媒体保持良好的沟通关系，与媒体关系恶化、出现不良记录等行为，将会为企业的知名度与信誉度带来较大的负面影响。

7.5 员工关系维护

7.5.1 内部员工关系的维护

1. 员工关系维护的重要性

员工关系指在企业内部管理过程中形成的人事关系。其具体对象包括全体职员、工人、管理干部,员工是企业内部的公众。当前,大部分物业服务企业均属于劳动密集型企业,员工水平层次参差不齐,文化水平高低不等。因此,建立良好的员工关系,培养组织成员的认同感和归属感,形成向心力和凝聚力,就更为困难和重要。

2. 维护的范围及主要内容

(1) 与项目管理人员的关系维护;

(2) 与项目操作人员的关系维护。

3. 员工满意度

(1) 员工满意度的概念。

员工满意度是企业为满足内部管理需要,用于衡量员工满意程度的量化值,计算方法为各级评价数的权重之和与评价数之比。

(2) 员工满意度的内容。

员工满意度的是指员工对企业内部管理(培训、工作环境、管理模式、团队氛围、薪资水平等)方面问题的满意程度。

(3) 员工满意度的调查和计算方法。

7.5.2 与公司经理的关系维护

公司经理作为企业的最高领导者与责任人,对企业的经济效益、企业发展方向、资源调配等,负有直接的管理责任。

(1) 项目管理者应充分理解企业发展方向,正确引导积极合理开展工作。

(2) 为公司经理提供准确的数据资料,便于领导者作出正确的决策。

(3) 合理调动各种资源的分布,确保企业经济指标的完成。

7.5.3 与公司各职能部门的关系维护

1. 与支持保障部门的关系维护

支持保障部门主要是指办公室、人力资源部、库房等物质、人员资源提供保障部门。其主要关系维护的内容为:及时、合理上报资源需求,保证项目内物质、人员资源的充沛、稳定;积极组织员工活动、员工调查、专业培训等措施,支持项目员工操作水平的提升。

2. 与财务部门的关系维护

财务部门负责各类资金用度的核算、审批。其主要关系维护的内容为:与项目管理中心,准确核算、上报各类收费标准、资金计划及备用金额度等,保证企业整体经济指标的完成。

3. 与专业业务部门的关系维护

专业业务部门是以项目服务中心、保安部、环境管理部、维修部为管理、监督、指导对象,为项目提供专业化指导、培训,旨在提高项目的整体操作水平,降低专业管理成本，并协调实现各项目资源及经验的共享。

4. 与监督部门的关系维护

监督部门是负责对企业整体的管理运行情况及服务质量标准进行监督，其中不仅涉及项目内操作人员的工作标准及工作流程，还涉及公司各职能部门支持是否充沛、有效，服务水平是否符合标准等多方面内容。与其关系维护的主要内容是，通过真实工作状况与水平，发现企业内部管理中存在的问题及企业管理体系中存在的不足，以科学的管理方式进行改进，实现企业管理机制的高效、良性运转。

7.5.4 与其他项目的关系维护

与其他项目间的关系维护则体现为一种经验与资源的共享。

(1) 物业管理作为一个服务行业，除了要求项目管理、操作人员具有专业的操作水平，还需要大量项目实操经验。因此，新老项目间经验共享，则成为了一个重要的工作。

(2) 由于各项目管理面积、设备设施等级、数量不等，在项目资源配置中，就会出现专业人员、大型工具的配置过剩，因此，项目间的资源共享，则成为了一个重要的解决方法。

实 践 练 习

1. 物业管理关系维护的主要对象？
2. 业主满意度的概念？
3. 接待礼仪的内容主要包括哪些？
4. 如何正确处理与媒介的关系？

8 物业项目安全管理

物业项目的安全管理是每位项目经理必须直面的问题。安全是人类生存的最基本的需要。项目内安全有序的环境是居住、生活、工作在这里的业主、客户、物业员工和来访人员的共同需要。这也是物业服务中最主要和最基本的服务。如果项目经理不把安全管理置于物业管理服务之首，他就是一个不清醒和不称职的项目经理。

物业项目的安全管理涉及方方面面，它不仅包括项目内的治安秩序、设备设施的安全运行、客户与业主的财产安全、装修施工的安全监控、物业员工的生产作业安全和卫生防疫等诸多因素，还包括项目周边及全市的社会治安和交通状况等因素。因此物业项目的安全管理应该是一个大的系统工程。项目经理作为物业项目安全管理的主要负责人就应该本着"安全第一，预防为主"的方针，按照"谁主管，谁负责"的原则，精心建立人防、技防和业主、客户自防的安全防范体系。

《物业管理条例》第二条规定："物业管理，是指业主通过选聘物业服务企业，由业主和物业服务企业按照物业服务合同约定，对房屋及配套的设施设备和相关场地进行维修、养护、管理，维护物业管理区域内的环境卫生和相关秩序的活动。"第四十七条规定："物业服务企业应当协助做好物业管理区域内的安全防范工作。发生安全事故时，物业服务企业在采取应急措施的同时，应当及时向有关行政管理部门报告，协助做好救助工作。物业服务企业雇请秩序维护员人员的，应当遵守国家有关规定。秩序维护员在维护物业管理区域内的公共秩序时，应当履行职责，不得侵害公民的合法权益。"

8.1 物业项目安全管理基础知识

8.1.1 物业项目安全管理的计划

物业项目安全管理计划的制订一定要坚持"依法遵章守约、全员参与、谁主管谁负责"的原则。《中华人民共和国物权法》、《物业管理条例》、《前期物业管理服务合同》和《物业管理服务合同》等法律、法规、合同是物业项目安全管理计划的依据和标准；项目内的所有人员都必须纳入到安防体系之中，只有全员安防意识的提高和全员参与才能形成疏而不漏的安防防线；明确"谁主管谁负责，谁在岗谁负责"的安防责任才能真正建立起项目的安全防范体系。

按照《中华人民共和国物权法》第六章关于业主的建筑物区分所有权规定，业主对建筑物内的住宅、经营性用房的专有部分享有所有权，对专有部分以外的共有部分享有共有和共同管理的权利。因此，物业项目的安全管理计划就是如何在项目内建立起人防、技防和业主、客户自防的安全防范体系。也就是说物业服务企业代表全体业主对项目内业主专有部分以外的共有部分实行安全管理，而业主专有部分由业主自己承担安防责任。

1. 物业人防计划
(1) 物业项目组织建设
物业项目领导班子的筹建，部门职责范围、岗位设置、人员编制、职位说明书的编写、员工招聘、培训、制定业绩考核特别是秩序维护员队伍的建立和全员秩序维护员意识的培训等。
(2) 各项安全管理规章制度建立
1) 公共秩序维护的管理制度。包括访客登记、公共区域钥匙管理、货物运输、垃圾存放清运等。
2) 消防安全管理制度。消防设备设施定期查验。
3) 设备设施安全管理规定。包括给水排水设备、暖通设备、电气设备、电梯运输设备等。
4) 装修施工安全管理规定。
5) 停车场安全管理规定。
6) 公共区域卫生消杀制度。
7) 物业员工安全操作规定。包括登高作业、电气焊、电动工具使用等。
(3) 各类突发事件应急预案制定
1) 盗窃和破坏事件应急处置预案
安管部、安管员发现有盗窃现象或接到盗窃报案时，立即用通信器材（对讲机或电话）向安管部班长/主管报告现场的具体位置，然后留在被盗窃现场，或迅速赶赴被盗窃现场，维护现场秩序，保护现场，禁止一切人员进出现场。
① 安管员到达现场后立即了解被盗的具体地点、时间及情况。
② 安管员到达现场前，案犯已逃离现场时，可用电话或对讲机报告，但在使用对讲机公用频道时不应随意泄露案件的性质。
③ 安管员到达现场时，如案犯仍未逃跑或已被抓捕，可使用对讲机向安管部主管/班长报告。
④ 安管部主管接到报告后立即用通信器材指挥调遣安全主管、安管班长及安管员对现场进行保护，并迅速赶赴现场指挥；并向主管上级报告。
⑤ 与当值安管班长联系，要求安管班长对案发现场进行保护。
⑥ 安管部主管到达现场立即了解案情，根据案情需要做出布置：向当事人或知情人了解清楚犯罪嫌疑人的特征及其逃离方向后，视情况立即组织安管员去追踪犯罪嫌疑人；同时应根据情况立即向主管上级报告。
2) 偷车事件应急处置预案
① 安管员如发现所辖区域内有偷车情况，应立即予以制止，并立即通知监控中心摄像、报警，同时通知各出入口安管员关闭进出口闸门，以免窃贼逃逸。
② 记住车辆牌号、颜色、型号，记下窃贼人数和体表特征，以及是否有凶器。记录被盗车辆行驶路线。
③ 安管员不要用身体阻拦闯关车辆。
④ 公安人员到场后，将以上情况向其提供，并协助调查处理。
⑤ 安管人员应记录到达的公安人员的情况，以备后查。

3) 气体泄漏事故应急处置预案

如发现或接获燃气、石油气体泄漏事件发生,应迅速抵达现场,在安全情况下把怀疑泄漏气体的地方的所有门窗打开并关掉输送该处气体的分掣,然后立即通知气体供应商处理。情况严重的话,应立即打电话报警,在消防人员到场前须采取下列行动。

① 隔离可疑泄漏气体的地方。
② 不准未被授权者进入该区域。
③ 当需要疏散时,必须以平静的语调发出指示,千万不能因紧张而引起恐慌。

4) 电梯困人事件处置预案

① 当中控人员接到乘梯人的呼救或从监控中发现电梯轿厢中的乘梯人有异常表情或动作时,应迅速通过应急电梯电话予以询问,如属实出现困人事件则应立即执行通报,同时安抚被困人员不要惊慌。
② 察看——电梯内紧急电话询问——确认——找与被困人员最近的安全巡查人员立即赶赴现场进行控制并安慰被困人员同时通报工程人员。
③ 协助工程救援人员对被困人员实施救援。
④ 对于伤者立即通报主管上级送医。
⑤ 做好详细记录。

5) 突发停电应急处置预案

① 在事先接到停电通知的情况下,应将停电线路、区域、时间和影响二次供水及电梯使用的情况,采用各种有效方式告知住户和商户,并在各主要出入口发布通告。
② 在事先没有接到任何通知的突然停电情况下,应立即确认是内部故障停电还是外部停电。若系内部故障停电,应立即派人查找原因;若系外部停电,一方面要采取措施防止突然来电引发事故,一方面致电供电部门查询停电情况,了解何时恢复供电,并将了解的情况告知住户和商户。
③ 管理范围内如有备用电源的,应尽快启用。
④ 检查所有电梯运行情况,发现电梯困人立即按照电梯困人应急处置预案施救。
⑤ 如属于商场等营业场所,秩序维护员应协助维持好秩序,疏散顾客,指导商户启用应急照明灯、蜡烛等备用照明,并注意防止发生火灾。
⑥ 安排员工到小区各主要出入口、电梯间维持秩序,加强安全防范措施,防止出现治安事件。
⑦ 派人值守办公室、值班室,耐心接待住户和商户询问,做好解释和疏导工作。

6) 火灾应急处理预案

① 发现火灾苗头,如烟、油、味、色等异常状态,每一位员工都必须立即向相关部门报告,请其派人查明真相,并做好应急准备;
② 确认火灾后,立即报警,并组织相关人员赶赴现场;
③ 到达现场的管理人员或秩序维护大队队长自动承担组织工作;
④ 火灾扑灭后,在经消防部门同意情况下,组织人员协助业主清理现场,对受灾业主做好安慰工作。

2. 物业技防计划

伴随二十世纪末世界高科技的发展,建筑物的科技含量日趋增加。房地产开发建设单位将安防自动化系统引入开发项目,为物业管理提出了新的挑战和要求。该系统包含门禁系统、可视对讲系统、红外线报警系统、闭路电视监控系统、可燃气体报警系统、火灾自动报警和消防喷淋系统及电子巡更系统等。

(1) 安防系统的承接查验。和项目的整体承接查验一样进行。
(2) 供应和承包商的合同及维保条款的确认。
(3) 物业相关技术人员接受供应和承包商的培训与技术指导。
(4) 中央控制室和消控室管理方案。充分发挥控制室在项目内秩序维护员监控的作用。
(5) 中央控制室和消控室人员的培训。
(6) 项目内巡更路线和巡更点的科学、合理设置。

3. 业主、客户自防计划

业主、客户的自防是项目安防的基础和重点。业主不仅对其专有部分有效自防而且要对公共区域的物业安防进行监督。因此,提高业主对整个物业的安全防范意识是项目经理的重要工作之一。

(1) 编制业主、客户手册。
(2) 编制消防手册。
(3) 制定客户装修手册。
(4) 动员业主、客户参加物业组织的消防演习。
(5) 在客户满意度调查中突出安防重点,倾听业主意见和建议。
(6) 在业主会召开时,物业项目部要针对安防工作做重点汇报。
(7) 业主应向保险公司投保财产险,以规避风险。

4. 加强与项目所在地公安派出所、消防局、交通队和街道居委会等相关部门的沟通与联系

项目的安全受到全市及项目的周边治安、交通环境的制约和影响。项目经理要加强同当地公安、消防、交通等相关行政管理部门的联系,及时、准确得到社会上治安、消防和交通等相关部门的帮助,确保项目内发生的治安等案件得到有效、妥善、及时的处理。要认真检讨事故的原因,及时提出纠正和预防措施,不断改进项目的安防体系。

8.1.2 物业项目安全管理的控制

物业项目安全管理计划在于实施,实施的过程在于控制。因此控制在物业项目安全管理落实中起到至关重要的作用。

1. 组建物业项目安全管理委员会

组建项目经理为主任,部门经理为委员的项目安全委员会,安委会每月要对项目进行安全检查,对重点部位(变电站、中控室等)做到每次安检必查,定期召开安委会,研讨决定项目内重要安防事宜。

2. 签订安全防火责任书

按照"谁主管,谁负责"安防原则,分解责任,每年签订一次,从而强化各主管负责人的安防意识。

(1) 项目经理与各部门经理签订安全防火责任书。
(2) 部门经理与各班组长签订安全防火责任书。

(3) 物业项目部与业主、客户签订安全防火责任书。

3. 导入 ISO 9000 质量管理体系

ISO 9000 质量管理体系是国际普遍认同的质量管理体系。目前许多物业服务企业都实行和通过了质量体系认证。该体系强调服务产品的过程管理，它的八个基本原则（以客户为关注焦点；领导作用；全员参与；过程方法；管理的系统方法；持续改进；基于事实的决策方法；与供方互利的关系）同样适用于物业项目安全管理计划的实施和监控。

应该将确定的各项安全管理规定和制度纳入质量体系中，在运行管理中记录下如何做的，检查做的效果。通过表格记录来检查运行管理是否按制度和规定执行。通过效果来检讨规定和制度是否合理和有效。进而修订规定和制度使其更加符合项目的实际。从而使物业项目的安防体系更加完善和有效。

(1) 实行有效的绩效考核

将安防制度和规定的执行情况纳入员工的绩效考核中，通过激励机制提高执行力以强化物业人防计划的落实。

(2) 安全管理的风险防范

安全管理永远存在着风险。项目经理时刻保持清醒头脑，居安思危，规避随时可能发生的危险。通过商业保险投保减少不必要的损失应该是物业项目安全管理风险防范的首选。

1) 物业项目部应向保险公司投保公共设备、设施险、公众责任及第三者责任险。
2) 业主应向保险公司投保财产险。
3) 物业项目部应向保险公司为特殊工种员工投保工伤、意外伤害险。

项目经理在项目打造人防、技防、客户自防的安防体系的过程，实际上也是项目物业管理服务全面实施过程，用单独的章节来介绍物业项目的安全管理就是让项目经理不断增强"安全第一"的意识和责任感、使命感，无论项目处于前期物业管理阶段，还是在常规物业管理阶段，项目经理都应将物业项目的安全管理置于首位，并贯穿对客服务的全过程，居安思危，警钟长鸣，为项目长治久安、和谐有序投入心血和汗水、智慧和力量。

8.2 物业消防管理

【案例 1】 2008 年 7 月 30 日，某小区当值安全员王某巡逻至 7 号楼时，突然发现 5 号楼 601 有浓烟从窗户向外冒出，在这紧急关头，刻不容缓，王即刻用对讲通知 4 号楼巡逻岗，同时快速冲向提取灭火器赶赴事发现场。4 号楼巡逻岗在得到火警信息后，第一时间启动大门岗警铃，并用对讲通知各岗位，3 分钟后，各班组人员按照管理处《义务消防队作战方案》相关流程执行，在总指挥的指挥下，全面展开灭火救援工作，在各班组通力协作下于 45 分后将火源扑灭。

事后，经管理处技术人员对火灾现场进行查看，初步查明引起此次火灾事故的主要原因是业主外出时未拔掉放在床铺上的小型录音机的变压器电源，变压器带电长时间工作造成线圈绝缘击穿，导致短路燃烧，继而引起床铺易燃品起火而波及周边床铺等。

[案例分析]

火灾扑灭后，起火单位应当按照公安消防机构的要求保护现场，接受事故调查，如实提供火灾事实的情况。在本案处理过程中，该物业服务企业应按照消防法之规定请公安消防机构负责调查、核定，查明事故责任而不是由物业服务企业技术人员来确认。

［案例启示］

1. 当上述类型事件发生前，物业服务企业要按照国家以及当地政府的法规明确消防设施等行业管理部门与物业服务企业之间应该维护或者管理服务的界限。对属于物业服务企业管理服务范围的严格按照法规规定以及物业管理服务合同约定履行义务。

2. 当上述类型事件发生时，物业服务企业要根据国家规定以及按照符合国家规定制定预案并在已经确认为火灾发生时按照预案开展工作；同时在火灾整个救助过程要根据符合相关法规，既不能不作为而引起违约，又不能充当公安消防机构履行公安消防机构的法定责任；在处理此类案件过程中特别要注意员工安全的保护。

3. 当上述类型事件发生后，物业服务企业应配合公安消防机构保护现场，火灾因各类责任问题需要鉴定的，应根据国家消防法的规定由公安消防部门以及政府组织调查、认定火灾原因，核定火灾损失，查明火灾事故责任。

4. 物业服务企业还应按照消防预案组织消防演习保证预案启动后的运行质量、加强员工培训，提高消防意识和消防技能、加大小区消防安全宣传促进业主对日常生活中消防安全注意事项的关注。对于消防隐患要及时地处理，消防设施设备有物业服务企业负责维护的应制定日常维保计划，并在消防演习中启动保证运行良好，同时建议也可以以消防安全为专业分类，使用消防保护安全系统制定消防安全的管理方案。

8.2.1 物业消防管理服务概述

物业消防管理在生命财产安全管理中所占的地位和分量是重中之重。火灾是物业区域内常见的灾害事故，一旦发生火灾会给业主和使用人的生命财产造成严重的危害，因此物业服务企业必须重视物业消防管理工作。物业消防管理的方针是"以防为主，消防结合"。物业消防管理的目标是预防火灾的发生，最大限度减少火灾损失，保证业主和使用人生命和财产的安全。

1. 物业消防管理概念

消防管理是指物业服务企业依照法律法规，做好物业管理区域内的防火、灭火工作，并保护业主和物业使用人的生命财产安全的一系列管理活动。

2. 物业消防队伍的设置

根据所辖物业区域的类型、面积和档次设置消防机构。一般在秩序维护员部下设消防班，同时建设一支高素质的专群结合、以专为主的消防队伍，作为开展消防工作的组织。

(1) 专职物业消防管理人员

专职物业消防管理人员的主要任务是消防值班、消防培训、消防器材的管理与保养，协助公安消防队开展灭火工作。

(2) 义务消防队伍

物业服务企业可在企业内部其他部门人员以及业主、使用人中选定义务消防员，组建义务消防队，主要从事火灾预防工作。

3. 消防管理的原则

(1) 贯彻落实"谁主管，谁负责"的原则

物业层层落实防火责任制的中心就是"谁主管，谁负责"原则。物业项目经理作为第

一责任人,应对小区内的防火安全工作负全面责任。部门经理对本部门的防火安全负责;各负责人及每位职工对自己管辖小区范围的防火安全负责。做到工作"人人负责,责任到人"。

(2) 预防为主,防消结合原则

物业消防管理分为防火和灭火两个方面。灭火是在起火后采取有效措施扑救,防火主要是防患于未然。因此要建立健全消防管理制度,加强消防检查,消除隐患,防止发生火灾。同时要积极组织消防演习,做好消防宣传教育,充分做好灭火准备。

"预防为主,教育为先"。火灾发生的原因固然很多,但大都与人的消防意识有关。因此物业消防管理的一项重要任务就是面向员工、业主和使用人,做好消防宣传教育。

1) 消防宣传教育的内容

消防宣传教育的内容主要包括增强消防意识和普及消防知识两个方面。

2) 消防宣传培训

消防宣传培训包括两方面内容:

一是对物业服务企业员工的培训教育,包括对其进行消防理论知识培训(如政府有关消防法规,防火、灭火基本原理和基本知识)以及物业消防管理技能培训(如消防设备使用,火灾、火警应急处理及疏散、自救互救措施等);

二是对业主和使用人的宣传教育,要增强其消防意识,普及防火、灭火、疏散逃生知识及物业各项防火规定。

3) 消防宣传培训的形式

① 定期理论培训。通过开展知识竞赛、定期组织学习等形式,对企业员工定期进行消防知识培训。

② 定期实操培训。通过每年一至两次消防演习进行模拟训练,定期对消防设施维护保养人员和使用人员进行实地演示和培训。

③ 利用消防知识宣传栏、录像、标语、宣传单等形式对业主、使用人进行消防知识宣传教育。

④ 每户或人手一册"消防须知",干燥季节或长假前提醒业主、使用人注意预防火灾。

8.2.2 物业消防管理服务制度的建设

物业服务企业应根据所管物业的实际,制定完善的消防制度和防火规定,约束和规范员工和客户的日常行为,以避免火灾的发生。

1. 消防管理服务制度

(1) 消防岗位责任制度。要建立各级领导负责的逐级防火岗位责任制度,实现"谁主管,谁负责"。

(2) 消防中心值班制度。消防中心值班是信息通信中心,起到火警预报的作用,消防值班员必须严格遵守工作职责及交接班制度,保持高度的责任感和警惕性。

(3) 物业消防检查制度。定时进行消防安全巡逻,做好检查记录,发现问题及时上报。

(4) 消防档案管理制度。建立物业消防管理档案。物业消防管理档案是记载物业区域内的消防重点及消防安全工作基本情况的文书档案。其内容一般包括以下几方面。

1) 防火档案。消防部门要建立防火档案,防火档案包括消防负责人及管理人员名单、物业管理区域平面图、建筑结构图、水源情况、物业消防管理制度、火险隐患、消防设备状况、重点消防部位以及前期消防工作概况等。

2) 火灾档案。火灾档案包括一般火灾的报告表和调查资料、火灾扑救的情况报告、对火灾责任人追查处理等相关材料。

3) 消防设施档案。消防设施档案包括消防通道畅通情况、消火栓完好情况、消火水池的储水情况、灭火器的放置位置是否合适、消防器材的数量及布置是否合理、消防设施更新记录等。

2. 防火规定

防火规定是指从预防的角度出发,对易引起火灾的各种行为做出规定,以杜绝火患。主要包括:消防设施设备的使用、维护和管理规定;公共通道、楼梯、出口等部位的管理规定;房屋修缮和装修中的明火使用规定;电气设备的安全使用规定;易燃、易爆物品的安全存放与贮运规定等。

8.2.3 物业消防器材、设施的配备与使用

1. 灭火器

常见的灭火器有以下四种,不同类型的灭火器适用范围不同。

(1) 1 211灭火器

这类灭火器是利用氮气的压力将装在灭火器内的二氟一氯一溴甲烷灭火剂喷出灭火的工具,1 211灭火器在使用时,应先拔下安全封,紧握压把,打开阀门,使灭火器中灭火剂喷出,然后将喷嘴对准着火点喷射,直至把火熄灭。由于这类灭火剂毒性较大且对大气臭氧层有破坏作用,在非必须使用场所一律不准配置这种灭火器。

(2) 泡沫灭火器

这类灭火器中填装的灭火剂是空气泡沫液。使用泡沫灭火器时,应在距燃烧物6m左右处,先拔出保险销,一手握住开启压把,另一手握住喷枪,紧握开启压把,将灭火器密封开启,空气泡沫即从喷枪喷出。泡沫喷出后应对准燃烧最猛烈处喷射。灭火时,应随着喷射距离的减缩,使用者逐渐向燃烧处靠近,并始终让泡沫喷射在燃烧物上,直到将火扑灭。在使用过程中,应一直紧握开启压把,不能松开,也不能将灭火器倒置或横卧使用,否则会中断喷射。

(3) 干粉灭火器

干粉灭火器内填充的灭火剂是干粉。使用时应手提灭火器的提柄,迅速赶到火场,距离起火点5m左右处,放下灭火器。在室外使用时要注意占据上风方向。使用前先把灭火器上下颠倒几次,使筒内干粉松动。如果使用的是内装式或贮压式干粉灭火器,应先拔下保险销,一只手握住喷嘴,另一只手握住提柄,干粉便会从喷嘴喷射出来。干粉灭火器在喷粉灭火过程中应始终保持直立状态,不能横卧或颠倒使用,否则不能喷粉。

(4) 二氧化碳灭火器

这类灭火器中填充的灭火剂是加压液化的二氧化碳。使用二氧化碳灭火器时应手提灭火器的提柄,或把灭火器扛在肩上,迅速赶到现场。在距起火点5 m左右处,放下灭火器,一只手握住喇叭形喷筒根部的手柄,把喷筒对准火焰,另一只手按下压把,二氧化碳就喷射出来。

2. 消火栓

消火栓是消防供水的重要设备，它分为室内消火栓和室外消火栓。

（1）室内消火栓是建筑物内的一种固定灭火供水设备，包括消火栓及消火栓箱。消火栓及消火栓箱通常设于楼梯间、走廊和室内的墙壁上。箱内有水龙带、水枪并与消火栓出口连接，消火栓与建筑物内消防给水管线连接。发生火灾时，按开启方向转动手轮，水枪即喷射出水流。

（2）室外消火栓与城镇自来水管网相连接，它既可供消防车取水，又可连接水龙带、水枪，直接出水灭火。

3. 自动灭火系统

自动灭火系统是一种固定在建筑物内的消防供水装置。自动喷水灭火系统一般在大型建筑、高层建筑、高档建筑等防火重点部位的上方位置设置。一旦发生火灾，自动灭火系统能及时报警，并且自动启动水泵喷水。

4. 火灾自动报警系统

火灾自动报警系统用于探测初期火灾，并及时发出火灾警报，一般在高档公寓、酒店宾馆、大型商厦、写字楼内安置。

5. 其他消防设施

在原有物业基础上，设计配备防火建筑工程设施及各种消防标志，如消防通道、疏散通道、疏散照明设施、疏散指示标志等。

8.2.4　消防器材、设施的维护管理

1. 定期检查

定期检查消防设备、器材的完好状况，发现使用不当的行为应及时劝其改正。禁止擅自更改消防设备，特别是业主、使用人进行二次装修时，必须严格检查。

2. 定期养护

所有员工应爱护设施，发现损坏要及时维修和更换，保证其正常使用，并定期清洗，以防器材变形、生锈和失去功能。

3. 专人保管

消防安全部门应统一管理消防装备，建立消防设备保管台账，避免器材丢失。

4. 消防器材的定期统计

每月针对各种消防器材做一次统计工作，保证项目配备的消防器材完整。并有专人负责管理。

5. 加强建筑消防设施的维护管理

（1）保持疏散通道和安全出口畅通，严禁占用疏散通道。

（2）按规范设置符合国家规定的消防安全疏散指示标志和应急照明设施。

（3）保持防火门、消防安全疏散指示标志、应急照明、机械排烟送风运转正常。

（4）严禁在营业或工作期间将安全出口上锁。

（5）严禁在营业或工作期间将安全疏散指示标志关闭、遮挡或覆盖。

8.2.5　高层楼宇物业消防管理

1. 高层楼宇消防的特点

由于高层楼宇的一些建筑材料耐火极限低，且高层楼宇用火、电、气等网络集中，楼

体高易招雷击等火灾因素多,发生火灾的可能性、危险性大、火势蔓延快、疏散困难。一旦出现火情,由于楼宇高、人员多、火势蔓延快,火情扑救和人员疏散困难,往往会造成惨重的生命财产损失,所以必须加强消防管理。

2. 高层楼宇物业消防管理的主要措施

高层楼宇的消防管理,要贯彻"预防为主,防消结合"的方针,立足自防自救,实行严格管理和科学管理。应着重抓好以下工作:

(1) 健全消防组织,明确消防责任;

(2) 制定消防制度,加强消防意识教育。特别要严格加强动火管理、二次装修管理、施工管理、重点部位防火管理;

(3) 完善消防设施;

(4) 制定灭火应急方案,组织消防演习。

8.2.6　物业消防紧急疏散流程

1. 人员疏散和救护

(1) 总指挥通知消防监控室通过消防紧急广播系统发出疏散通知。

(2) 由疏散组负责安排人员,为业主和访客指明疏散方向,并在疏散路线上设立岗位进行引导、护送业主和访客向安全区域疏散,并提醒大家不要乘坐电梯。如果烟雾较大,要告知大家用湿毛巾捂住口鼻,尽量降低身体姿势,有序、快速离开。

(3) 人员的疏散以就近安全门、消防通道为主,也可根据火场实际情况,灵活机动地引导人员疏散。

(4) 认真检查起火区域及附近区域的各个单元,并关闭门窗和空调。发现有人被困在起火区域,应先营救被困人员,确保每一位业主和访客均能安全撤离火场。

(5) 接待安置好疏散下来的人员,通过良好的服务稳定人们的情绪,并及时清点人员,检查是否还有人没有撤出来。

(6) 疏散顺序为:先起火单元及相邻单元,后起火层上面2层和下面1层。疏散一般以向下疏散为原则(底层向外疏散)。

(7) 在火场上救下的受伤业主、访客以及扑救中受伤的员工,由抢救组护送至安全区,对伤员进行处理,然后送医院救治。

2. 转移危险品

3. 抢救贵重财产。在人员安全有保证的情况下,可将贵重财产转移到安全地带。

4. 清除小区外围和内部的路障,疏散一切无关车辆和人员,疏通车道,为消防队灭火创造有利条件。

5. 控制起火大楼底层出入口,严禁无关人员进入大楼,指导疏散人员离开,保护从火场上救出的贵重物资。

6. 善后工作

(1) 火灾扑灭并经公安消防部门勘察后,工程部应迅速将小区内的报警和灭火系统恢复至正常状态。

(2) 秩序维护员部组织人员清理灭火器材,及时更换、补充灭火器材。

(3) 管理部统计人员伤亡情况和小区财产损失情况,上报灭火指挥部及总经理。

(4) 清洁绿化部组织员工对火灾现场进行清理,恢复整洁,对因逃生或救火损坏的花木进行抢救或补种。

（5）灭火指挥部应召开会议，对火灾扑救行动进行回顾和总结。

（6）由物业服务企业总经理发动员工，收集可疑情况，配合调查组对火灾事故进行调查，并责成消防专管员写出专题报告，分清责任。

8.3 物业车辆道路管理

【案例2】 业主车辆被盗，物业服务企业应否担责？

2009年5月19日，某物业服务企业与业主李某签订了物业服务合同。合同主要内容为：物业服务企业负责小区共用设施、设备、场所的维护修缮义务，小区环境卫生的打扫、园林绿地的管理与维护，业主水电费的代收代缴；协助政府有关部门做好小区计划生育、户籍登记等工作，协助公安机关做好安全防范工作，实行每日24小时巡逻。业主每月按房屋建筑面积每平方米1.5元交纳物业服务费，并协助物业服务企业开展工作。合同订立的当日，李某向物业服务企业交清了一年的物业管理费。李某有大众车一辆，价值15万元，平时停放在小区的空地内。2009年7月20日早上，李某的车被盗。李某当日向公安机关报案，公安机关经侦查未找到犯罪嫌疑人。小区监控设备于6月19日出现故障，无法使用；物业服务企业未对该小区实行封闭式管理，但已安排保安24小时巡逻。车辆被盗后，李某要求物业服务企业赔偿损失，物业服务企业以未收取李某车辆的任何费用，李某未告知物业服务企业车辆停放在小区空坪，双方没有形成保管关系为由，拒绝其请求。李某遂向法院提起诉讼，要求物业服务企业赔偿车辆损失15万元。

[案例分析] 李某的车辆损失应由李某自己承担主要赔偿责任，物业服务企业承担次要赔偿责任。李某没有与物业服务企业形成保管合同关系，物业服务企业无义务保管李某的车辆，车辆的保管义务应由李某自己负责。车辆被盗，李某没有尽到保管责任是主要原因，负有主要过错。物业服务企业对小区进行物业服务管理过程中存在瑕疵应承担次要责任。

随着人们生活质量的改善、收入水平的提高，汽车拥有量越来越多，但由于物业区域内车位已经饱和，开发商对停车设施的建设考虑不足，导致物业区域内乱停乱放现象比较普遍，业主因此发生纠纷，给业主的生活、工作带来极大的不便，因此物业服务企业必须要加强车辆管理，为业主创造良好的物业区域环境。

8.3.1 物业车辆管理的涵义

物业车辆管理是物业管理服务中经常性的管理服务，其目的是物业服务企业在为业主和物业使用人提供良好服务的同时，对车辆、交通、停车场管理创造一定的经济效益。物业车辆管理服务是指物业服务企业对管辖的物业区域内的道路、车辆、停车场等实施的一系列管理服务活动。它通过制定规章制度、做好日常安全、道路通畅、维护车辆秩序、防止车辆丢失等活动实行管理。

8.3.2 物业车辆交通管理的内容

物业服务企业依据《物业服务合同》，根据所辖物业的面积、档次，物业服务企业一般在秩序维护员部下设车场秩序维护员班，负责物业车辆道路管理。其管理内容主要包括以下几个方面：

(1) 根据物业区域道路情况，做好道路的规划、建设；
(2) 完善停车设施的建设；
(3) 建立机动车通行证制度，对进出物业区域的车辆进行管理；
(4) 维持进入物业区域车辆的停放秩序；
(5) 制止在物业区域内超速行驶、鸣笛等不良行为；
(6) 采取措施，防止故意损坏、盗窃停放在物业区域内的车辆及其附属设施、车载物品的行为。

8.3.3 物业区域的道路规划

1. 物业区域道路的功能

了解和熟悉物业区域内道路的功能，是搞好规划建设的基础，一般来讲，物业区域内的道路，应具有以下几项功能：

(1) 满足业主和物业使用者的自行车、摩托车、小汽车等各种交通工具通行，以及步行活动的需要。
(2) 满足清运垃圾与粪便、送递邮件、搬运家具等日常服务车辆通行的需要。
(3) 保证消防、救护、铺设各种工程管线等特殊车辆的通行。

2. 物业区域道路的分级

根据物业区域的规模、功能要求，以及交通规划的理论，物业区域内的道路，可分为以下几个级别：

(1) 居住区级道路。即用以解决居住区内外联系的主要道路，其车道宽度不应小于9米。
(2) 居住小区级道路。即用以解决居住区内部联系的次要道路，其车道宽度一般为7米。
(3) 居住组团级道路。即用以解决住宅族群内外联系的支路，其车道宽度一般为4米。
(4) 房前小路。即通往各栋、各单元门前的小路，其宽度一般为3米。

另外，某些住宅区内还有专供步行的林荫步道。

3. 物业区域道路规划的基本要求

根据物业区域的功能、分级，以及交通规则的基本原理，物业区域（居住区）道路的规划，应满足以下基本要求。

(1) 车行道一般应通至各栋、各单元的入口处。
(2) 道路的线型、断面等应与整个区域的规划、建筑群体布置相协调，建筑外墙面距离人行道边缘不应小于1.5米、距离车行道边缘不应小于3米。
(3) 设计单车道时，每隔150米左右应设置车辆会让处。
(4) 进行旧居改造时，应充分利用原有道路或设施等。

8.3.4 物业区域的停车场建设

为了便于有效规范停车秩序、防止车辆丢失与损坏，停车场规划建设具有重要意义。因此，物业服务企业应在开发建设单位已有停车场的基础上，进一步搞好物业区域内车辆的规划及设计工作。

1. 停车场的规划设计

物业服务企业规划停车场，必须充分了解物业区域的建筑格局、道路交通，要做到因地制宜，既要和物业管理区域相协调，又要符合实际需要。同时要考虑投资效益问题。建设停车场需要一定资金，物业服务企业投资建设是希望能回收资金并获得利润，因此，规划时既要考虑建设成本，又要考虑建成后的利用率。

停车场作为整个物业区域的组成部分之一，必须与其周围环境协调一致。这就需要物业服务企业在全面了解物业区域的建筑格局、道路交通、外部环境等的基础上，因地制宜地进行停车场的规划设计。当然，如果能在早期介入开发建设单位的建设过程，将会收到更好的效果。

2. 停车场（库）的内部设计

停车场的位置确定后，还应考虑可能存放车辆的类型、各种车辆的比例等，进行内部设计。一般来讲，为了充分发挥停车场的各项功能，应该设置相应的设施。例如，指示信号灯，有利于通道通畅；电话，有利于及时通信、报警；出入口的管制性栏杆，有利于督促车主缴费等。同时合理地利用灯光照明，实现比较充足的光照亮度，不仅方便业主存取车辆，而且有利于满足消防、防盗要求。

8.3.5 物业区域车辆管理规章制度

良好的车辆交通管理，既需要道路规划、停车场建设等硬件设施，也需要健全的规章制度、管理人员操作规程等软件设施。

1. 车辆行驶停放管理规定

（1）遵守交通管理规定，不乱停放车辆。不准在人行道、车行道、消防通道上停放车辆，机动车辆只能在停车场、库或道路上画线停车位内停放，非机动车应停放在自行车棚。

（2）服从管理人员指挥，注意前后左右车辆安全，在指定位置停放。

（3）停放好车辆后，必须锁好车门，调好防盗系统至警备状态，车内贵重物品须随身带走。

（4）机动车辆在物业区域内行驶，时速不得超过 15 km/h，严禁超车。

（5）机动车辆在物业区域内禁止鸣笛。

（6）不准在区域任何场所试车、修车、练车。

（7）爱护物业区域的道路、公用设施，不准辗压绿化草地、损坏路牌和各类标识，不准损坏路面及公用设施。

（8）除执行任务的车辆（消防车、警车、救护车）外，其他车辆一律按本规定执行。

2. 停车场管理规定

（1）停车场必须有专职保管人员 24 小时值班，建立健全各项管理制度和岗位职责。管理制度、岗位责任人姓名和照片、停车场负责人、营业执照、收费标准等悬挂在停车场的出入口明显位置。

（2）停车场内按消防要求设置消火栓，配备灭火器，由管理处消防负责人定期检查，由车管员负责管理使用。

（3）在停车场和小区车行道路须做好行车线、停车位（分固定和临时）、禁停、转弯、减速、消防通道等标识，并在主要车行道转弯处安装凸面镜。

（4）在停车场出入口处设置垃圾桶（箱），在小区必要位置设路障和防护栏。

（5）机动车进场时应服从车管员指挥，遵守停车场管理规定，履行机动车进出车场有关手续，按规定缴纳保管费。

（6）集装箱车、40座位以上的客车、拖拉机、工程车以及运载易燃、易爆、有毒等危险物品的车辆不准进入小区（大厦）。

（7）不得损坏停车场消防、通信、电气、供水等场地设施。

（8）保持场内清洁，不得将车上的杂物和垃圾丢在地上，漏油、漏水时，车主应立即处理。

（9）禁止在车主取得停车许可的车位上加建任何暂时或永久性建筑物，亦不可私自加放标牌，在墙、柱及天花板上打孔及张贴、悬挂任何东西。

3. 车辆管理员岗位职责

（1）负责对停车场（库）的汽车、摩托车以及保管站内的自行车管理。

（2）实行24小时轮流值班，服从统一安排调度。

（3）按规定着装，佩戴工作牌，对出入车辆按规定和程序指挥放行，并认真填写"车辆出入登记表"。

（4）遵守规章制度，按时上下班，认真做好交接班手续，不擅离职守。

（5）按规定和标准收费，开具发票，及时上缴营业款。

（6）负责指挥区内车辆行驶和停放，维持小区交通、停车秩序。

（7）负责对小区道路和停车场的停放车辆进行巡视查看，保证车辆安全。

（8）负责停车场的消防以及停车场、值班室、岗亭和洗车台的清洁工作。

实 践 练 习

学会针对不同的突发事件制定紧急预案。

9 物业项目的管理目标计划

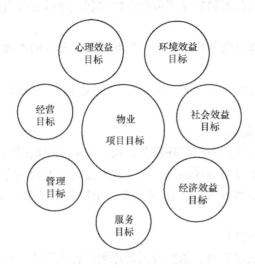

9.1 物业项目的目标

一个成熟的项目经理作为职业经理人，接受业主的委托和物业服务企业的委派，承接一个项目的物业服务工作，应首先结合项目的实际情况制定明确的项目管理目标，然后采用一切可能的手段来实现其目标。物业服务主要是营造一个舒适的生活、工作的环境，使业主安居乐业，并使该物业能够在有效的管理服务下达到保值和升值的最终目的。

9.2 物业项目目标的主要内容

9.2.1 经营目标

作为一个项目的物业服务，首先是在合同约束下的经济活动，其本质是一个经营的商业行为，提供给客户合格的服务产品，通过收取物业服务费的形式来取得商业的回报。其基本原则为"遵照合同，以收定支，合理利润"。物业管理服务是一个较长时间的期限合同，所以有一个良好的财务经营状况是保证该项经营能够走向规范、优质管理的前提保证。在物业服务费用难以保证正常的运营情况下，作为一个项目经理还需要与业主会商量，通过其他的方式来取得合法的收入来源保证经营目标的实现。

9.2.2 管理目标

根据相关企业管理规定，物业服务在一年内可以实现达到市级物业管理达标项目标准；两年内达到市级物业管理优秀项目标准；三年实现国家级物业管理优秀项目标准。达标的标准就是操作项目的一个基本原则，完成该标准是项目经理的基本要求，也是衡量一个项目管理是否走向正规化的一个入门标准。

9.2.3 服务目标

结合经营目标和管理目标的制定，可以引申出许多细化的分解目标，其中作为一个服务企业，客户的认可程度是企业生存的不二法则，而且在合同执行之中，业主也是作为合同之中的甲方，享有聘用和解聘物业服务企业的权利，所以各种目标的制定要围绕以业主为中心的原则。

通过以上经营、管理和服务目标，公司利益和业主利益的高度可以达到一致，便于营造和谐的社区文化。

但最终的目标还是要实现以下经济效益、社会效益、环境效益以及人们心理效益的统一。

9.2.4 经济效益的目标

一方面通过对整个物业的有偿管理服务，物业服务企业取得经济收入，达到实现经济效益的目标；另一方面通过对物业的维护与管理，使物业的使用寿命延长，从而可实现物业的保值、增值，为业主和开发商的房屋买卖、租赁创造条件，实现其投资经济效益的目标。

9.2.5 社会效益的目标

物业服务企业依照法律法规、依据合同的原则推行人性化管理，协调好物业服务企业与住户的关系，通过自身的行为，对物业的硬件进行维护运行，在人文上对社区文化进行营造，创造一个安全、舒适的生活和工作空间，为营造和谐的社会气氛做出自身的努力。此外，社区还有利于政府充分发挥城市管理职能，实施管理以后，一些原来由基层政府履行的公共管理职能，改由物业服务企业来代为宣传和告知，节约政府有限的资源，为城市的建设贡献应有的力量。

9.2.6 环境效益的目标

居住和工作在社区之中，项目的自然环境和人文环境与人们的身心健康有很大关系。因此，搞好住宅小区管理，能使居住区的环境得到绿化净化和美化，优化人们居住生活的生态环境。同时，营造一个良好的人文环境，可以使人们的文明层次得到提升，在物业服务的点滴之中，也为社会文明的整体进步做出了努力。

9.2.7 心理效益的目标

通过住宅小区的管理可以使住宅和环境达到以人们期望的安全、方便、舒适、优美的理想境界，人们就会有一种满足幸福的心理感受。当然，这种心理效益是一种心境与感受，因而是无形的和相对的，会随着自身条件和环境的变化而变化，但无疑好的居住和工作环境能够给人以积极的促进作用。

9.3 物业项目的计划

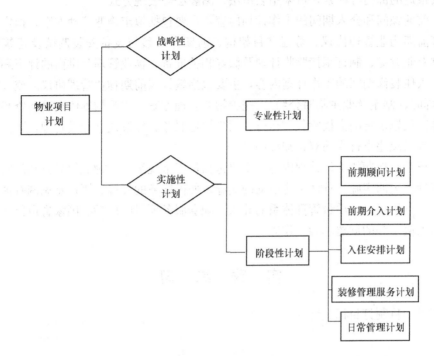

一个物业项目应根据合同要求确定整体方案,并结合该方案制定相应的计划。整体工作计划的制定应紧扣物业项目总体策划中的指导思想、工作重点,并结合招标文件的具体要求综合考虑。

9.3.1 制订计划的原则

(1) 遵照政府的法规和行业的规定,遵循《物权法》和国家、地方的物业管理条例,并参照相关的行业规定。

(2) 结合物业公司和项目经理的经验,通过物业前期和日常的计划工作,避免出现不良的服务存在。

(3) 在制订计划之时,还要依据项目的实际情况,根据项目的投资建设情况、业主情况、物业服务费标准等来制定切实可行的具有操作性的计划表。

9.3.2 目标计划的分类

计划应分为战略性计划和实施计划两大类。

1. 战略性计划

一种是对项目的一个长远的管理目标,制定一个长远的阶段性的时间表,比较常见的就是我们常在标书中见到的首年达标,次年达到市优,然后三年达到国优项目这样的计划。一种是按照项目实际情况来制定一个合理的时间表,其根据是管理方案中的管理承诺,按照惯例一般先会制定达标和评优计划,利用一定的时间来完成管理承诺。

2. 实施计划

分为专业性计划和阶段性计划。在物业项目管理方案中一般应包括人员配置计划、员工招聘计划、员工培训计划、物品采购计划、财务收支预算计划等等。

制订计划过程中，要考虑物业管理方案实施不同阶段的工作重点、项目、内容、时间要求以及跟进的部门等因素，可采用表格法、图表法等表现方式。

（1）前期顾问和介入期间的工作计划内容，主要包括拟定物业管理方案、拟定财务预算、签订前期物业管理协议、筹建项目架构、前期介入参与设备安装调试及建筑质量把关、提供专业意见、制订承接验收计划及做好相关准备、物业管理分供商的评审和确定。

（2）入住装修期间的工作计划内容，主要包括签订《前期物业管理协议》或《物业管理委托合同》、制定《业主临时公约》、完善物业管理方案、建筑物本体和设备资料的接收建档、楼宇设施设备的交接验收试运行、用户搬迁服务、档案建立分类管理，装修期间的登记、巡查以及违章行为的双告知程序等。

（3）正常运作期的工作计划内容，主要包括员工常规培训、物业管理方案的实施，设施设备管理的全面实施、社区文化活动的实施、便民服务的开展、用户意见调查评估、财务收支情况分析报告、质量管理体系的导入、配套服务项目的启动、国家省市物业管理优秀小区（大厦）等的创建基础工作等。

实 践 练 习

根据某项目制订目标、计划。

10 物业项目人力资源管理

10.1 物业项目岗位设置及部门职能

10.1.1 物业项目岗位设置

物业服务企业是一个劳动密集型的企业,其经营的体系应该是经理——员工——客户,那么员工就是直接面对客户,员工的职业素养和精神面貌直接代表了提供的服务产品的品质,由此也能看出员工在企业当中的重要作用,所以在一个项目中岗位的设置也体现出一个企业的管理水平和品质。

10.1.2 部门职能

岗位设置的大前提是部门的设置,一般在一个项目经理负责制的物业项目中,我们大体有如下的部门设置:行政人事综合办公室、财务部、管理部、工程部、秩序维护部和环境维护部。在一些租售型的公建项目中还有市场部或者经营部这样的部门。各部门相对职能如下:

1. 行政人事办公室

负责项目的人力资源安排,行政办公事宜,固定资产的管理,档案的归集存放及对外协调事务,是一个职能部门。

2. 财务部

专业负责项目的财务管理,包括物业服务费的催收,现金、支票的管理,票据的管理等相关财务事项。

3. 管理部

负责客户关系处理,协调接待客户咨询投诉解答及对外协调沟通事宜。

4. 工程部

负责保证设施设备的运行、维护、保养和修理。

5. 秩序维护部

负责管理区域的治安秩序的维护、车辆交通管理、消防安全管理和协助派出所的户籍管理。

6. 环境保护部

负责辖区项目的清洁卫生、垃圾清运、消杀及绿化美化事宜。

7. 市场部

对所管理项目的物业代大业主进行租售的资产管理。

在实际安排上,项目会根据实际情况设立部门,小项目中不会设立职能部门,因为绿化和保洁工作做外包,所以部分项目也会把环境保护工作放在管理部的职责下,而不专门设立此部门。不管如何设立,还是应该以满足工作需求为其根本目的。在部门设立的原则上应遵循企业化原则、专业化的原则和社会化的原则。在岗位的设立上一定要岗位分工明确，因岗ண人。理顺项目的部门与部门之间，部门与员工之间，员工和员工之间的关系，主要是理顺项目部门横向和竖向之间的协调关系。

10.2 员工的招聘与解聘

10.2.1 员工招聘

1. 招聘计划的制订主要包括以下几个方面
(1) 计划招聘人员总数和人员结构，如专业结构、学历结构等；
(2) 各类人员的招聘条件；
(3) 招聘信息发布的时间、方式与范围；
(4) 招聘的渠道；
(5) 招聘方法。

2. 员工招聘的组织实施主要从以下方面展开
(1) 公布招聘信息；
(2) 设计应聘申请表；
(3) 对应聘者进行初审；
(4) 确定选拔方法；
常用的选拔方法有面试、心理测试、知识测试、劳动技能测试等。
(5) 人员的录用。

10.2.2 员工的解聘

员工的解聘包括辞职、辞退、资遣三种情况。

1. 员工的辞职
辞职是指员工要求离开现任职位，与企业解除劳动合同，退出企业工作的人事调整活动。
(1) 员工不符合辞职条件的，人事管理部门不能同意其辞职。如劳动合同尚未到期，与企业订有特殊工作协议等情况。
(2) 员工辞职时，人事管理部门和有关用人单位应督促其办好有关工作移交及个人财物清理。
(3) 员工辞职应当提前 30 日以书面形式通知用人单位。

2. 员工的辞退
即终止劳动合同。若出现下列情况，对员工应予以辞退：
(1) 在试用期间被证明不符合录用条件的。
(2) 严重违反劳动纪律或者用人单位规章制度的。
(3) 严重失职，营私舞弊，对用人单位利益造成重大损害的。
(4) 被依法追究刑事责任的。

3. 员工的资遣
企业因故提出与员工终止劳动合同的一项人事调整活动，不是因为员工的过失原因造成，而是企业根据自己经营的需要，主动与员工解除劳动契约。

10.3 员工薪酬管理

10.3.1 概述

员工薪酬管理是企业管理者对员工薪酬的支付标准、发放水平、要素结构进行确定、分配和调整的过程，是对基本工资、绩效工资、激励性报酬和福利等薪资加以确定和调整的过程。

在一个现代企业中，人力资源是一个很重要的部门，而薪酬体系的建立是企业人才的一个重要保障。其设计的指导思想就是在企业的整体经营战略目标的影响下，为吸引和留住人才，最大限度地发挥员工的内在潜能，从而来达到企业目的和个人发展目的统一而制定的一个保障体系。其制定并没有一个统一的形式，只能结合本企业和行业特点，不断地摸索中逐渐建立和完善符合本项目特点的薪酬体系。在薪酬体系的建立中作为企业一般应遵循公平、竞争、激励和经济的设计原则。一个合理的薪酬体系基本要符合能者多劳，多劳多得的分配目的。

从物业服务企业的薪酬体系来看，目前很多企业并没有一套完善的薪酬体系，很多时候过的还是量入为出，低水平大锅饭的日子，这样的好处在于能够获得一个较稳定的财务平衡，短时不会引起员工的不满和不公平感，但这样带来的弊端就是企业难以吸引人才，现有人才的流动性也会过高，不利于企业乃至行业的持续性的发展。

10.3.2 薪酬制定

目前物业服务企业员工薪酬的制定，对薪酬结构的确定和调整主要掌握两个基本原则，即给予员工最大激励的原则和公平付薪原则。其中，公平付薪是企业管理的宗旨，否则，会造成员工不努力工作，大量不尽责的员工充斥岗位，亦有高素质的人才外流。但绝对公平的薪酬体系是不存在的，只存在员工是否满意的薪酬体系。因此在制定和实施薪酬体系的过程中，应及时进行上下沟通，必要的宣传或培训是薪酬方案得以实施的保证。

（1）首先应符合基本劳动法和新出的劳动合同法等法律法规的规定，在薪酬制定的时候应满足劳动力的最低生活保障标准，按照国家规定为员工上国家强制社会保险。首先满足员工生存的基本需要。

（2）做好岗位分析和职位评价。明确各职务和岗位的关系，遵照编写的岗位职责，确定岗位薪酬基础。对不同岗位列出职位的相对重要性，使不同岗位之间有个比价的基础，确保薪酬体系的公平性。

（3）薪酬的标准制定。

1）应充分作好市场用工情况的调查

项目的薪酬标准不要偏离本地乃至本区域的平均用工标准。一方面，过高的用工标准会扰乱稳定的市场秩序，而且由于物业市场本身的经营特性，也难以保持财务平衡。另一方面，过低的用工标准，则难以吸引高级人才，同时也容易增加人员的流动性，不利于项目的稳定。

2）符合激励的机制

要利用合理的具有创造性的合理薪酬结构，多种方式的薪资、奖金和福利的制定，以尽量地平衡不同的岗位和同岗位不同编制的员工要求。要符合能者多劳，多劳多得的原则。同时也要兼顾职位等级、个人的技能、资历和个人绩效，从而更好地激发员工的工作积极性。

3) 符合项目的财务预算要求

虽然物业服务企业是一个劳动密集型企业，人力的成本占物业成本支出的很大份额，但其成本应控制在一个合理的区间。过低的人力成本侵占了员工的权益，过高的人力成本也要得到控制，否则，轻则侵占业主在其他方面应得的权益，重则使得项目薪酬负担过重，最后出现企业和员工因为项目丢失而两败俱伤的局面。

10.4 物业项目人员培训

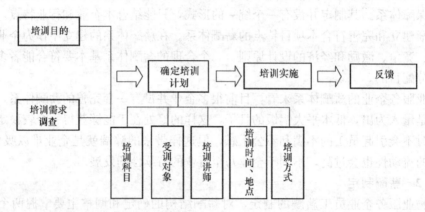

培训工作历来在管理工作之中都是重中之重，在以员工为主体的物业服务企业更是企业生存的命脉，作为一个培训体系的建立是企业人力资源发展的重点，同时也是员工薪酬体系之中员工福利的一种表现。良好的培训体系，一方面企业得到称职的岗位员工，而作为员工个人也因为技能的培训和新知识的获得，得到了自身素质的很大的提高，符合其个人发展的职业目标。

一个培训体系的建立需要较为全面的知识。但一般情况下，企业的培训应该符合以下流程，首先是培训需求的调查，然后是根据培训的目的结合需求安排具体的培训计划，接着就是计划的实施过程，最后还应做好培训的跟踪考评。

10.4.1 培训的需求调查

培训的需求一般会涵盖服务内容的所有部分，但是也要有一定的针对性，除根据行业和企业要求以外，还应考虑受训者的要求，作为培训组织者应培训前拿出一个可行的需求评估，在做需求评估之时，应充分考虑受训对象的年龄、学历、阅历、专业程度等相关因素。采取的方式可以是问卷调查，个别代表谈话。汇总后的评估是制订培训计划的基础。

10.4.2 培训计划

培训计划的制定是一个系统的安排，其计划书的设计包括培训科目、受训对象、培训讲师、培训地点、培训的时间以及培训的方式。

1. 培训科目

培训科目在物业管理的项目管理中涉及以下几个方面。

(1) 物业服务企业文化的培训

物业服务企业的发展史，企业的文化背景，企业的架构和管理关系，企业常见的行政人事制度，员工手册，专业流程控制等等，让员工尤其是新入职员工能够尽快地了解企业，融入企业的文化之中，尽快地度过企业和项目之间、企业和员工之间的磨合期。

(2) 项目文化的培训

做好一个项目，对于项目的分析很重要，但仅是管理者明白这个道理不行，一定要把这些理念深入到员工之间，所以项目的相关培训内容就显得尤其重要了。在这些科目培训中，应安排有项目发展商背景和企业文化培训，项目的设计规划理念培训，项目所在区域的环境培训，园区内环境绿化常识的培训，项目常见的设施设备的使用常识培训等。只有让员工通过专业人员的讲解，更深地体会其设计内涵和表达的文化，才能更有效地拉近发展商和物业服务企业以及物业员工和业主之间的距离，更好地为业主服务。

(3) 职业素质的培训

作为员工的基本职业素质较为常见的就是礼仪礼貌的培训，主要是为了规范统一员工的职业素养，把公司的形象通过员工展现在客户和社会面前。为了提升员工的能力，提高企业的效率，丰富服务内容，企业也可以安排简单的一些外语对话培训、公文写作培训、计算机应用的培训，所有的这些培训安排是为了提高员工自身的素质，并进一步规范公司对外的形象。这样的培训尤其对基层员工是必须的而且是大有帮助的。

(4) 专业技能的培训

对不同岗位的员工展开的专业技能培训，有的培训是强制性的，如管理员上岗培训、消防监控值班人员的消防培训、配电室值班人员的培训，该类强制性培训一般由行政或者行业权威部门来安排，培训结束后会发放上岗证书。另外一些专业技能的培训是企业的内训，如提高员工技能方面的培训和一些属于工作经验分享的案例培训。

(5) 管理能力的培训

对物业服务企业来讲，打理一个项目，麻雀虽小，也是五脏俱全，不管人多人少也都存在着相应的层级和管理，如何更好地实现人员和项目的管理，是一个系统的学科。

项目人员很多管理者来自基层，没有管理理论作为基础，难免会出现管理的粗线条和一些问题，因此，适时的开展一些管理能力的培训给基层管理者和骨干员工，可以更好地把公司的管理理念灌输下去，提高管理队伍的应对能力，同时给员工一个向上的空间展望。而且，通过受训人员的学习态度和学习成绩，可以发现未来的培养对象和接班人，这也是一个公司中接班人计划的一个重要的操作环节。

2. 受训对象

受训对象是指根据科目的不同，要求相关的受训群体接受培训，应该明确的是有的培训是强制性培训，有的属于提高性的培训。

对于强制性的培训内容，必须要求每个员工接受，如员工手册作为公司的一个重要的人力资源文件，决定了很多员工奖惩方面的规定，但法律规定只有员工在知晓此项制度前提下，奖惩才能生效，也就意味着只有接受过培训的员工才会接受公司的制度约束，这也是在培训的时候要做好培训人员签到的重要性。

一些提高性的培训，可以作为公司的一项福利奖励给有贡献或者对公司有忠诚度的员工，这样的培训对公司和员工个人都有益处，但也会带来一些新的矛盾，如外送深造培训后，不持续在公司服务的矛盾。所以，在公司的人力资源控制中，高级培训受训对象的选择应该慎重并接受考察，同时应有一些保证公司利益的措施，比如，可以就服务年限或者培训费用的支付，公司与个人签署一些相关保障协议。

3. 培训讲师

培训讲师的选择很是重要，一个好的培训组织者自己并不能保证在任何专业上都能传道解惑，但是一个优秀的培训师能够合理地安排各种各样的培训场合和不同的讲师来完成知识的传达。

在企业中经常提到内训和外训。外训就是聘请社会上的咨询培训公司或者行业内的专家以及一些有经验的人士来提供培训教程，其优点是专业权威性强，课程较为系统，员工心理上容易接受。内训就是充分发掘内部资源，请公司的专业讲师或者中高层的管理者来给员工授课，也可以请有一技之长的基层员工来与大家交流，内训的优点就是针对性强，互动性好。

4. 培训时间和培训地点

培训时间和培训地点的安排应结合实际来安排，培训时间应结合工作的进度及时安排。为了保证培训的效果，应保证时间的安排上被训者的精神饱满。培训地点的安排在讲师能够配合的情况下，尽量照顾受训者的集结方便，选择的地点应尽量环境舒适、安静。时间和地点的安排首先不要影响正常工作，同时也避免培训的环境被其他的事务打扰，影响培训的效果。

5. 培训方式

为达到培训的效果，培训的方式应灵活多变，常见的有课堂式培训，优点是受训集中，比较适合理论性的学习和政策制度的宣贯；座谈式培训，优点是互动性比较强，每个受训者都会发表自己的观点，其培训效果本身往往超越了培训本身的题目，容易得到全方位的思考和一些方法上的提升，比较适合管理培训和新的理念的研讨。另外还有一些培训的方式，比如外送培训、参观培训、现场会形式的培训以及观看视频式培训等等。总之方式无一定之规，以能调动受训者积极性、强化培训效果为原则。

10.4.3 实施

培训计划制定之后，后面就是一个实施的过程，实施过程中应尽量排除干扰，来保证培训计划的实施，组织者应与培训讲师有前期的沟通，在培训讲师安排培训教程的时候，针对培训的目的，有的放矢的做好培训讲义，培训过程中掌控好培训会场气氛，使大家融入培训的氛围，多安排互动内容，以达到培训的效果。

10.4.4 反馈

培训课程的结束并不意味着培训工作的完成，还应做好培训工作的反馈，可以在培训结束后现场发放培训调查表，征询受训者对培训课程的安排、培训讲师的专业水平以及培训的方式的认可程度。同时，也要在以后的实际工作中，多与员工接触，听取意见，对培训工作做出持续的改进。

总之，培训工作是企业人力资源工作的重要部分，是入职员工从合格到优秀的一个桥梁，企业要投入足够的人力和物力来保证培训工作的实施，来做好员工队伍的培养和管理梯队的建设。

10.5 物业项目的绩效管理

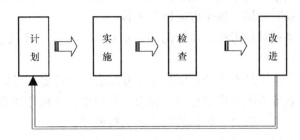

10.5.1 绩效管理概述

绩效是指具有一定素质的员工围绕职位的应付责任所达到的阶段性结果以及在达到过程中的行为表现。

绩效管理是指管理者与员工之间在目标与如何实现目标上所达成共识的过程，以及增强员工成功地达到目标的管理方法以及促进员工取得优异绩效的管理过程。

绩效管理的目的在于提高员工的能力和素质，改进与提高公司绩效水平。目前比较流行的绩效管理的方法就是 PDCA 循环，也就是计划—实施—检查—改进—再计划的一个循环过程。在绩效管理的过程之中，主要包括了计划、辅导、评价、报酬。

而在物业服务企业之中，很少部分的公司建立起来了绩效考核体系，很多公司还是停留于该体系报酬中的奖惩阶段，应该明白该体系的重点目的是实现公司目标和个人目标的有机统一。作为企业的组织应尽量辅导员工建立自己的目标，并通过不断的沟通使员工来实现自己的目标，从而实现公司战略目标。

需要注意的是，绩效管理是一个过程的管理，不仅仅是满足于一个评定和指标的考核，需要不断的有效沟通实现该过程。

10.5.2 绩效考核

1. 考核原则

在绩效考核过程中，考核的原则还是要公平、公正和公开。所有与绩效相关的工作内容要尽量地纳入体系之中，而与工作目标无关的个人习惯等内容则没有必要混淆其中，绩效指标要尽量地做到量化，可以用标准来衡量，指标的制定要科学、合理、客观，并容易被员工理解和接受。指标制定之后应可以对外公开，而且考核的标准横向和竖向之间应具有一定的可比性，对所有员工一视同仁，不掺杂个人喜恶。总的原则就是一个好的绩效考核标准能够奖勤罚懒，鼓励先进，鞭策后进，发挥员工积极性，消灭企业员工中的惰性等不良行为习惯。

一般上级单位和直接领导作为考核小组的负责人，人事部门和公司的其他职能部门，部分员工代表作为考核小组的成员，考核指标定义后考核者要积极与被考核者进行沟通，帮助其制定完成计划，并时刻关注辅导，随时修正其偏离的行为。考核的具体实施周期根据职务不同略有区别，一般管理层结果目标的考核以一年为一个单位，这期间也可以做几次综合评定，来帮助被考核者及时修正，以最后保证完成经营指标、行为模式等方面的目标。如果期间确实偏离目标过大，需要即时做出处理来保证最后公司目标的实现。

2. 考核办法

物业服务企业员工考评的办法一般采用定性考核法和定量考核法。

定性考核法主要包括采用个人述职、群众考评、组织谈话、上级评定等方式进行，一般从"德"、"能"、"勤"、"绩"四个方面组织考核。

定量考核法主要通过对被考核人所管部门、承担职责、工作完成情况进行指标分解，以量化指标进行考核。

定性考核和定量考核不是孤立的，而是应相互结合综合评定。可以对考核指标要进行科学的分档，并根据职务不同来设定相应的权重，最后综合为被考评者打分，考核的结果是通过工资、奖金、福利、机会、职位的调整来进行回报。

同时，针对企业不同层级可采用不同的方法进行考核。

（1）管理层考核

在全员绩效管理当中，管理层和操作层的员工因其承担的管理工作职责不同，是作为不同的绩效对象来分别对待的，在项目管理中，项目经理一般是作为管理层被公司考核，其对公司经营管理的结果负有较为综合的责任和影响力。对其考核也比较独立，能够以量化的指标比如利润、收费率、客户满意度来作为指标体系，采用定量和定性相结合的绩效评估方式。一般考核的是结果目标。

（2）操作层员工考核

操作层员工主要是考核其能否完成上级安排和指定的工作，工作内容以熟练操作为准，内容较为单一，创造性的工作较少，且上下沟通频繁，有时候难以量化其业绩指标设定，对应这样的工作特点，对普通员工的考核则应着重考核其业务能力、执行力、沟通协作能力、敬业精神、责任意识等工作过程的行为能力的评估。对基层员工大多考核的是行为目标。

需要特别注意的是，考核不是目的，是激励的手段。考核的真正目的是促进绩效改进以及提高员工的素质和能力，进而通过确定一个合理的激励机制充分的发挥绩效考核的实际效果。

实 践 练 习

制定科学合理的员工培训方案。

11 物业项目服务费用的测算

11.1 住宅小区物业服务费用

11.1.1 物业服务收费定价形式

1. 政府指导价

政府指导价是一种政策性价格形式,是由有定价权限的人民政府价格主管部门会同房地产行政主管部门根据物业管理服务等级标准等因素,制定相应的基准价及其浮动幅度,定期公布。具体收费标准由业主与物业服务企业根据规定的基准价和浮动幅度在物业服务合同中约定。政府指导价主要适用于廉租和普通住宅物业服务定价。

2. 市场调节价

市场调节价是指物业管理服务收费标准由物业服务企业与业主委员会或产权人代表、使用人代表共同协商在物业服务合同中约定物业服务收费,然后将收费标准和收费项目向当地物价部门报告备案的一种价格形式。这种定价形式充分尊重、发挥市场的调节作用,适用于高档物业、物业管理市场发育比较成熟地区以及业主主体作用发挥较好的物业区域的物业服务定价。

11.1.2 物业服务费的计费方式

2004年1月实施的《物业服务收费管理办法》针对公共服务性收费规定了两种计费方式。

1. 包干制

包干制是指由业主向物业服务企业支付固定物业服务费用,盈余或者亏损均由物业服务企业享有或者承担的物业服务计费方式。

实行物业服务费用包干制的,物业服务费的构成包括物业服务成本、法定税费和物业管理企业的利润。在此种计费方式下,物业服务企业的报价就是包含企业利润的固定总价,企业一旦中标或签订合同,合同价格不会因环境的变化和材料的价格变化等因素发生变化。由于这种合同价格一般不会再进行调整,故对业主而言比较简便,也不承担风险,深受他们欢迎。但对物业服务企业来说,由于未知因素很多,导致风险很大,因而在计算报价时以增大费用的方式提高报价,以降低风险,反过来是业主承担了较高的费用支出。

目前包干制在普通住宅小区物业服务费的测算中用得较多。

2. 酬金制

酬金制是指在预收的物业服务资金中按约定比例或者约定数额提取酬金支付给物业服务企业,其余全部用于物业服务合同约定的支出,结余或者不足均由业主享有或者承担的物业服务计费方式。

采用这种计费方式,物业服务企业的报价就是包含了酬金的预收物业服务成本(即包括物业服务支出和物业服务企业的酬金）。此种计费方式与包干制最大的不同是物业服务企业与业主签订的是成本加酬金合同，预收的物业服务资金除酬金外，所有权均属于业主，一方面能够保证预收的物业服务费能够全部用于物业管理，业主明明白白消费；另一方面对提高服务质量、降低物业服务费有一定积极作用，另外，因预收的物业服务费结余或不足均由业主享有或承担，在一定程度上也减少了物业服务企业的风险。对业主来说，在分担了物业服务企业不可抗力风险的同时，对今后如何监管资金支出以及如何约束物业服务企业不突破预算均提出了新的挑战。

以酬金制方式核算物业服务费时，应按该物业的硬件条件及服务方式、内容作出年度支出预算，再加上物业服务企业的酬金，按建筑面积分摊，如果年终决算出现盈余，则转入下一年使用；如果年终决算时出现亏损，则应予以调整补充。这种核算方法也称实报实销加酬金制，适用于高档物业如涉外公寓、别墅等。

11.1.3 物业服务费的构成

业主与物业服务企业对物业服务计费方式的不同选择，将导致物业服务费用构成的不同和计算上的差异。实行包干制计费的，物业服务费用的构成包括物业服务成本、法定税费和物业管理企业的利润。实行酬金制计费的，预收的物业服务费包括物业服务支出和物业服务企业的酬金。以下以天津为例。

1. 物业服务成本或者物业服务支出的构成包括以下几个部分

管理服务人员的工资、社会保险和按规定提取的福利费等；

物业共用部位、共用设施设备的日常运行、维护费用；

物业管理区域清洁卫生费用；

物业管理区域绿化养护费用；

物业管理区域秩序维护费用；

办公费用（包括管理费分摊）；

物业管理企业固定资产折旧；

物业共用部位、共用设施设备及公众责任保险费用；

电梯及增压水泵日常运行维护费用；

经业主大会同意的其他费用；

利润和税金。

以上物业管理区域指的是物业管理的公共区域。

物业共用部位、共用设施设备的大修、中修和更新、改造费用，应当通过专项维修资金予以列支，不得计入物业服务支出或者物业服务成本。

物业服务企业应当向业主大会或全体业主公布物业服务资金年度预决算并每年不少于一次公布物业服务资金的收支情况。

业主或业主大会对公布的物业服务资金年度预决算和物业服务资金的收支情况提出质询时，物业服务企业应当及时答复。物业服务收费采取酬金制方式，物业服务企业或业主大会可以按照物业服务合同约定聘请专业机构对物业服务资金年度预决算和物业服务资金的收支情况进行审计。

2. 物业服务成本或者物业服务支出的构成说明

（1）管理人员费用，指物业服务经营者按规定发放给在物业服务小区从事管理工作的人员工资及按规定提取的福利费、缴纳的各项社会保障费。此处所称社会保障费，是指根据国家有关制度规定应当缴纳的养老、医疗、失业、工伤、生育保险和住房公积金等。

（2）物业共用部位、共用设施设备日常运行及维护费，指为保障物业管理区域内消防、排污、监控、道路、照明等共用部位的正常运转、维护保养所需的日常运行费用和相应专业人员的工资、福利、社会保障费等，不包括保修期内的维修费、应由物业维修专项资金支出的中修、大修和更新、改造费用。

（3）绿化养护费，指管理、养护绿化设施的费用，包括绿化工具购置费、劳保用品、农药化肥费、补苗费、绿化用水和相应专业人员的工资、福利、社会保障费等。不包括开发企业支付的种苗种植费和前期维护费。

（4）清洁卫生费，指公共区域卫生打扫、经常性的保洁所需费用，包括购置工具、劳保用品、消毒费、化粪池清理、清洁用料、垃圾清运、环卫所需费用和相应专业人员的工资、福利、社会保障费等。

（5）秩序维护费，包括器材装备费、秩序维护人员人身保险费、由物业服务企业支付的秩序维护员服装费和相应专业人员的工资、福利、社会保障费等。

（6）物业共用部位、共用设施设备及公众责任保险费用，指物业服务经营者为小区办理物业共用部位、共用设施设备及公众责任保险所支付的保险费用，以物业服务经营者与保险公司签订的保险单和所交纳的保险费为准。

（7）电梯及增压水泵日常运行维护费，指为维护电梯及增压水泵正常运行而发生的电费等日常运行、维修费和相应专业人员的工资、福利费、社会保障费等，不包括保修期内的维修费以及应由物业维修专项资金支出的中修、大修和更新、改造费用。

（8）办公费，指物业服务企业为维护服务小区正常的物业管理活动而用于办公所需的费用，包括办公用品费、交通费、水电费、供暖费、通信费、书报费、管理费分摊、财务费用等其他费用。

（9）管理费分摊，指上级物业服务经营者分摊的管理费用。

（10）固定资产折旧费，指按规定折旧方法计提的物业服务固定资产的折旧金额。物业服务固定资产指在物业服务小区内、由物业服务经营者拥有的、与物业服务直接相关的使用年限在一年以上的资产，包括交通工具、通信设备、办公设备、工具维修设备及其他设备等。不属于物业服务主要设备的物品，单位价值在 2000 元以上，并且使用期限超过两年的，也应当作为固定资产。

（11）经业主大会同意的其他费用，指按规定程序，经业主大会同意由物业服务费开支的费用。

11.1.4 物业服务费的测算方法

1. 居住性物业服务各项费用的测算（参考细目）

$$V = \Sigma V_i (i = 1, 2, 3 \cdots\cdots n)$$

V——求得的物业服务费标准[元/（平方米·年）或元/（平方米·月）]；

V_i——各分项收费标准[元/（平方米·年）或元/（平方米·月）]

（1）管理服务人员的工资、社会保险和按规定提取的福利费（V_1）

该项费用是用于物业服务企业的人员费用，其取决于两个因素，一个是计划期内所需聘用的日常管理服务人员数；另一个是计划期内所需聘用的日常管理服务人员的报酬。

计划期内所需聘用的日常管理服务人员的来源一般有三种途径：

本企业职工。这部分人员是骨干力量，要根据本企业现有可供调配使用人员的数量、技术水平、技术等级以及目标物业的特点，确定各专业应派的管理服务人员的人数和工种比例。

外聘技工。主要解决短缺的具有特殊技术和特殊要求的技术人员。该部分人员工资水平较高，所以人员不宜多。

从当地劳务市场招聘的服务人员或劳工。这部分人员一般属于劳动密集型工人，且工资较低。

上述三种人员构成比例和数量应根据目标物业的档次、类型和建筑面积等特点、对管理服务人员的要求和技能水平等来确定，然后再确定各自的工资标准，并计算出工资总额。

计划期内所需聘用的日常管理服务人员的报酬，包括基本工资、"五险一金"、法定休假和节假日工资、加班费和服装费等，其中基本工资、按规定提取的工会经费、教育经费、"五险一金"等是国家法律强制规定实施、人均工资必须包含的且不得低于国家规定标准。该费用不包括管理、服务人员的奖金，奖金应根据企业经营管理的经济效益，从盈利中提取。

该项费用测算公式可表述为：

$$V_1 = F_i/S \ (i = 1,2,3,4) [元/(月·平方米)]$$

式中　F_1——基本工资（元/月），各类管理、服务人员的基本工资标准根据企业性质、参考当地平均工资水平确定；

F_2——按规定提取的福利费（元/月），包括工会经费（按工资总额的2%计算）、教育经费（按工资总额的1.5%计算）、社会保险（包括医疗、工伤、养老、失业、生育、住房公积金等）；

F_3——加班费（元/月），计算公式为：加班天数×日平均工资，日平均工资按每月22天工作日计算；

F_4——服装费（元/月），其标准由企业自定，一般不超过中档标准。年服装费总额除以12后即得到月服装费；

S——表示可分摊费用的建筑面积之和（m^2）。

（2）物业共用部位、共用设施设备的日常运行、维护费用（V_2）

该费用不包括业主房产内部的各种设备设施运行、保养、维护费，由业主自身支付；公共设施设备大修、中修费用，由维修资金支付。

高层楼房电梯和高压水泵（消防、供水）的运行、保养与维修费用按国家和当地的规定与标准另行收取（即梯泵费，该费用如与物业服务费合一收取，业主一旦拒交物业服务费，梯泵费也就拒交了，但梯泵还要运行，因此其要与物业服务费分开收取）。

$$V_2 = \Sigma F_i/S \ (i = 1,2\cdots\cdots 6) [元/(月·平方米)]$$

式中　F_1——公共照明系统的电费和维修费，具体计算见下详述；

　　　F_2——给水排水设施（给水泵（可包括生活水泵）、排污泵（包括集水井排水泵、污水处理排水泵））的日常运行、维修及保养费用，具体计算见下详述；

　　　F_3——配供电系统设备维修费、检测费（元/月），可根据历史资料或经验数据测算；

　　　F_4——消防系统（包括消防蓄水池泵、喷淋泵、消火栓泵以及其他设施等）设备维修费、检测费（元/月）；

　　　F_5——公共建筑、道路维修费（元/月），可根据历史资料或经验数据测算；

　　　F_6——不可预见费（可按前五项 $F_1 \sim F_5$ 的 8%～10%计算）。

1) F_1 电费计算：$(\Sigma W_i \times T_i) \times 30 \times PE$，（元/月）$(i = 1, 2, 3 \cdots \cdots n)$

式中　W_i——表示每日开启时间为 T_i（小时）的照明电器功率（千瓦·小时）；

　　　T_i——表示每日开启时间（小时）；

　　　30——代表每月测算的天数；

　　　PE——表示电费单价（元/kW）。

2) F_1 维修费：这是一个估算的经验值，一般按照当地的工资水平费用和使用的零配件、进货的价格来测算；

3) F_2 电费计算：$W \times 24 \times I \times 30 \times PE$（元/月）

式中　W——电机总功率；

　　　24——每天的小时数；

　　　I——代表使用系数，$I = $ 平均每天开启小时数/24；

　　　30——每月的天数；

　　　PE——表示电费单价（元/kW）。

4) F_2 维修费（元/月），可根据历史资料或经验数据测算。

5) 电梯费用

①电费测算：$n \times W \times 24 \times I \times 30 \times PE$，（元/月）

式中　n——电梯台数；

　　　W——电梯功率；

　　　24——每天的小时数；

　　　I——电梯使用系数，由于不同类型物业的电梯使用时间和频率不同，会产生差异，一般可通过统计的方法进行估算；

　　　30——每月的天数；

　　　PE——电费单价（元/kW）。

②维修费（元/月），可分包给电梯专业的维修公司，也可自行维修（包括人工费、材料费）；

③年检费（元/月）。按规定执行。

费用项 $F_1 \sim F_5$ 并非固定项目，不同物业项目不一，不能机械套用。以下各项也是如此。

6) 高压水泵费用

①电费测算：$n \times W \times 24 \times I \times 30 \times PE$（元/月）

式中 n——高压水泵台数；

W——高压水泵功率；

24——每天的小时数；

I——高压水泵使用系数，由于不同类型物业会产生差异，一般可通过统计的方法进行估算；

30——每月的天数；

PE——表示电费单价（元/kW）。

② 维修费（元/月）。

(3) 物业管理区域清洁卫生费用（V_3）

清洁卫生费用包括楼宇内公共楼道在内的公共地方和部位的卫生清洁及经常性的保洁所发生的费用。

该费用的测算公式：

$$V_3 = \Sigma F_i / S \, (i = 1,2\cdots\cdots 6) \, [元/(月·平方米)]$$

式中 F_1——垃圾清运费（元/月）；

F_2——清洁机械、工具、材料用品消耗费，按价值和使用年限折算出每月的数值（元/月）；

F_3——卫生防疫消杀费（元/月）；

F_4——化粪池清理费（元/月）；

F_5——劳保用品费（元/月）；

F_6——其他费用（元/月）。

(4) 物业管理区域绿化养护费用（V_4）

该费用测算公式：

$$V_4 = \Sigma F_i / S \, (i = 1,2\cdots\cdots 6) \, [元/(月·平方米)]$$

式中 F_1——绿化工具费（元/月）；

F_2——绿化机具维修、损耗、用油费（元/月）；

F_3——保养、修剪、施肥、除草、喷药等材料费（元/月）；

F_4——绿化用水电费（元/月）；

F_5——园林景观再造费（元/月）；

F_6——劳保用品费（元/月）。

(5) 物业管理公共区域秩序维护费用（V_5）

该费用测算公式：

$$V_5 = \Sigma F_i / S \, (i = 1,2,3,4) \, [元/月·平方米]$$

式中 F_1——保安器材装备费（元/月）。包括对讲机、电池、手电筒、警棍、110报警联网等；

F_2——保安器材日常运行电费、维护维修费（元/月）；

F_3——保安用房及保安人员住房租金（元/月）；

F_4——保安人员人身保险费（元/月）。

(6) 办公费用（V_6）

该项费用测算公式：

$$V_6 = \Sigma F_i/S \ (i = 1,2,3,4,5,6,7,8) [元/(月·平方米)]$$

常用全年的费用预算来折算出每月费用，即全年费用除以 12 个月。

式中　F_1——交通、通信费用（元/月）；

　　　F_2——文具、办公用品等低值易耗品费（元/月）；

　　　F_3——书报费（元/月）；

　　　F_4——节日装饰费（元/月）；

　　　F_5——公共关系费、接待费（元/月）；

　　　F_6——办公水电费（元/月）；

　　　F_7——宣传广告社区文化费（元/月）；

　　　F_8——其他费用（元/月）。

（7）物业服务企业固定资产折旧费（V_7）

固定资产指使用期限较长，单位价值较高，在使用中保持原有实物形态的资产。在物业服务企业中，凡单价在 200 元以上的一般设备，单价在 500 元以上的专用设备，其耐用年限在一年以上的，均列为固定资产。不满足上述金额条件而耐用年限在一年以上的设备，也列为固定资产。物业服务企业拥有的各类固定资产应按其总额每月提取折旧费用，包括交通工具、通信设备、办公设备、工程维修设备、闭路监控、家具等。

折旧的求取方法很多，如，平均年限法、年数总和法、双倍余额递减法。其中，平均年限法是最简单的和应用最广的方法，计算时可按实际拥有的上述各项固定资产总额除以平均折旧年限（因各固定资产使用年限不同），再分摊到每月每平方米建筑面积。计算公式为：

$$V_7 = C(1-R)/12YS \ [元/(月·平方米)]$$

式中　C——固定资产原值；

　　　R——净残值率；

　　　12——一年中的 12 个月；

　　　Y——平均折旧年限；

　　　S——可分摊费用的建筑面积之和。

值得注意的是，这里的固定资产应主要是直接用于该项目服务的固定资产。

（8）物业共用部位、共用设施设备及公众责任保险费用（V_8）

一般来说，物业类别可以分为住宅物业、收益性物业、工业物业、公共设施物业等。其中对住宅物业、收益性物业、公共设施物业的主推险种为物业管理责任险、办公室综合保险或财产保险，相关险种为公众责任险、雇主责任险、电梯责任险、餐饮场所责任险、机动车辆停车场责任险、团体人身意外伤害保险等。

面对众多保险，《物业服务收费管理办法》规定只能是物业共用部位、共用设施设备及公众责任保险费用可计入物业服务费用中。其中物业共用部位、共用设施设备保险费用是指为了减少自然灾害和意外事故对物业共用部位、共用设施设备造成损害的风险由物业服务企业支付的保险费用。公众责任保险费用是指为了减少由物业服务企业负责管理、维护的公共设施设备由于管理的疏忽或过失造成第三者人身伤亡或财产损失的风险而支付的保险费用，如第三者在小区游泳池溺水、物业区域内运动设施由于失修或其他原因伤人等。

物业共用部位、共用设施设备及公众责任保险费用，根据物业服务企业与保险公司签订的保险单和缴纳的年保险费按照房屋建筑面积比例分摊。物业服务企业收费时，应将保险单和保险费发票公示。此项保险费是一项新的收费内容，将成为今后费用支出的一项。按照相关规定物业服务企业代替业主缴纳上述保险费。

物业服务企业在确定保险费用时，首先要选择好险种（由物业的类型、使用性质决定），同时也要考虑业主的意愿和承受能力。业主如有异议，则必须经过业主大会讨论决定，并形成文件。

保险费的计算公式：

$$V_8 = (E \times f)/S_1$$

式中　E——投保总金额；

　　　f——保险费率；

　　　S_1——保险受惠物业的总面积。

物业服务企业必须对住宅物业区内水、电、电梯等设施设备投财产保险、相关责任保险（如电梯责任保险）、公众责任险。保费按保险受惠物业总建筑面积分摊。

(9) 经业主大会同意的其他费用（V_9）

该项是指业主大会同意的全体业主均能受惠的必要的服务费用。

(10) 利润（V_{10}）

利润是企业追求的目标，企业一切经营活动都是围绕着创造利润进行的。利润是企业扩大再生产、增添设备的基础，也是企业实行经济核算、自负盈亏的市场竞争主体的前提和保证。物业服务企业无论是采取包干制还是酬金制，合理确定利润水平（利润率）对企业的生存发展至关重要。

按照目前国内流行做法，利润率应是实际发生服务费用的 5%～15% 之间。

利润计算公式：

$$V_{11} = (\Sigma V_i) \times a/S \ (i = 1,2\cdots\cdots 9) \ [元/(月 \cdot 平方米)]$$

式中　a——行业利润率。

(11) 法定税费（V_{11}）

按现行税法，物业服务企业属服务业，上缴的税金包括：

1) 按营业额缴纳营业税，税率为 5%。
2) 按营业税税额的 7% 计征城市建设维护税。
3) 按营业税税额的 3% 计征教育费附加。
4) 按营业税税额的 1% 计征防洪事业费（天津市按 1% 征收，全国各地各异）。

合计总营业额的 5.55%。

总之，在测算费用时，要根据物业项目的实际情况，找准费用项目，不能重复计算，也不能漏算，使之尽可能地接近实际。

2. 非住宅物业项目物业服务费的测算

非住宅物业项目一般指的是除住宅项目以外的写字楼、工业厂房、仓库、学校、医院、机场、车站、码头等非住宅项目。

在测算这类项目的物业服务费用时，按照《物业管理条例》、《物业服务收费管理办法》等法规的规定，可参照住宅物业服务费的测算方法来测算服务费用。

除上述居住性物业服务各项费用包含的内容以外，还要根据非住宅的特点增加相应的费用测算。

（1）公共卫生间的清洁费用

如水费、洗手液、护手霜、大盘纸（毛巾）、卫生纸、清洁剂、除味剂等。

（2）设施设备物业服务费用

1）水泵费用

① 电费测算： $n \times W \times 24 \times I \times 30 \times PE$

式中　n——水泵台数；

　　　W——水泵功率；

　　　24——每天的小时数；

　　　I——水泵使用系数，由于不同类型物业会产生差异，一般可通过统计的方法进行估算；

　　　30——每月的天数；

　　　PE——电费单价（元/kW）。

② 维修费

③ 生活水箱清洗费

④ 生活用水泵管道保养费

2）电梯维护保养费、年检费

① 电费测算： $n \times W \times 24 \times I \times 30 \times PE$

式中　n——电梯台数；

　　　W——电梯功率；

　　　24——每天的小时数；

　　　I——电梯使用系数，由于不同类型物业电梯使用时间和频率不同，会产生差异，一般可通过统计的方法进行估算；

　　　30——每月的天数；

　　　PE——电费单价（元/kW）。

② 维修费

③ 年检费

④ 电梯运行费、维护保养费

⑤ 电梯照明运行费、维护保养费

⑥ 电梯排风运行费、维护保养费

⑦ 电梯机房空调运行费、维护保养费

（3）消防系统维修、养护、检测

1）主机、声光、广播、烟感、排烟、手报电话、主泵等

2）消检、电检、消防设备检测，电气设备使用检测

3）消防稳压泵电费

4）喷淋系统补水费

（4）安防系统维修、养护、检测

如监控系统、入侵报警系统、出入口监控系统、楼宇对讲系统、电子巡更系统、停车场系统等的维护、保养、维修、更换、检测费用以及运行费用。

(5) 避雷系统检测

(6) 空调、供暖、通风系统维护费

如清洗、养护、维修保养费用以及运行费用。

(7) 电视维护费

机房设备及线路维护、电视机房空调电费等。

(8) 天然气系统维护保养费用

包括天然气报警系统维护保养费、天然气报警器维修更换费、天然气管道安全检查费。

(9) 能源费

主要涉及水费、电费、采暖费。

(10) 停车场的管理费用

包括人工费、清洁费、设备维护费、道路维护费以及能源费等。

11.2 项目的成本控制

物业项目的成本控制贯穿在项目成本费用管理的全过程,起着指导作用,也是项目成本管理的根本目的。项目成本控制又是全过程的控制,物业管理项目在制定出自己的年度物耗和费用收缴等计划之后,必须在实施过程中进行月度、季度的检查分析,提出改进提高的意见和控制措施,保证成本费用指标的实现。

物业管理项目在降低和控制物业管理成本时必须从两个方面着手,一方面加强企业内部的管理,减少运营成本,这是微观的层面;另一方面要从宏观上把握企业的经营战略,这是保持自己核心竞争力的关键。

11.2.1 物业管理项目成本控制的途径

物业管理项目成本控制主要有三条途径:

1. 固定成本费用

物业服务企业的性质决定了其成本费用主要是人力资源支出。在固定成本费用组成中,工资是不可忽视的重要部分。合理、有效地设置项目职能部门及管理人员岗位,是降低物业管理项目固定成本切实有效的方法和手段。职能部门的设置,应以精干、高效为宜,机构庞大、人员冗杂不但增加成本,还会增加内耗。

2. 管理费用

主要是指管理过程所发生的费用。主要包括:办公用品费、交通费、水电费、供暖费、通信费、书报费、财务费用和管理费分摊等费用。物业项目应按照管理的规模进行合理控制,该花的钱要花到位,不该花的钱坚决不花。

3. 变动成本

变动成本主要是操作层服务人员的工资,在物业管理项目成本核算中占的比例最大。

11.2.2 如何控制好成本费用

1. 物业管理应早期介入

物业管理项目处在物业的规划设计及建设阶段应提早介入。站在使用者的角度，改进和完善物业的设计，监督施工质量，有利于完善物业的使用功能，也有利于工作开展，提高工作效率和工作质量，从而降低使用、维修成本，提高经济效益。

2. 部分项目实行专业分包服务

将部分项目发包给专业公司，例如：将清洁卫生这一技术含量较低，利润率不高的项目发包给社会上的专业清洗公司，公司在清洁卫生方面能够提供比物业服务企业更加优质的服务，而且成本会更低，这样管理费用也会降低。

3. 全面节约各项费用

建立行之有效的奖惩制度，奖励节约，惩罚铺张浪费行为。要求每位员工都要有节约意识，物品实施以旧换新，修旧利废，综合利用。尤其对水费、电费、电话费等方面加以控制，在财务报销上严格把关，严格控制打车费、餐饮费等费用，确保"一支笔"的财务报销制度。

4. 完善采购招标管理制度

较大的物业管理项目每年办公用品、保洁用品、维修配件、员工服装等采购费用，少则几十万，大到几百万，因此必须加强材料的计划、采购、验收、领用、消耗等各环节的管理。一是深入了解市场行情，掌握市场动态，货比多家，比质量、比价格、比服务，依据施工计划，制定最佳采购计划；必须加强实行招标定点采购，这样可杜绝"暗箱操作"，从而大大降低成本。

5. 充分利用物业资源，开展多种经营进行创收

物业管理项目部不仅要会省钱，还得会赚钱。除去物业管理公共服务外，要广泛开展多种经营，针对客户的需求，开动脑筋，比如说家政服务，这既方便了业主又增加了收入。

6. 合理定编定岗，整合资源

对照物业管理委托合同，甲方的要求，物业的特点等因素合理定人定岗。按因事设岗的原则，工作延伸，综合利用，提高人均管理面积，并通过招聘一专多能型人才，同时在企业内部培养一专多能型人才，使员工队伍精干，并在企业内部通过新员工的培训，使新员工能熟练掌握各岗业务，从而提高工作效率。也可通过"1拖N"管理模式，由一个管理成熟的大型小区向周边几个小区辐射，实现管理人员的共享。对大型绿化、维修设备，甚至车辆管理等，可由几个管理处综合利用，资源共享，从而降低管理成本。

7. 努力实现规模经营

通过提高品牌含金量，提高资质等级，提高社会信誉度，提高服务质量，扩大市场竞争力，不断承接一些面积大、综合质量优的物业，提高规模效益，面积增加后也能不断降低单位管理成本，同时由劳动密集向知识密集转型，依靠自身的技术实务和专业化运作方式，努力形成一定的产业规模。

8. 智能化管理降低成本

借助物业管理小区智能化社区发展的新趋势，以IC卡等技术为核心，实现对业主用水、用电、用气及物业服务费、停车费等其他会费项目管理的新模式。还可利用先进的电视监控安防系统对小区的主要出入口、道路、公共场所进行监控，从而降低人工费用，达到降低成本的目的。

实　践　练　习

根据某项目进行物业服务费用的测算练习。

12 物业项目的管理方案

12.1 制定物业管理方案的一般程序

一个项目的管理方案,是在充分了解项目设计规划的基础上,通过对项目的环境和客户群体的调查,结合物业管理的常用管理手段,将物业管理服务的定位和管理思路在一个方案中体现出来。制定物业管理方案的一般程序为:

(1) 组织经营、管理、技术、财务人员参与物业管理方案的制订;
(2) 对招标物业项目的基本情况进行分析,收集相关信息及资料;
(3) 根据招标文件规定的需求内容进行分工、协作;
(4) 确定组织架构和人员配置;
(5) 根据物业资料及设备设施技术参数、组织架构及人员配置情况、市场信息、管理经验等情况,详细测算物业管理成本;
(6) 根据招标文件规定的物业管理需求内容制定详细的操作方案;
(7) 测算物业服务费用(合同总价和单价);
(8) 对拟定的物业管理方案进行审核、校对、调整;
(9) 排版、印刷、装帧。

12.2 物业管理方案的要点及方法

12.2.1 物业项目介绍和分析

1. 项目介绍

在物业项目的介绍中,首先应着重研究项目的规划指标,其中包含项目所在区域,四至范围,项目的建筑面积、容积率、绿化率等各项指标。还要充分与项目的设计师沟通,全面理解项目的设计理念。并且全面地与客户沟通,了解被服务人员年龄结构、教育情况、从业情况及大致的收入水平,通过访谈和问卷调查充分了解业主对物业管理服务的需求。

2. 项目分析

项目的分析应全方位地综合进行,通过对项目的规划分析,可以更好地了解项目的建筑性能,对设施设备的服务有很大的帮助,再通过对客户人群及其需求进行分析,可以更好地确定服务内容,对项目的周边环境进行分析,可以更好地有针对性地加强类似安全防范、特约服务等内容。

12.2.2 物业项目的管理服务范围

物业管理服务大致分为常规服务、专项服务和特约服务。一般把一个项目当中对所有的物业和物业使用人提供的服务称为常规服务。常见的就是客户服务、安全秩序维护服务、设施设备运行保养服务、环境保护服务。在常规服务之外，还有一些只对项目当中特定区域提供服务的专项服务，比较常见的如电梯的运行保养，在部分多业态小区中既有高层也有多层，还有商业共存，那么不同的业态的服务范围会有所不同。除此之外，还会对一些个体业主提出的单独需求提供特约服务。不同的服务对应着不同的收费标准，一般在行业规定中，综合物业服务费就是指常规服务的取费，专项服务费用是在综合管理取费的基础上另行计算，如高层的机电设施设备维护费等。特约服务费一般由双方约定。

在实际操作中我们经常碰到的情况就是业主和管理者对物业管理者服务范围纠缠不清，造成的结果就是管理者应该做的事情不做，而很多属于特约服务的内容却被部分业主要求成为物业管理的日常工作。造成管理资源的不合理分配，也难以达到管理上的对全体业主的公平。其实作为一个项目的管理者，严格的物业服务范围应该是按照业主和物业公司签订的物业服务合同上面所约定的服务内容为准。

12.2.3 物业项目服务的质量标准

物业服务企业是一个服务型的企业，其所提供的产品有别于制造业，也就是把我们的服务作为商品呈现在业主面前，由于其服务合同有其特殊性，面向服务的群体也是有别于其他商品是面向的大众，消费群体在短期内还不能单独地排斥这样的服务，所以比较容易带来复杂的服务消费纠纷。所以在合同期间如何来衡量服务质量的好坏，确实是一个比较棘手的问题。但其基本原则应该是质价相符的服务，其中的评判标准在客户群体心中应该是以满意度和信誉度作为一个衡量的标准，为了更好地把握行业服务，避免更多的物业纠纷，政府行政主管部门也在做一些相应的工作来尽量地统一此标准，根据物业服务收费标准也对应了相应的服务内容和标准，其标准将物业项目当中的常规服务内容都尽可能地做量化的分解，以求最大限度地保证物业服务企业和业主的双方利益。

12.2.4 物业项目的整体实施方案

作为一个物业项目的实施方案，应首先确立一个清晰的管理思路，然后依照思路按步骤来体现相关的制度和流程。

从一个项目的管理思路来考虑应从以下几个方面来制订方案。

1. 部门架构和人员配置

首先应明确项目的管理范围和内容，依照物业行业的惯例做好组织机构的设立和部门的配置，再依据服务内容和标准以及管理承诺，来配备相应的人员编制。人员编制应符合合理、精干、专业的基本原则，不能机构臃肿，人浮于事，也不能盲目地为降低成本，造成人员编制紧张，出现管理盲区的局面。

2. 岗位职责

对应着人员的编制，必然就有岗位职责的出现，岗位职责的确定应结合项目的实际情况，将岗位的工作内容明确在职责之中，尤其是项目的工作难免会出现人员并岗和兼职的出现，那么必然要将不同的工作安排在同一人员编制之中，那么一个明晰的岗位职责内容就能够把工作安排得比较扎实。

3. 工作交叉与协作

在物业管理中，对应着不同的岗位职责的工作内容，也必然会有工作的交叉和协作，工作中各部门和岗位的交接就是一个比较容易出问题的环节，那么在编制方案的时候也要充分考虑此因素。一般会把独立的一个工作环节设计出一个流程，如承接验收流程、业主入伙流程、装修管理流程、紧急情况处理流程等，在流程的设计中，应多遵循质量管理体系文件中的要素来制定，增加流程的预见性和可追溯性。在流程中把控各个环节点，把每个流程设计都置于管理者的可控之下。

4. 管理制度的制定

为了保障员工的努力工作和流程的实施，在管理方案之中都会有相应的规章制度保障，制度常见的分为人事管理制度、财务管理制度、以及相关的专业管理制度（如监控室管理制度、配电室管理制度等），制度的制定一定要严格遵照国家或者行业的法律法规，在一些内部制度上遵从物业服务企业的统一的标准，再结合项目的实际情况来做出其他相应制度的补充。在一些特种行业或者国家有明文规定的行业，要遵从其行业规定。

质量记录表格是公司整体管理的一个最直观的体现，也是管理者能够充分把控项目运转的必备文件，按照 ISO 质量认证体系，记录表格应配合流程制定，应适当并要求员工按照要求填写，一定时期归档备查。

5. 其他

内部管理方案完成后，还有部分对业主的外部文件需要在对项目分析的基础上完成，如项目的住户手册、停车场的管理办法、特约服务的实行规定等。在编制此类方案时候应在一定的原则性基础上，有充分的灵活性。

在编制物业实务操作方案中，还应着重编写客户关系处理方案，财务管理方案以及档案管理方案。

方案对管理当中的不同阶段也会有相对不同的管理重点和时间表，在前期更加关注的是项目的承接验收和管理队伍的建立，以及管理用房的安排和物品的采购。入住期间更多的流程侧重于加强与发展商售后的沟通，加快业主问题的解决。装修期间对公共区域的看护和业主装修方案中的双告知责任，避免后期出现不必要的纠纷。在后期管理中方案就会相应的更加全面，更加贴近客户关系的维系，以及在服务过程中减少系统风险。

一个合理的方案具有系统性和可操作性，但方案终归是前期对物业项目的一个预期管理，难免会有很多不足之处，所以在方案编制中应有其开放性，方便后期管理中随时进行补充和完善。

通过对以上要点的介绍，我们可以讲物业管理方案的内容分为以下几个部分：

(1) 管理制度的制定

(2) 档案的建立与管理

(3) 人员培训及管理

(4) 早期介入和前期物业管理阶段的招标内容

(5) 常规物业管理服务综述

(6) 管理指标

(7) 物资装备

(8) 工作计划

实 践 练 习

1. 物业管理方案与物业管理投标文件的区别。
2. 编制物业管理方案。

13 物业项目竞标

物业管理市场竞标流程：

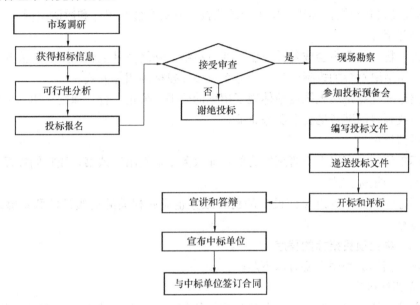

物业管理作为一个新兴行业，伴随着改革开放进入国内。从20世纪80年代初，深圳市第一家物业服务公司的成立到今天，经过二十多年的发展，中国物业管理从无到有，由小到大，从沿海经济较发达地区到中西部偏远地区，覆盖了全国大中城市。

作为房地产业的细分行业——物业管理，其发展初期的管理模式是"谁开发，谁管理"，这在当时的环境和条件下对物业管理这一新兴行业的发展是有着一定的进步作用和推动意义的。随着物业管理行业的发展，物业管理企业的发展、壮大，原有运作模式的弊端初露端倪。

1994年，为适应物业行业的发展，深圳"莲花北村"举行了物业管理权的内部竞标，开创了我国物业管理竞标的先河。

1996年，深圳鹿丹村物业管理公开竞标，进而扩大和深化物业管理市场竞争。

2003年天津市物业管理招投标服务中心挂牌开业，成为全国首家物业项目全部实行招投标的城市，物业管理招投标服务中心正式成立至2007年，全市通过物业管理项目市场竞标获得管理权的面积累计达到1.2亿建筑平方米。至此，物业管理项目市场竞标进入了一个新的发展时期。

13.1 物业项目招标

13.1.1 物业项目招标概述

1. 基本概念

物业项目招标是物业管理的需方——物业的业主、业主大会或开发建设单位,采取市场竞争手段找到自己满意的物业管理的供方——物业服务企业。

2. 物业项目招标的方式

《中华人民共和国招投标法》中确定的招投标方式有公开招标和邀请招标。

(1) 公开招标

招标人(物业的业主会或建设单位)通过报纸、网络及其他新闻渠道,公开发布招标信息公告,邀请愿意参加投标的物业服务企业参加投标的招标方式。

公开招标的优点是最大限度地体现了招标的公平、公正、合理原则,招标单位可以通过市场竞争找到自己满意的物业服务企业。

(2) 邀请招标

由招标单位向 3 家以上有管理能力的物业服务企业发出邀请书,让它们投标,分别议标,最后授标的招标方式。

邀请招标的优点是可以保证投标的物业服务企业有相关的资质条件和足够的管理经验,信誉可靠。

13.1.2 物业项目招标的程序

物业项目招标的程序主要有以下步骤:

1. 成立招标机构

招标单位在招标之前要成立物业项目招标机构,一是招标人自行组织成立招标机构,二是招标人委托招标代理机构招标。中华人民共和国《招标投标法》第十二条规定,"招标人有权自行选择招标代理机构,委托其办理招标事宜。任何单位和个人不得以任何方式为招标人指定招标代理机构。招标人具有编制招标文件和组织评标能力的,可以自行办理招标事宜。任何单位和个人不得强制其委托招标代理机构办理招标事宜。依法必须进行招标的项目,招标人自行办理招标事宜的,应当向有关行政监督部门备案。"

招标机构聘请行业主管部门有关人员和物业管理专家组成,其主要任务是:负责招标的整个活动;编制招标文件;组织投标、开标、评标和决标;确定中标企业。

2. 编制招标文件

招标人应当根据物业项目的特点和需要,编制招标文件,招标文件内容包括项目简介、物业服务内容及要求、对投标人的要求、评标标准和评标办法、开标时间及地点、物业服务合同签订说明等。

招标人应当在发布招标公告或发出投标邀请书 10 日前提交与物业管理有关的物业项目开发建设政府批件、招标公告等材料到行政主管部门备案(一次备案程序)。

3. 公布招标公告或发出投标邀请书

根据招标的形式不同,有的发布招标公告,有的采用投标邀请书进行邀请。

(1) 发布招标公告

招标公告主要是为了发布招标项目的有关信息，使潜在投标人了解与项目有关的主要情况，决定是否参与项目的投标。按照中华人民共和国《招标投标法》规定，对那些依法必须进行招标的项目，招标人发布招标公告时应当通过国家指定的报刊、信息网络或者其他媒介发布。比如，天津市公开招标的物业管理项目招标公告的发布渠道为天津市物业管理招投标服务中心网站、《今晚报》（纸质）和《天津市招标投标网》。

(2) 发出投标邀请书。

中华人民共和国《招标投标法》第十七条规定，"招标人采用邀请招标方式的，招标人应当向三个以上具备承担招标项目的能力、资信良好的特定的法人或者其他组织发出投标邀请书。"

4. 发放招标文件

招标单位应在招标通告（广告）规定的时间内，向符合条件的物业项目投标单位发放招标文件，并根据实际情况，尽可能地向它们提供有关的设计图纸、技术资料等，以利于投标单位在规定的期限内编制出符合本物业区域管理具体情况的投标文件。

需要注意的是，公开招标的项目，自招标文件发出之日起至投标人提交投标文件截止之日止，最短不得少于 20 日。招标人需要对已发出的招标文件进行澄清或修改的，应当在招标文件要求提交投标文件截止时间至少 15 日前，以书面形式通知所有招标文件收受人。

5. 投标申请人的资格预审（公开招标）

公开招标的资格审查须在发放招标书之前进行，审查合格的才允许领取招标书，故称资格预审。

资格审查的主要内容有：企业营业执照；资质等级证书；社会信誉；专业技术力量；以往管理经验及业绩；已承担的项目；拟派项目主要负责人的经历及企业背景情况等。

另外，在资格预审合格的投标申请人过多时，可以由招标人从中选择不少于 5 家资格预审合格的投标申请人。

6. 接受投标文件

招标单位要按招标文件中规定的时间、地点在有效期内接收投标单位的投标文件。经审查，如认为收到的文件各项手续齐全或符合招标文件规定，即可收存起来。对于在规定的时间之外送来的投标文件和没有按招标文件中的要求办理的，招标单位应一律拒收，并原封不动地退回投标单位。

7. 成立评标委员会

评标委员会的人数一般为 5 人以上单数，其中招标人代表以外的物业管理方面的专家人数不得少于成员总数的三分之二。

8. 组织开标

物业项目招标的开标分为评议标书和现场答辩两个阶段。

(1) 标书评议

按照招标书中规定的开标时间，在招投标管理部门工作人员以及投标人代表共同参与、监督下，公开拆封，检查投标文件的内容是否符合招标文件的要求后把标书分发评委评阅。经过评委认真仔细、独立完成标书审查和评阅之后，采用无记名方法，给标书评分。

(2) 现场答辩

评标委员会对投标标书评议后,进行现场答辩。答辩的目的是进一步了解标书的真实性、可操作性、客观性;对标书里的一些提法专家如有疑问,甚至发现有错误,有必要对一些疑问进一步澄清,帮助业主委员会(或开发建设单位),以及物业服务企业共同把好管理关。

根据投标人代表以及拟接管目标物业的管理处主任回答问题的准确性,表达问题的逻辑性,分析问题的层次性以及形象、仪表、语言等方面表现,由评委无记名进行评分。

9. 确定中标单位,发中标或未中标通知书

招标单位在确定投标有效的前提下,通过逐一对投标书、现场答辩和招标书规定的其他要素进行比较和评价后,排列处名次,确定中标单位。并在规定的时间内发出中标或未中标通知书。

10. 与中标单位签订物业服务合同

招标单位在通知投标单位中标时,应同时邀请中标单位在规定期限内与招标单位签订物业服务合同。

11. 招标结束

对招标活动进行总结,对招标资料进行整理、归档。

13.1.3 物业项目招标常用文件

1. 招标公告和邀请书

(1) 招标人的名称和地址

1)"前期物业管理招标"招标人是企业法人。应写明法人的名称、法定代表人的姓名、注册地址等。

2) 业主委员会代表业主大会所进行的"更换物业服务企业的再招标",应写明物业管理项目业主委员会名称、业主委员会主任姓名和业主委员会办公地址等。

3) 招标人已经委托招标代理人组织招标,应写明代理机构的名称、法定代表人姓名和注册地址等。

以上还应写明与招标人联系的办法。

(2) 招标项目的性质

《招标投标法》中所说,招标项目的性质主要是指资金来源的性质和招标项目的工作性质。资金的来源主要有政府投资的基础设施项目和公共事业项目,或利用国际组织贷款、外国政府贷款、援助资金等的项目。招标项目的工作性质可分为土建工程招标、设备采购招标、勘察设计招标、科研课题招标和某些服务招标等。

(3) 数量

招标项目的数量是指把招标项目具体量化,如工程量、供应量等。

1) 物业项目招标若是常规的综合服务一般以该项目物业的建筑面积为准;

2) 物业项目招标若是某专项服务,根据服务具体内容量化。

(4) 实施地点和时间

1) 实施地点:招标项目的实际操作地点,物业项目招标就是项目所在地。

2) 实施时间:落实招标项目的时间,如服务的起讫时间。物业项目招标是指提供物

业服务的时间段，也就是物业服务合同期。

（5）投标截止日

投标截止日是指投标报名的最后期限。

（6）获取招标文件的办法

招标公告应将招标文件的出售地点、出售价格、出售时间和招标人或其代理人的开户银行和账号等公之于众。另外，招标文件可以收取一定的费用。

（7）招标人联系办法

包括联系人、联系电话、通信地址和电子邮箱等。

2. 物业项目招标书

物业管理招标书一般包括下列几个主要方面。

（1）物业项目的基本情况

物业项目招标书对物业项目基本情况的介绍包括：

1）物业概况，包括总建筑面积和占地面积、功能分布、物业栋数与楼层、地下室布局、环境规划、容积率、绿化面积、业主情况、配套设施情况等。

2）主要设备设施，包括配电系统（总安装容量、高低压配电柜、变压器、备用发电机数据）、给水排水系统（蓄水池、泵类、消防喷淋、化粪池、污水井、雨水井等）、电梯系统、空调系统、通风系统、消防控制系统、楼宇自动化系统等。

3）提供的物业设计图纸情况。对于新建物业，需要提供规划设计方案；若是已有物业，则需要提供详细的规划设计图纸，以便投标单位正确计算管理费标价。

（2）确定物业管理的范围与内容

在物业项目招标书内明确是物业项目的整体招标，还是部分招标；对分阶段建设的物业是否包括后续建设物业的管理；对新建物业的前期介入的安排。在确定物业管理的具体内容时，应根据招标物业的需要详细列明。

（3）对投标书编制的要求

投标单位编制投标书一般是根据招标书的要求来编制的，招标单位应根据招标项目的需要在招标书中尽量详细列明对投标单位编制标书的要求，物业项目招标对投标书的主要要求有：投标单位情况；物业的管理模式和服务理念；组织结构设置；人、财、物等资源配备；人力资源的管理；总体工作策划（计划）和分项工作计划；需要提供的管理规章制度；日常物业管理，如入住期管理、装修管理、物业档案资料的管理、公共安全秩序管理、共用设备、设施管理等；各项管理指标的承诺及相关措施；经费收支预算、管理费；便民服务和社区文化活动等。

（4）对物业管理质量的要求

招标方参考国家及《天津市普通住宅小区物业管理服务和指导价格标准》，制定适合自己要求的物业管理质量标准。

（5）提供的物业管理条件

招标单位提供的物业管理启动资金等物业管理条件及提供方式和步骤在招标书中给予明确。

（6）考核标准与奖惩办法

参照国家或地方有关物业管理的规定制定考核标准与奖惩办法。

13.2 物业项目投标

13.2.1 物业项目投标概述

1. 物业项目投标基本概念

物业项目投标是指符合招标要求的物业服务企业，根据招标要求，提出投标申请，参与投标活动的过程。

2. 投标人资格

(1) 须有承担物业项目服务的能力。主要从以下几方面衡量：

1) 人力。

2) 物力。适合承接物业管理项目的技术装备。

3) 财力。企业是否有筹资能力，比如接管物业管理项目所需要的项目启动资金和履约保证金。

(2) 国家规定的对招标的限制

物业项目招标投标应满足中华人民共和国住房和城乡建设部《物业管理企业资质管理办法》的有关规定。

13.2.2 物业项目投标的程序

一般来说，物业项目投标的程序与过程包括以下步骤：

1. 获取招标信息

物业服务企业可以通过新闻媒体（如报纸、杂志、电视等）、招标公告、收到投标邀请函或从同行了解等方式获得物业项目的招标信息。

2. 项目评估与风险防范

一项物业项目投标从购买招标文件到送出投标书，涉及大量的人力物力支出，一旦投标失败，其所有的前期投入都将付之东流，损失甚为可观。这必然要求物业服务企业在确定是否进行竞标时务必要小心谨慎，在提出投标申请前必须进行项目评估与风险防范等可行性研究，不可贸然行事。

(1) 招标物业条件分析

1) 物业性质。了解区分招标物业的性质非常重要，因为不同性质的物业所要求的服务内容不同，所需的技术力量不同，物业服务企业的相对优劣势也差异明显。

例如，对于住宅小区的物业管理，其目的是要为居民提供一个安全、舒适、和谐、优美的生活空间，不仅应有助于人的身心健康，还需对整个城市风貌产生积极影响。因此，在管理上就要求能增强住宅功能，搞好小区设施配套，营造出优美的生活环境。对于服务型公寓则更注重一对一的服务特色，它既要为住户提供酒店式服务，又要营造出温馨的家庭气氛，其服务内容也就更加具体化、个性化，除了日常清洁、绿化服务外，还应提供各种商务、医疗服务等。对于写字楼，其管理重点则放在了"安全、舒适、快捷"上，故其管理内容应侧重于加强闭路监控系统以确保人身安全，增设保安及防盗系统以保证财产安全，开辟商场、酒家、娱乐设施及生活服务设施以方便用户生活，完善通信系统建设以加强用户同外部联系等方面。这些不同的管理内容必然对物业服务公司提出不同的服务要求和技术要求，而具有类似物业管理经验的投标公司无疑可凭借其以往接管的物业在投标中占有一定的技术和人力资源优势。

2）特殊服务要求。有些物业可能会由于其特殊的地理环境和某些特殊功用，需要一些特殊服务。这些特殊服务很可能成为某些投标公司的优势，物业服务公司必须认真对待，在分析中趋利避害。可考虑这些特殊服务的支出费用及自身的技术力量或可寻找的分包伙伴，从而形成优化的投标方案；反之，则应放弃竞标。

3）物业招标背景。有时招标文件会由于招标者的利益趋向而呈现出某种明显偏向，这对于其他投标公司而言是极为不利的。因此在阅读标书时，物业服务公司应特别注意招标公告中一些特殊要求，这有利于物业服务公司做出优劣势判断。这些细枝末节看似无关紧要，可一旦忽略，则有可能导致投标失败，不仅投标者的大量准备工作徒劳无功，而且还会影响公司声誉。

4）物业开发商状况。这一层面的分析包括开发商的技术力量、信誉度等。因为物业的质量取决于开发商的设计、施工质量，而有些质量问题只有在物业服务公司接管后才会出现，这必然会增大物业服务公司的维护费用和与开发商交涉的其他支出，甚至还有可能会影响物业服务公司的信誉。因此，物业服务公司通过对开发商以往所承建物业质量的调查，以及有关物业服务公司与之合作的情况，分析判断招标物业开发商的可靠性，并尽量选择信誉较好、易于协调的开发商所开发的物业，尽可能在物业开发的前期介入，这样既可保证物业质量，也便于其日后管理。

（2）公司投标条件分析

1）以往类似的物业管理经验。已接管物业往往可使公司具有优于其他物业服务公司的管理或合作经验，这在竞标中极易引起开发商注意。而且从成本角度考虑，以往的类似管理也可在现成的管理人员、设备或固定的业务联系方面节约许多开支。故投标者应针对招标物业的情况，分析本公司以往类似经验，确定公司的竞争优势。

2）人力资源优势。公司是否在以往接管物业中培训人员，是否具有熟练和经验丰富的管理人员，是否与其他在该物业管理方面有丰富经验的专业服务公司有密切合作关系。

3）技术优势。即，能否利用高新技术提供高品质服务或特殊服务，如智能大厦等先进的信息管理技术、绿色工程以及高科技防盗安全设施等。

4）财务管理优势。公司在财务分析方面是否有完善的核算制度和先进的分析方法，是否拥有优秀的财务管理人才资源，是否能多渠道筹集资金，并合理开支。

（3）竞争者分析

1）潜在竞争者。有时在竞标中可能会出现某些刚具有物业管理资质的物业服务公司参与竞标的情况。他们可能几乎没有类似成熟的管理经验，但在某一方面（如特殊技术、服务等）却具有绝对或垄断优势。由于他们进入物业管理行业不久，许多情况尚未能为人所知，他们虽然默默无闻，容易被人所忽略，却很有可能成为竞标中的"黑马"，这样的竞争对手不仅隐蔽而且威胁巨大。对于这些陌生的竞争者，投标公司不可掉以轻心，必须认真对待。这实际上又从另一方面强调了物业服务公司全面搜集资料工作的重要性。

2）同类物业服务公司的规模及其现接管物业的数量与质量。通常大规模的物业服务公司就意味着成熟的经验、先进的技术和优秀的品质，就是在以其规模向人们展示其雄厚的实力，尤其在我国现阶段大多数物业服务公司还属于房地产开发企业，专业性服务公司尚不成气候的情况下，规模大小在很大程度上将影响招标者的选择判断。此外，公司现有的正在接管的物业数量、所提供服务的质量则可从另一方面更为真实地反映出其实力大小。

  3）当地竞争者的地域优势。物业管理提供的是服务，其质量的判定在很大程度上取决于业主的满足程度。当地的物业服务公司可以利用其对当地文化、风俗的熟悉提供令业主满足的服务。较之异地进入的物业服务公司，他们一来可减少进入障碍，二来可利用以往业务所形成的与当地专业性服务公司的密切往来，分包物业管理，从而具有成本优势，同时他们还可能由于与当地有关部门的特殊联系而具有某些关系优势。

  4）经营方式差异。现有物业服务公司的组织形式有两种：一是实体性，内部分为两个层次，即管理层和作业层，管理层由有经营头脑的人组成，作业层由与服务内容相关的操作人员组成；二是纯由管理人员组成，无作业层，他们通常不带工人队伍，而是通过合同形式与社会上各类专业服务企业形成松散的联合，以合同方式将物业管理内容发包给相关的服务企业。这两种不同组织形式决定了他们不同的经营方式，前者通常具有较强的统一协调性，但管理成本较高；后者则相对灵活，管理成本低，但需要有优秀的专业性服务公司与之配合，因而他们的投标积极性与报价也相应呈现差异。投标公司可针对招标物业所在地具体情况对其区别对待，权宜从事。

  （4）风险分析

  在国内从事物业项目投标，通常可能面临的风险有：

  1）通货膨胀风险。主要是指由于通货膨胀引起的设备、人工等价格上升，导致中标后实际运行成本费用大大超过预算，甚至出现亏损。

  2）经营风险。即物业服务公司由于自身管理不善，或缺乏对当地文化的了解，不能提供高质量服务，导致亏损甚至遭业主辞退。

  3）自然条件。如水灾、地震等自然灾害发生而又不能构成合同规定的"不可抗力"条款时，物业服务公司将承担的部分损失。

  4）其他风险。如分包公司不能履行合同规定义务，而使物业服务公司遭受经济乃至信誉损失等。

  这些因素都可能导致物业服务公司即使竞标成功也会发生亏损，但这也绝非不可避免。物业服务公司必须在决定投标之前认真考虑这些风险因素，并从自身条件出发，制定出最佳方案规避风险，将其可能发生的概率或造成的损失尽量减少到最小。如果项目类型既非企业目标客户，又无法反映企业的核心专长或人力资源无法支持时，则无论项目多么诱人都应果断放弃。

  3. 登记并取得招标文件

  物业服务企业在确定参加投标后，按招标公告或投标邀请书指定的地点和方式登记并取得招标文件。

  4. 准备投标文件

  投标文件又称标书，既是投标物业服务企业中标后参与物业管理的计划书或未来管理的安排，又是招标单位定标的重要参考文件。一个物业项目投标文件是否优秀，往往直接影响物业服务企业投标能否成功。因此，投标单位一定要在仔细研究招标文件和调查投标环境与条件的基础上，根据招标文件的要求或精神，以及本企业投标决策的意向来准备投标文件。

5. 送交投标文件

全部投标文件编制好以后，投标人应按招标文件要求封装，并按时送达招标单位。

6. 接受招标方的资格审查

投标人应按招标文件规定的要求准备相应材料，接受招标方的资格审查。

7. 参加开标会议及招标答辩

投标物业管理单位在接到开标通知或等到开标日期时，应主动在规定的时间内，到开标地点参加开标会议。同时，答辩人要做好答辩的思想和资料准备，答辩时要积极、流畅地应对招标单位的询问，在有限的时间内把本单位的基本情况、参加投标的意图、投标的措施、投标的想法等告之于招标单位，以获得一个良好的印象分或答辩分，为成功中标打下基础。

8. 中标及签订物业服务合同

物业服务企业在收到中标通知书后，应在规定的时间内与招标单位签订物业服务合同。同时，投标单位还要同招标单位协商解决进驻物业区域、实施物业管理的有关问题。

投标结束。对投标活动进行总结分析，结算投标的有关费用，对投标的资料进行整理、归档。

13.2.3　物业项目投标书的编写

物业项目投标书是对投标公司前述准备工作的总结，是投标公司的投标意图、报价策略与目标的集中体现，投标公司除了应以合理报价、先进技术和优质服务为其竞标成功打好基础外，还应学会如何包装自己的投标文件，如何在标书的编制、装订、密封等方面给评委留下良好的印象，以争取关键性评分。

1. 物业项目投标书的组成

物业项目投标书，即投标人须知中规定投标者必须提交的全部文件，根据性质分为商务文件和技术文件两大类。

商务部分，主要包括公司简介、公司法人地位及法定代表人证明、投标报价及招标文件要求提供的其他资料。

技术部分，主要包括物业管理方案和招标文件要求提供的其他技术性资料。

2. 物业项目投标书的主要内容

物业项目投标书除了按规定格式要求回答招标文件中的问题外，最主要的内容是介绍物业管理要点和物业服务内容、服务形式和费用。

(1) 介绍本物业服务公司的概况和经历

除了介绍本公司的概况外，主要介绍本公司以前管理过或正在管理物业的名称、地址、类型、数量，要指出类似此次招标物业的管理经验和成果，并介绍主要负责人的专业、物业管理经历和经验。

(2) 分析投标物业的管理要点

主要指出此次投标物业的特点和日后管理上的特点、难点，可列举说明，还要分析租、用户对此类物业及管理上的期望、要求等。以下分别对不同性质物业管理中的重点、难点做出分析：

1) 住宅小区

对于住宅小区而言，舒适便捷是业主最起码的要求，高档次的优质服务则是其更高的享受追求，因此其物业管理应当突出的是：

① 环境管理。要求物业管理能维护规划建设的严肃性，定期进行检查维修，禁止乱凿洞、乱开门窗的破坏性行为，禁止个别业主随意改动房屋结构或乱搭建行为，保证业主的居住安全。

② 卫生绿化管理。定时对小区公共场所进行清扫保洁，及时清运垃圾，并对卫生用具进行清洁消毒；加强小区绿化养护，派专人管理绿化带、花草树木，禁止人为破坏行为。

③ 公共秩序管理。成立护卫班，负责小区内的秩序管理与防范，确保公共部位的财产安全。

④ 市政设施管理。即市政道路、下水管道、窨井与消防等公共设施的管理、维修、保养等工作。

⑤ 便民服务。为住户提供各种专业有偿服务和特需服务。

2) 高层住宅

高层住宅相对于普通住宅小区而言，其特点是建筑规模大、机电设备多、住户集中，居住人员的素质也相应较高。因此，这类物业管理的重点应放在：

① 机电设备管理。这是大楼的核心部分，如发电机、中央空调、供水、消防、通信系统等，一旦哪一部分发生问题，必将严重影响住户生活和工作。因此物业管理部门必须备有一支技术熟练的专业人员，做好管理人员的培训，健全各项管理制度，保证能及时排除故障。

② 公共安全管理。须设护卫班，24小时值班守卫，建立来访人员登记制度，公共场所安装闭路电视监视系统，保证大楼每个角落都能处在保安人员控制中。

③ 卫生清洁管理。坚持早上清扫楼梯、走廊通道、电梯间等，收倒各楼层垃圾，清洗卫生用具，保持大楼清洁卫生。

④ 保养维护。主要是对公用设施、公共场所进行定期检查、维修。

3) 写字楼

写字楼作为办公场所，要求环境应保持宁静、清洁、安全，其物业管理重点应放在：

① 安全保卫工作。保证防盗及安全设施运作良好，坚持出入登记制度，24小时值班守卫。

② 电梯、中央空调、水电设施维护。保证工作时间上述设备正常工作，不允许出错。

③ 清洁卫生服务。这同高层住宅相类似，但要求更高，应当天天擦洗门窗，清扫走廊，做到无杂物、无灰尘，同时保证上班时间的开水供应。

4) 商业大厦管理

在商业大厦管理中，公司形象、居民购物方便程度是考虑的首要因素，其管理重点在于：

① 安全保卫工作。通常大型商业中心客流量较大，容易发生安全问题，故应保证24小时专人值班巡逻，以及便衣秩序维护人员场内巡逻。

② 消防工作。管理维护消防设施，制定严格的消防制度。

③ 清洁卫生工作。有专职人员负责场内巡回保洁、垃圾清扫，随时保持商场环境卫生。

④ 空调或供热设备管理。设立专职操作及维护人员，保证设备正常运转。

以上是针对各类型物业列举其物业管理中普遍的重点和难点，但在具体编写投标书时，投标公司应针对物业具体性质与业主情况，就最突出的问题作详细分析。

（3）介绍本公司将提供的管理服务内容及功能

1）开发设计建设期间的管理顾问服务内容

简要介绍物业服务公司前期介入所应考虑的问题及其意义。

① 对投标项目的设计图纸提供专业意见。投标公司应从物业建成后管理的角度出发，考虑设计图纸是否具有操作的可行性，是否方便用户，有时甚至可以就物业的发展趋势提出一些有利于日后运用先进技术管理的设计预留建议。

② 对投标项目的设施提供专业意见。投标公司应从使用者角度考虑设施的配置能否满足住户的普遍需要。

③ 对投标项目的建筑施工提供专业意见并进行监督。包括参与开发商重大修改会议，向业主提供设备保养、维护等方面的建议。

④ 提出本投标项目的特别管理建议。主要就先前所分析到的管理难点有针对性地提出施工方面的建议，以利于日后管理。

2）物业竣工验收前的管理顾问服务内容

① 制定员工培训计划。详细说明员工培训的课程内容，以及经培训后员工所应具备的素质。

② 制定租约条款、管理制度和租用户手册。

③ 列出财务预算方案。指出日常运作费用支出，确定日后收费基础。

3）用户入住及装修期间的管理顾问服务内容

① 住户入住办理移交手续的管理服务。说明物业服务公司在用户入住时应向用户解释的事项，及其应当承办的工作。

② 住户装修工程及物料运送的管理服务。规定用户装修时应注意的问题及应提交的文件。

③ 迁入与安全管理服务。说明物业服务公司应当采取哪些措施，规定业主应遵守的规章制度。

4）管理运作服务内容

① 物业管理人力安排。编制物业管理组织运作图，说明各部门人员职责及其相互关系。

② 秩序维护服务。包括为聘任与培训员工、设立与实施秩序维护制度等而应采取的措施。

③ 清洁服务。包括拟定清洁标准、分包清洁工作的措施、监督清洁工作以及保证清洁标准的其他措施。

④ 维修保养服务。编制维修计划，安排技术工程师监督保养工作的实施。

⑤ 财务管理服务。包括制定预算案、代收管理费、处理收支账目、管理账户等。

⑥ 绿化园艺管理服务。包括配置园艺工、布置盆栽、节日的装饰工作等。

⑦ 租赁管理服务。这是针对承租用户的管理工作，包括收取租金、提供租约、监督租户遵守规章等工作。

⑧ 与租用户联系及管理报告。主要包括通知、拜访用户、了解情况，并定期向业主大会报告管理情况等工作。

⑨ 其他管理服务内容。补充说明由于招标物业的特殊功用或业主特殊要求而需要的其他特定服务。

3. 物业项目投标书编写中应注意的问题

（1）确保填写无遗漏，无空缺。投标文件中的每一空白都需填写，如有空缺，则被认为放弃意见；重要数据未填写，可能被作为废标处理。因此投标方在填写时务必小心谨慎。

（2）不得任意修改填写内容。投标方所递交的全部文件均应由投标方法人代表或委托代理人签字；若填写中有错误而不得不修改，则按照招标文件要求，在允许的时间内进行。

（3）填写方式规范。投标书最好用打字方式填写，或者用墨水笔工整填写；除投标方对错处作必要修改外，投标文件中不允许出现加行、涂抹或改写痕迹。

（4）计算数字必须准确无误。投标公司必须对单价、合计数、分步合计、总标价及其大写数字进行仔细核对。

（5）报价合理。投标人应对招标项目提出合理的报价。报价既要符合招标方的要求，又要符合拟提供服务的质量标准。应该做到质、价相符。高于招标方的报价难以被接受，低于成本报价即使中标也无利可图。

（6）包装整洁美观，符合招标文件规范要求。投标文件应保证字迹清楚、文本整洁，纸张统一，装帧美观大方，符合招标方要求。

（7）严守秘密，公平竞争。投标人应严格执行各项规定，不得行贿、徇私舞弊；不得泄漏自己的标价或串通其他投标人哄抬标价；不得隐瞒事实真相；不得做出损害他人利益的行为。否则，该投标人将被取消投标或承包资格，甚至受到经济和法律的制裁。

4. 投标活动应把握的主要环节

（1）确定管理项目的整体思路。包括物业管理工作重点、服务特色、管理目标、管理方式及实施措施。

（2）确定物业服务费标准及物业服务费年度收支测算。服务费标准在投标活动中是个至关重要的因素，要综合考虑标的物业的档次、业主和物业使用人情况以及当地政府对管理费指导标准等，一般可以先确定2~3个方案，反复核算、比照后确定物业服务费价位。财务年度核算中，要特别注意对能源费、设备维修费及分包业务费用的把握。

（3）慎重考虑物业管理目标、前期投入费用及奖罚条件等方面的任何承诺。比如管辖区域刑事案件的发生不是仅靠物业管理就可以杜绝的，当业主、非业主使用人发生人身和财产安全损失时，不能随意承诺物业服务企业给予赔偿，而应根据有关法律、法规结合实际情况予以处理。

（4）确定管理机制、管理机构和拟选项目经理，明确服务流程、管理流程和信息流程。

（5）加强平日练兵，保持良好的业主满意率，提高评标因素中企业信誉得分率。

（6）正式投标时的演讲陈述、答辩现场表现。演讲陈述一般要求在规定时间内，完整地将标书主要内容、特点作一概要性介绍，应当围绕招标方和评委普遍关注的问题集中阐述,重点突出、难点讲透、特色鲜明、充满激情,从而体现投标企业的信心和实力,感染并打动评委。准备现场答辩最有效的办法是提前进行模拟训练,对重点问题、难点问题、普遍性的问题一一准备答辩要点。现场发挥时要果断、明确,切勿匆忙回答,拖泥带水。

实 践 练 习

根据某项目编制物业管理投标方案。

参 考 文 献

[1] 吴锦群. 物业维修服务与管理. 北京：中国建筑工业出版社，2004.
[2] 腾永健，黄志洁. 物业管理实务. 北京：中国建筑工业出版社，2006.
[3] 王青兰，齐坚，顾志敏. 物业管理理论与实务. 北京：高等教育出版社，2006.
[4] 张作祥. 物业管理实务. 北京：清华大学出版社，2006.
[5] 鲁捷. 物业管理实务. 北京：机械工业出版社，2007.
[6] 谭善勇. 现代物业管理实务. 北京：首都经济贸易大学出版社，2007.
[7] 战晓华. 物业管理实务. 天津：天津大学出版社，2008.
[8] 方芳. 物业管理实务. 上海：上海财经大学出版社，2009.
[9] 姚虹华. 物业管理实务. 重庆：重庆大学出版社，2009.
[10] 郭宏宣，宋春宣. 物业管理实务. 上海：上海财经大学出版社，2010.
[11] 中国法制出版社编. 物业管理条例-案例应用版. 北京：中国法制出版社，2010.
[12] 刘宇，张崇庆. 房屋维修技术与预算. 北京：机械工业出版社，2010.
[13] 全福泉. 物业管理理论与实务. 北京：化学工业出版社，2010.
[14] 曹映平. 物业管理法律法规及实务. 上海：上海交通大学出版社，2011.
[15] 谭善勇，郭立. 物业管理理论与实务. 北京：机械工业出版社，2011.
[16] 张作祥. 物业管理实务(第2版). 北京：清华大学出版社，2011.
[17] 于学军，朱宇轩. 物业管理实务. 北京：北京理工大学出版社，2012.
[18] 李加林，周心怡. 物业管理实务. 北京：中国建筑工业出版社，2007.
[19] 张弘武. 物业管理市场. 北京：中国建筑工业出版社，2004.
[20] 郭淑芬，王秀燕. 物业管理招投标实务. 北京：清华大学出版社，2010.
[21] 余源鹏. 物业管理服务投标书编写实操范本. 北京：机械工业出版社，2009.
[22] 滕永健. 物业管理实务. 上海：华东师范大学出版社，2009.
[23] 编写组. 物业管理实务. 北京：中国工人出版社，2010.
[24] 编写组. 物业服务费用测算. 天津国土资源和房屋职业学院校内讲义，2009.